図説

精神分析を学ぶ

Shigeharu Maeda

前田重治

誠信書房

役者は芸が大切なのはもちろんだけど、
ある程度になったら人間だねぇ。
それが芸のふくらみになるのだねぇ。

——中村鴈治郎

はじめに

精神分析を学んできて五十五年になる。このところ「日本精神分析協会五〇周年」（二〇〇四）とか、「フロイト生誕一五〇周年」（二〇〇六）、「日本心理臨床学会二五周年」（二〇〇六）という記念年がつづいた。そこで改めて自分の精神分析について回顧する機会が与えられた。

ふり返ると、昭和二八年（一九五三）から催眠の研究をはじめ、そのあと精神分析を学んできた私の道は、フロイト理論の変遷を追うとともに、それにつづく新しい学派にも大きく影響されてきた。それはわが国の精神分析の発展の歴史としてみることもできるもので、いわば系統発生が私の個体発生の中でくり返されてきたようである。

ここで「学ぶ」というのは、自分が学んできた道のことである。正統フロイト派として出発した私が、その後の新しい学派の洗礼を受けてきた道程を概括している。それは治療者を中心にした「一者心理学」が、今日主流となっている対人相互的な関係にもとづく「二者心理学」の立場への展開としてみることができる。しかし本書は、フロイトにつづく現代の精神分析の流れを客観的に、体系的に紹介しようという概説書ではない。あくまで自分の目をとおして、この五十年を回顧したものである。

私は一介の精神科医であり、かつては臨床心理学の教師でもあった。物を見たり感じたりする好奇心は強いほうだが、論理的な思考力は弱い、いわば感覚型の人間である。したがって、ここで改めて語るほどの独自な理論など持ちあわせてはいない。ただこれまで精神分析を学んできた体験を中心に、自分の歩んできた道をふり返りながら、感じたり、考えたりしたことを書き下ろしたものである。またこの機会に、以前の古い図式のあれこれを少し修正したり、新しく作ってきた三〇枚の図表も添えることにした。ごく大まかにみて、図版の三分の一は歴史的に価値のあると思われる他の著者の優れた図式の引用であり、あとの三分の二は自分の創作によるものを並べている。

とくに私が最近、芸論にこだわっているのは、精神分析や心理面接での雰囲気や要領というのは、教科書的な記述では伝えにくいものがあるからである。図表というのは、見えない心を見えるように視覚化して、矢印で動きを示したりしているものの、あくまでその枠組みを「説明」しているものにすぎない。それらは初心者が、精神分析の概念や考え方を大まかに理解する上では役立つかもしれないが、どうもそこには生きた心が動いていない。臨床で重要なのは、何よりも面接者と相手の相互の関わりであり、そこでのイメージの運動である。したがって芸論をなぞりながら、そのあたりのことを語っているつもりである。いわば、知的な「図説」と、情感《こころ》をもった「芸論」とは、車の両輪みたいなものと言えようか。

それにしても「虚実」入り混じった本である。主観と客観、エッセーと論説、芸論と図説とが混交している。しかし精神分析を語るには、こうしたごったな形のほうが似つかわしいのかもしれない、と自己弁護的に思ったりもしている。著者としては、新しく追加したり、修正した図表が中心のつもりではあるが、細密な図版がわずらわしいと思われる方は、先に回想録めいた文章から読まれたほうがいい。そこには他山の石となるものが多いかもしれない。そしてとくに初心者の人は、本文や「脚注」、また付録の「年表」で紹介している著書や論文へと読み進んでいただければ、得るものが多いと思われる。

最後になりましたが、これまでに各学派の多数の著書や翻訳本をご恵与くださった各著者や訳者の方々に感謝いたします。そして本書をまとめるにさいして、引用させていただいた多くの著者と出版社に厚くお礼申し上げます。さらに何かにつけて、現代の精神分析について有益な示唆を与えてもらっている北山修先生に感謝します。

また再び、こういう毛色の変わった本を出版することを認めていただき、多大なお世話にあずかった誠信書房の児島雅弘氏、および編集部の方々に深く感謝いたします。

平成二〇年の初秋

傘寿を記念して

前田 重治

もくじ

序章——フロイトとの出会い

戦後間もない医学部の学生のころ、友人が精神分析の解説書を持っていた。人の心に興味があった私はそれを借りて、「コンプレックス」とか「近親相姦」「ナルチシズム」などの言葉に出会った。ちょっと面白いなと思ったが、ほかに精神分析の本もなかったので、そのままで終わっていた。

昭和二八年の春、インターンが終わった。私はまだ青春彷徨を抜け切れないでふらついている文学青年だった。しかしともかく、人の心に関心があったので、文学者の病蹟学でも研究しようと思って中脩三教授の精神科に入局した。そして池田数好先生の「精神病理学」研究室に入門した。そこでは毎週、ヤスパースの『精神病理学総論』を読まされた。これが学問なのかと、ともかく読みすすんだものの、あまり面白くはなかった。当時、ヤスパースの『ストリンドベルクとゴッホ』などが出ていて、ほかにも統合失調症とからめて天才と狂気の病蹟学《パトグラフィ》が流行していた。それらは現象学や性格学的な類型論が中心で、あまり気が乗れなかった。

私の机の前に、色白の優男《やさ》がいたが、彼は独りで古本のフロイトの翻訳を読んでいた。心霊術とかテレパシーとかオカルト趣味にも凝っている二年先輩の蔵内宏和という人だった。もともと魔術とか性科学などに興味があった私は、すぐに彼と仲好くなった。

その当時は、精神分析などというものは、精神医学や心理学の領域ではまだ海のものとも山のものともつかない「いかもの」として、うさん臭い目で見られていた。私としては、むしろその妖しげな雰囲気に何かしら魅力を感じていた。あの敗戦のあと、それまでの価値観がひっくり返って間もない時代で、それまでの権威や良識に反逆するという無頼派的なムードにひたっていただけに、いかがわしさというものは蠱《こ》惑《わく》的なものだった。ハヴロック・エリスやクラフト＝エービングらの「変態心理学」の「変態性欲」などというものの真相を知りたい、潜在意識という心の闇の世界にうごめく得体の知れない怪奇なものをつかんでみたいという、覗き見的な好奇心をそそられたものである。[1]

フロイトといえば、昭和初期のいくつかの古めかしい翻訳書が古本屋でときたま見つかるだけで、それは貴重なものだった。[2]ほの暗い古本屋の書棚で、「フロ……」という背文字が目につくと、どきどきして、よく見ると「フローベル」だったりして、がっかりしたことも憶えている。苦労して、やっと五冊ほど古本を集めることができたが、それらの本の裏に書かれていた宣伝文句は凄かった（図1）。[3]

幸いなことに、その年の春から、日本教文社版の「フロイド選集」が刊行されはじめた。まず最初に『性欲論』と『精神分析入門』が出た。手元の本の奥付を見ると、『性欲論』縣田克躬訳（初版・昭和28年3月／3版・4月）、『精神分析入門・上』丸井

1　敗戦後は性の解放が叫ばれ、アメリカ人の性生活白書『キンゼイ報告』、ドイツのヴァン・デ・ヴェルデ『完全なる結婚―生理学的並に技巧的検察』、その他高橋鉄の「あるすあまとりあ」など、セックス関連の本や雑誌が氾濫していた。

2　昭和四年（一九二九）から「精神分析大系」（アルス社）や「フロイド精神分析学全集」（春陽堂）が出ていた。

3　昭和初期の「エロ・グロ・ナンセンス」時代の風潮も影響していたのだろうか。

見よ、読め、全欧州の学会を悪魔の如く驚倒せしめたる大膽奇抜の新学説！
精神分析とは何ぞや。

こは人間の現実生活を左右する驚くべき恐るべき潜在意識の摘発である。こは神と悪魔とを同時に忌憚なく暴露し人間内奥世界の真を示す新しき哲学である。こは勃起恐怖、中絶性交、潜在的同性愛、近親相姦錯綜等精神と性慾との關聯を立證する實験科学である。こは恐怖仮面、睡眠情態、死の象徴、詩的描写、處女錯綜、夢の奇怪性、罪悪意識等精神作用の神秘を解明せる新心理学である。（中略）……恰も探偵小説を読むが如き怪奇と興味とを与へてゐる。

図 1　フロイド『精神分析入門』安田徳太郎訳，アルス社（昭和 4 年）の巻末の宣伝広告文

清泰訳（初版・昭和28年4月／6版・6月）となっている。つまり精神分析の本は、当時はかなりの売れ行きだったことがうかがえる。しかし、『精神分析入門・下』丸井清泰訳（初版・昭和28年4月）のほうは初版を持っている。さすがに、下巻まで読み通す人は少なかったらしい。

私は、さっそくその性欲論に飛びついたが、漢字はまだ古い書体だった。しかもその翻訳がひどくて、読むのに苦労した。まだ昭和初期の大槻憲二や安田徳太郎の古めかしい訳本のほうが意味が通りやすかった。英語の標準版の全集など、手元にはなかった時代である。

当時の日記をみると、七月になって、はじめて「フロイドの説を読む」と書いている。その後、夏から秋にかけての日記の中に、リビドー、コンプレックス、快感原則、無意識の働き、などの言葉が出ているが、これは学問というよりも、日記の中で自己をあれこれとまさぐっていた言葉の中に出ている。どうも私は、自分探しの方法の一つとして精神分析を読んでいたのだろう。『精神分析入門・下』の裏表紙に、その一〇月に読了したと記しているが、どの程度理解できていたものなのかは疑わしい。

臨床の面接では、患者を何人か選んで、いろいろと話を聞きながら——初期のフロイトと同じように——去勢とかエディプス理論を当てはめて解釈していた。「直接解釈」法である（表1）。つまり、私にとって精神分析というのは、相手が気がつかないままに、置き換えられたり、象徴として隠されている性的願望を探し出しては、説明して聞かせるという教育的な治療として興味があった。

表1　フロイトの技法の発展

年　代	技　法	方　法	治療のねらい
1890〜	催眠法 前額法	カタルシス 自由連想 夢分析 直接解釈	・病因となった外傷体験の想起 ・抑圧された性的願望の意識化 ⟶エディプス・コンプレックスの説明
1898〜 1905〜	自由連想法 (基本規則 禁欲規則)	抵抗の導入 転移の導入	・抵抗の発見と除去 ・転移の発見 ⟶幼児期体験の想起
1914〜 1923〜		反復強迫分析 (徹底操作)	・想起する代りに反復されるものの分析 ・転移神経症の分析 エス抵抗 自我抵抗 超自我抵抗 ⟶洞察
1926〜			「エスあるところに自我をおくこと」 ⟶人格の再構成

◆自由連想法が，いつ確立されたかははっきりしていない。1892年から1898年にかけて，催眠まがいの「前額法」をいろいろと試みているうちに，次第に成立してきたものである。これは圧迫法とか集中法とも呼ばれるが，寝椅子に横たわって目を閉じさせ，額に手をあてて，「今から見えてくるもの，浮かんでくるものを話してください」と指示する。「きっと見えてきます」と，強引に説き伏せるところが催眠に似ている。

そして1896年に，これを「精神分析治療」と名付けているが，今日の「自由連想法」が確立したのは，さらにその後のことになる。

◆転移の概念が導入されたのは，「ドラの症例」からということになっているが，これが治療に有効に利用されるようになったのは，さらに後のことである。転移も反復強迫といえるものであるが，その概念がきちんと導入されたのは，1914年の論文である。

1章　催眠法の時代――無意識を知る

催眠への没頭

ある日、蔵内さんが自分で催眠術をかけるのに成功した。当時の乏しい外国の文献をたよりに、あれこれ独学で試みていたのだろう。やがてチック様の呼吸障害で入院していた一二歳のヒステリーの少年がうまくかかったという。彼から、「あなたもエクトプラズマが多そうだから、いっしょにやってみませんか」と誘われた。その少年は、容易に深い催眠に誘導できたので、自分の言葉によって相手の体が倒れかかったり、手が浮上してくるので、私は有頂天になった。子どものころから魔術を愛好し、催眠術に惹かれていた私は、喜んで彼と組んで催眠術に熱を上げるようになった(図2、図3、図4、図5参照)。

当初のわれわれの催眠への理解は、メスメルばりの原始的なものだった[1]。部屋に赤電球をつけて、仄暗い神秘的な雰囲気をかもしだして、気合い術まがいに念力をこらしては、大きな声で暗示していた。やがて二人で、外国の著書や文献を集められるだけ集めて手分けして読むうちに、正しいやり方がわかってきた。催眠は、ふつうの面

1　メスメル(一七三四―一八一六)。ウィーンの医師で動物磁気説を唱え、催眠術の開祖としてメスメリズムの名が残っている。

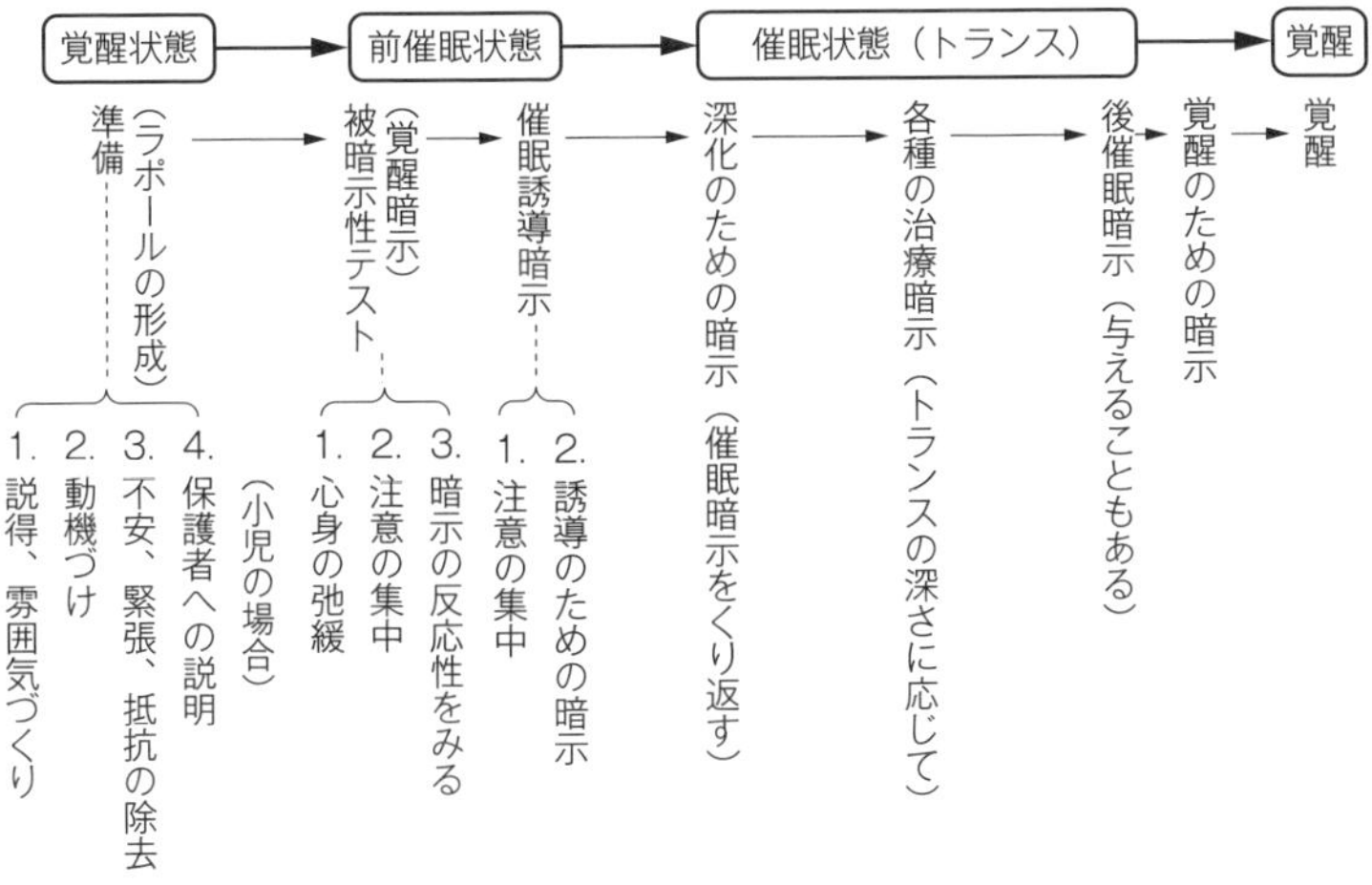

図2　催眠療法の一連の操作

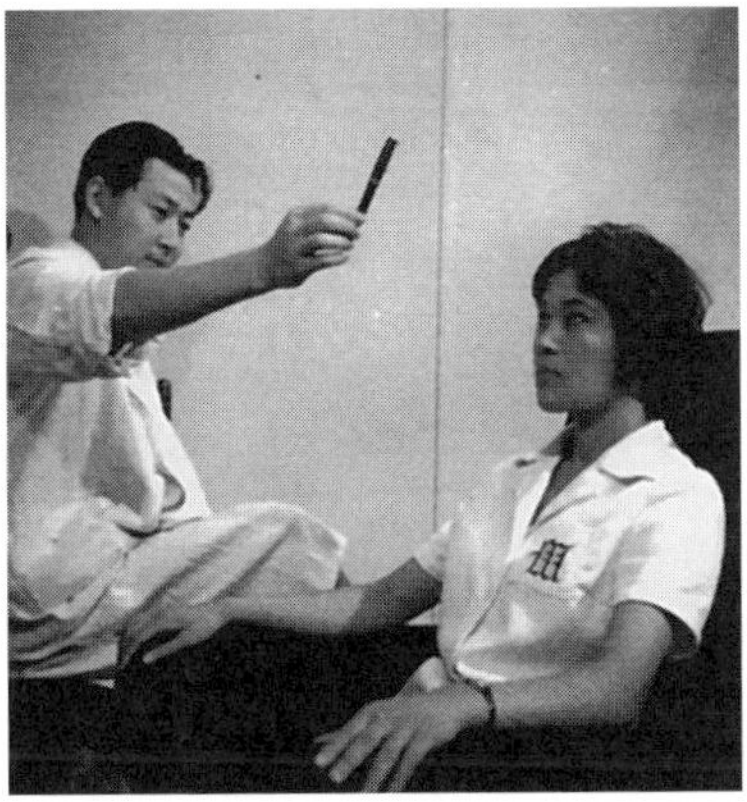

図4　催眠誘導法（固定凝視法）
——蔵内宏和

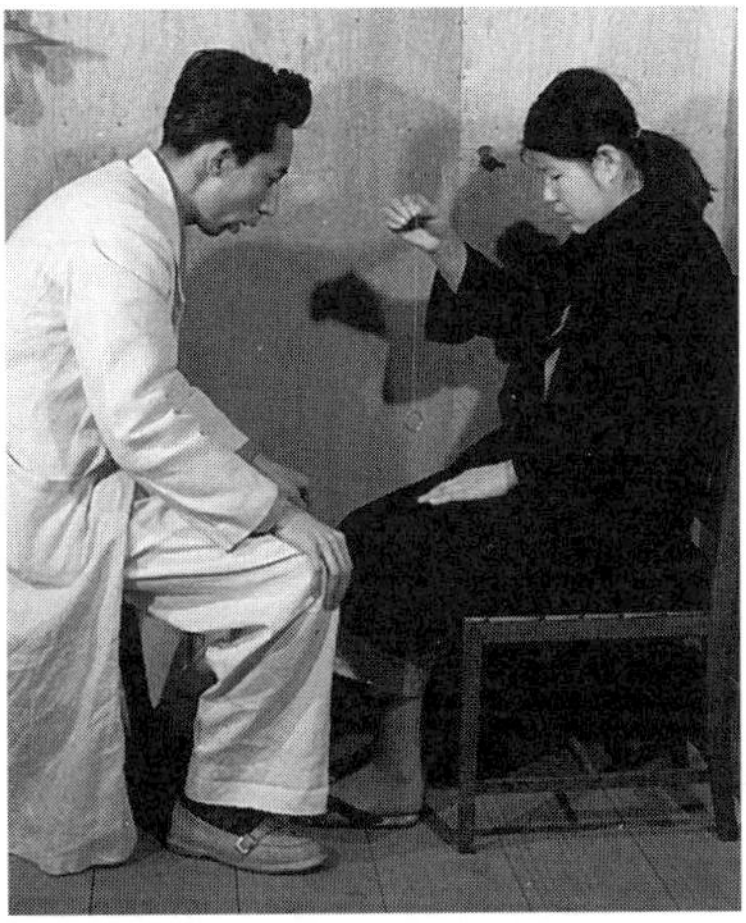

図3　被暗示性テスト（振子テスト）
——著者

図５　催眠誘導法（ウォルバーグによる手の挙上法）

接室で、暗示の言葉さえうまく組み合わせると、静かな声でも、相手は十分にトランスに導入できる。いや、むしろ穏やかな声のほうがうまくゆくこともわかってきた。それからは、催眠術という言葉を改めて、「催眠法」と名乗ることにした。[2]

催眠治療

二人は連日、夜遅くまで面接室にこもって、お互いに催眠をかけ合って腕を磨いたり、競っていろいろな神経症患者の催眠治療を行ったものである。臨床的には、精神分析家でもあったウォルバーグの『医学的催眠』という本がもっとも役に立った。[3] その催眠深度表を用いて、二人で交替で、その少年に対してそのすべての現象を経験してみた（表２）。その中でもっとも深い現象とされていた陰性幻覚を暗示すると、催眠から覚めた後の少年は、目の前の白いゴムボールは見えなくなっていた。それに手を触れ

2　当時、医学の領域では竹山恒寿（慈恵会医大）、心理学では成瀬悟策（東京教育大）の名が知られていて、二人で見学に行ったことも参考になった。

3　Wolberg. L. R. : *Medical Hypnosis.* Vol. 1, 2. NY, Grune & Stratton, 1948.

表2　ウォルバーグの催眠の段階と心理療法（1948）

覚醒状態	目がうずく 涙ぐむ 目がだるくなる まばたきがふえる	感受性なし 14.7%
前催眠状態 （類催眠状態）	手足がだるくなる ぼんやりなる **心理療法（保証，説得，再教育，カタルシス）** **催眠分析（自由連想法，空想の誘導）**	
軽いトランス	目が閉じる からだの弛緩 まぶたのカタレプシー 手足のカタレプシー 硬い手足のカタレプシー 意志運動の禁止 自動運動 **心理療法（指導）**	40.34%
中等度のトランス	皮膚感覚の障害 **自己催眠の技法が学べる** 部分的な無痛（手袋状の無感覚） 指示に服従 **催眠分析（夢誘導）** 部分的な後催眠性無感覚 パーソナリティの変換	24.92%
深いトランス	**催眠分析（自動書字）** 簡単な後催眠性暗示 広い範囲の無感覚 情動の変化 幻覚 退行 **権威暗示による症状の除去** **心理療法（ある種の脱感作療法）**	
夢遊様のトランス	完全な後催眠性健忘 催眠状態のまま目を開く **心理療法（再条件づけ）** **催眠分析（水晶球と鏡凝視法，劇的表出，遊戯療法，実験的葛藤の誘導，退行と復活）** 奇妙な後催眠性暗示 後催眠性の陽性幻覚 後催眠性の陰性幻覚	20.04%

（Wolberg, L. R.: *Medical Hypnosis*. Vol. 1. 1948）

◆右欄の％の数字はワイツェンホッファーによる感受性の統計値（五つの報告の平均）（Weitzenhoffer, A. M.: *Hypnotism — An Objective Study in Suggestibility*. 1953）。他の報告の多くも，われわれの経験でもほぼ似たような数値である。

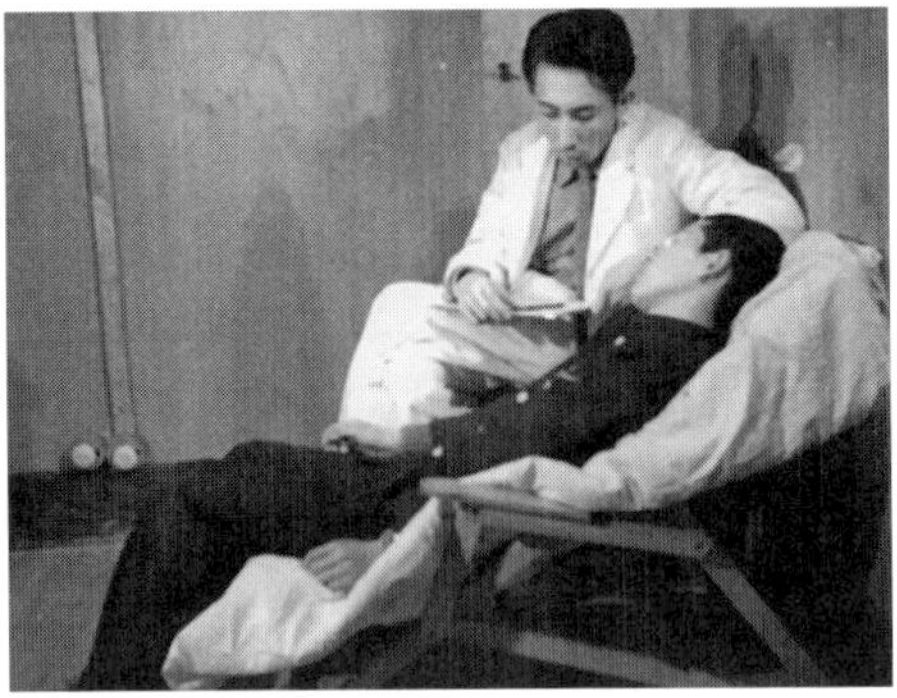

図6　催眠中の「夢誘導」

◆「××の夢が見えてきたら右手が上がる。終わったら手が下がる」暗示
◆「映画法」では，目の前のスクリーンに映像が見えてくるという暗示

させると、びっくりして手を引っ込めたのは、愉快だった。

治療としてはヒステリー患者に、フロイト初期の催眠カタルシスを追試したりもしたが、ただ言葉で喋らせるよりは、「夢誘導」や「映画法」によって、過去の外傷体験の場面をイメージや幻覚として視覚化させるほうが効果的に思われた（図6）。

ほかにも催眠分析の方法をいろいろと用いたが、深い催眠のもとで、発病時にまで年齢を退行させ、症状を復活させる技法もよく用いた。その当時は、今日では古典的ヒステリーと呼ばれる症例が多かったので、催眠下で直接に症状を除くという直接暗示だけでもかなりよくなっていたものである。

催眠実験

一方では、M・エリクソンやウォルバーグの文献などに示唆されて、いろいろな実験も工夫した。なかでも、催眠状態（トランス）のもとでの後催眠暗示によって無意識下に「実験的な葛藤」をつくっておいて、それが催眠から覚めたあとでの行動や夢に、どんな形で影響が現れてくるかをみるという実験もよく行った。

フロイトのいう読み損ない、言い損ないなどの失錯行為や、願望充足という夢の理論も確かめてみた。さらに、願望とその禁止の暗示を同時に与えることで、人工的に転換症状や強迫症状を作り出すこともできた。

例えば、「催眠から覚めたら、4という数字を忘れる」という後催眠暗示を与えておくと、覚醒後に「4」の字が書けなくなった。そこで同様に、「4という数字を忘れる。しかし忘れたくない」という葛藤暗示を与えておくと、4のようで

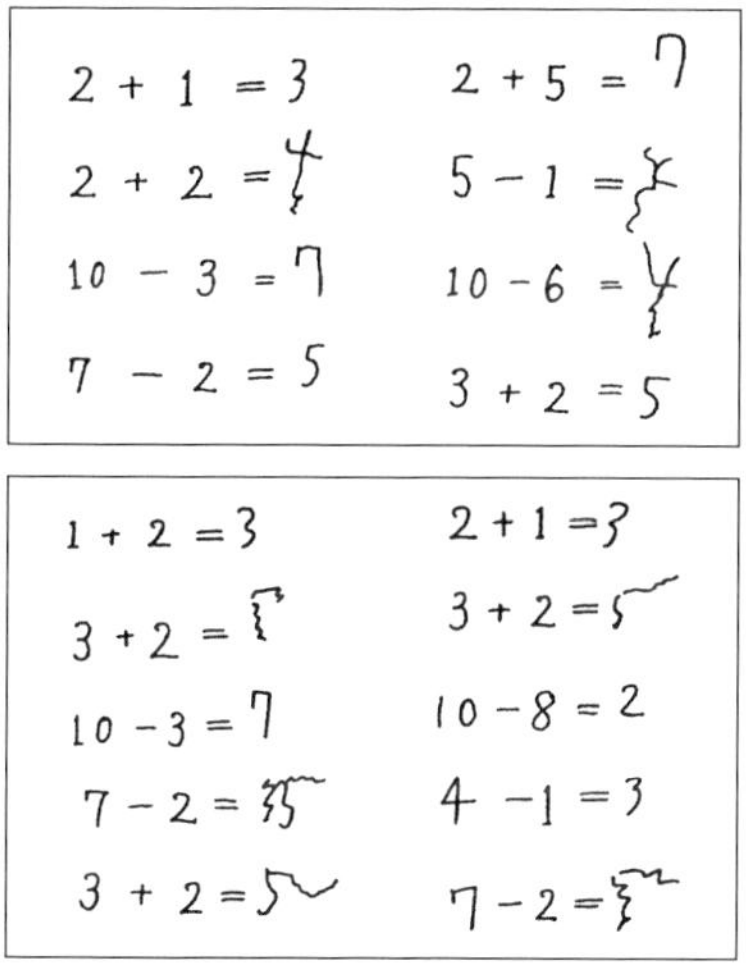

図７　実験的葛藤の誘導

◆「4（あるいは5）という数字を忘れる。しかし忘れるのは嫌だ」という暗示

図8　実験的象徴夢（1）

◆「ペニスの絵を描きたい。しかし恥ずかしい」

あって4でないような奇妙な文字を書いた。それは、書きたいけれども書いてはいけないという本人の潜在意識での葛藤の「妥協」として作られた文字である（図7）。同じ方法で、「5」の数字について行ってみても、似たような結果となる。この操作を別の青年に行ってみたところ、覚醒後にその数字を書こうとすると、頭痛とか手の震えなどの身体症状が出現したりした。

また性的象徴についての実験もある。実はこれには、シュレッター[4]の先行研究（一九一二）があって、それをファーバーとフィッシャーらが追試し[5]（一九四七）、ある程度まで実証されていたものである。それを追試することで、フロイトが主張している夢における性的象徴というのは本当だろうか、試してみようと思ったものである。

その少年を深い催眠に誘導し、そこの夢で、「男性器《ちんぽ》の絵を描きたい。しかしそれは恥ずかしい」という葛藤暗示を与える。それを覚醒後に描かせてみると、「風呂屋の高い煙突」と「草むらから頭を出している蛇」の絵を描いた！　まさにフロイトのいう性的象徴がそっくり出現したときは、こちらが驚いて、蔵内さんと思わず顔を見合わせた（図8）。

4　Schrötter, C.: Experimentelle Traume. *Zentralbl. Psy.* A. 2, 638, 1912.

5　Farber, L. & Fisher, C.: An Experimental Approach to Dream Psychology through the Use of Hypnosis. *Contemporary Psychopathology,* Harvard, 507, 1947.

ここで、ただ「男性器を描きたい」という暗示だけを与えると、ファーバーらの成人の実験では、それが象徴化されて描かれていたが、私たちの場合は子どもだったせいなのだろう、ニョッきりと突き出た性器の絵があらわに描かれる。それで、自分の願望を直接に表出することを、「恥ずかしい」とか「それは悪いことだ」といって禁止するような抑圧暗示を加えておく必要があった。そうして、その願望と禁止（つまり抑圧）との力関係によって、夢の中に「男性器」がむき出しに見えたり、「ロケット」や「ピストルの弾」や「枯れ木」など、いろいろと象徴化されて出現することを確か

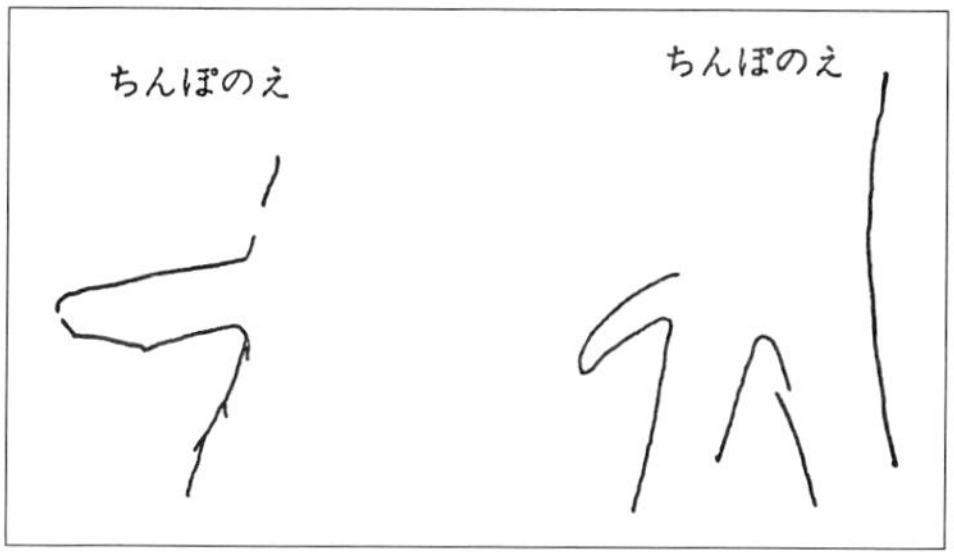

［A］ペニスの絵を描きたい

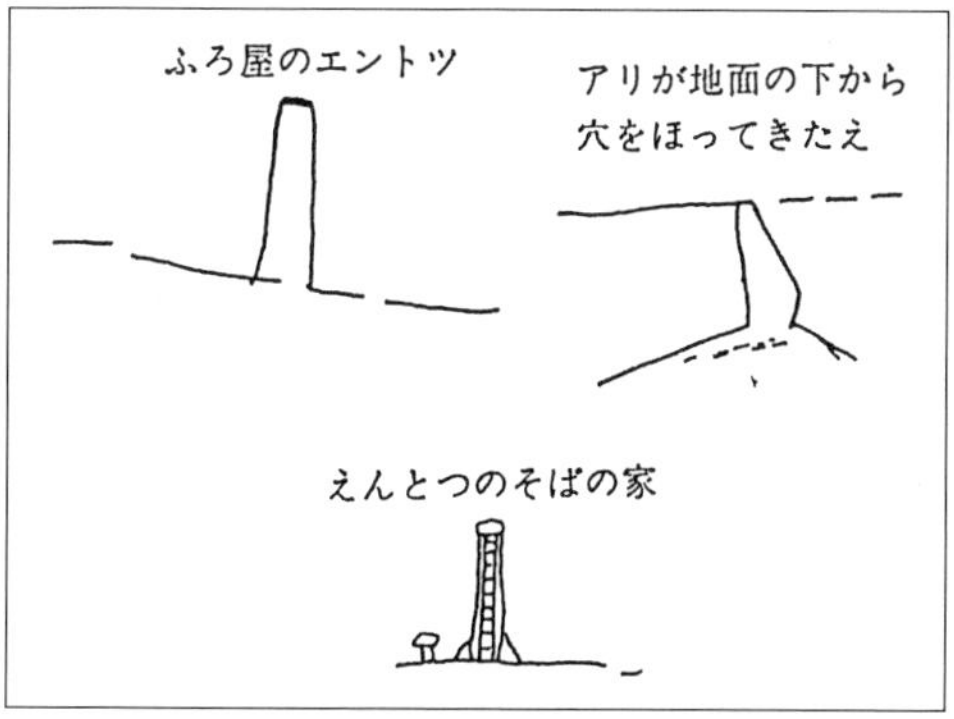

［B］ペニスの絵を描きたいが，恥ずかしい

図９　実験的象徴夢（２）

めた（図9）。

蔵内さんはさらに単独に同じ方法の実験をつづけ、「女性器」の抑圧が、「葉っぱ」「空飛ぶ円盤」「割れた茹《ゆ》で卵」などで表されたり、また「性交」が、「噴火口に落ちたロケット」や「御飯茶碗に突き立った箸」などとして描かれた絵も報告している。[6]

ともかくこれらの一連の実験をとおして、フロイトのいうように、人間の意識下にある願望は、強い力でわれわれを操り、それはさまざまな表象や象徴によって意識面に表現されてくるものであることをリアルに実証できた。そのさい、性的願望だけではなく、不快を伴うような願望は抑圧されたり、さまざまに置き換えられたり、象徴化されて出現してくることも確かめた。それはわれわれの精神分析への確信を強めることになった。ただし、ここでの「無意識」というのは意識下にある潜在意識であって、フロイトの「エス」（イド）体系としての「実在的無意識」ではない。その両者の関係について、さらに追及してみると面白かったのだろうが、私としてはそのあたりですっかり満足して、催眠実験は止めてしまった。

蔵内さんは「催眠の鬼」みたいな人だった。その後も、独りでがむしゃらに催眠に没頭し、一〇篇ほどの論文を残している。しかし、あとで久留米大学に戻って、さらに催眠の本質を追究しようとがんばっていたが、間もなく病魔におかされ、好きな催眠からも、精神分析からも離れてしまい、やがてこの世からも去ってしまった。後に、彼が催眠を自我心理学の立場から論じた「催眠の精神分析理論」（一九六七）という興味深い論文が最後のものとなった[7]（図10）。

6 蔵内宏和・前田重治「催眠現象の研究」、福岡医学雑誌、四七巻、一六一一頁、一九五六。蔵内宏和「精神分析と催眠Ⅰ—Ⅲ」四巻一・二号、一—二三頁、一九五七。「精神分析と催眠Ⅳ」五巻四号、一頁、一九五八、また蔵内宏和「神経症の実験催眠学的研究——第二報　夢の象徴について」、九州神経精神医学、四巻一・二号、四四頁、一九五四。

7 蔵内宏和「催眠の精神分析理論」、王丸勇名誉教授記念論文集、三三四頁、一九六七。

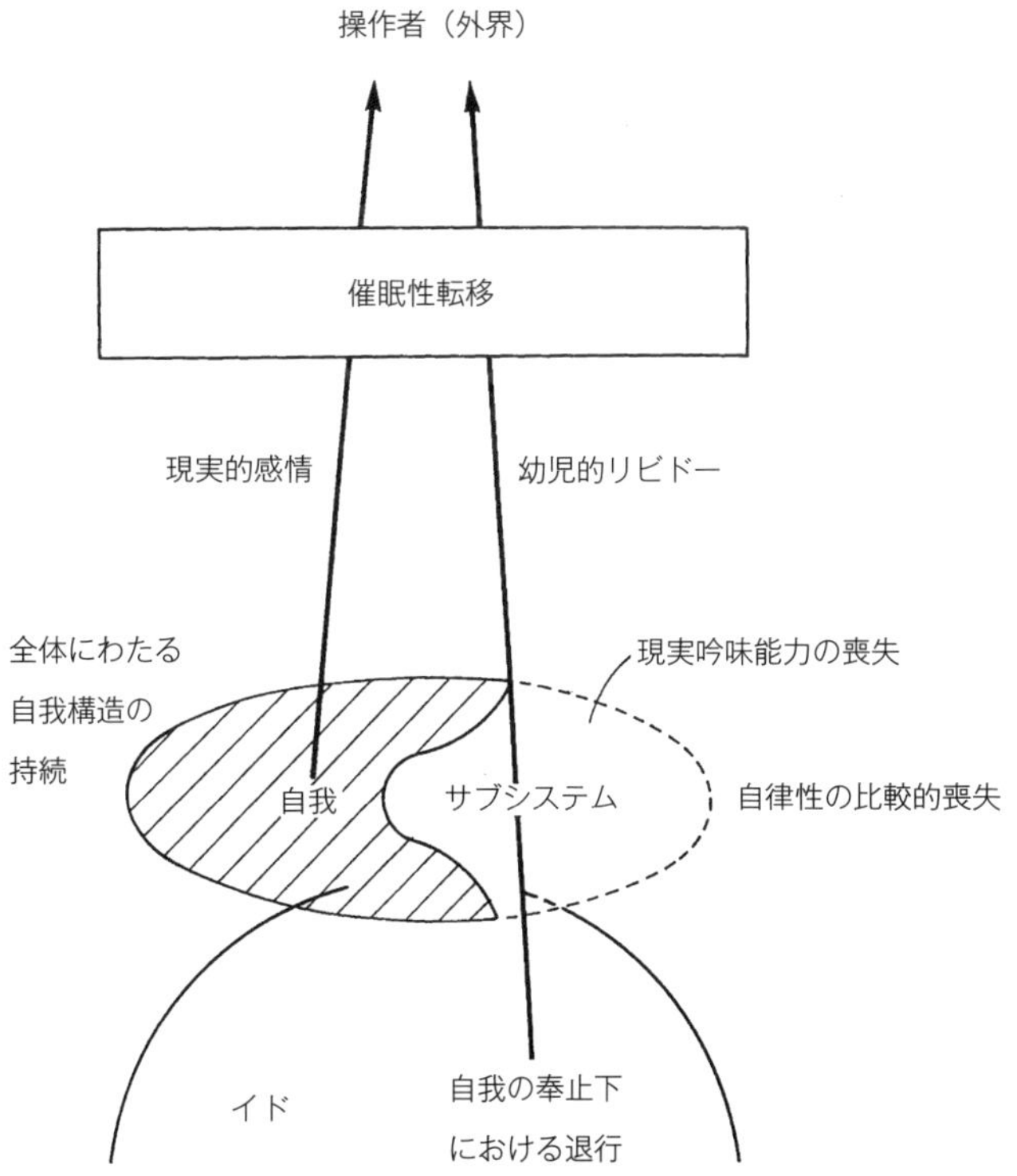

図10　ジルとブレンマンによる催眠性転移（蔵内宏和，1967）

彼は、催眠の領域だけでなく、その後私に先だって一年間の教育分析も受けたりして、精神分析の領域でもすぐれたセンスの持ち主として、まわりから注目されていた人だっただけに、惜しまれることだった。彼のいちばん脂《あぶら》が乗っていたころの代表作『精神分析と催眠』という四部作シリーズ（一九五七年から五八年）の中の三篇は、『精神分析研究選集1』に収録されている。[8]

8　日本精神分析学会編『精神分析研究選集1』四三頁、二〇〇四。なお二人の共著『現代催眠学――暗示と催眠の実際』（慶應通信、一九六〇）は絶版。

2章　自由連想法を学ぶ——精神分析体験

草分け時代

昭和二九年（一九五四）に『夢判断・上下』の高橋義孝訳が出ている。さすがに終わりのほうは難解だったが、私としてはますます精神分析への興味はつのった。その年に、東京で精神分析を学んできた西園昌久さんが入局してきたのを契機として、蔵内さんと私と三人で「精神分析研究会」を作って本格的にフロイトに取り組むことになった。おなじ医局の柴田出さんや、内科の深町建さんなども加わってきて、毎週交替で『精神分析入門』を一章ずつ読んでは議論した。なにしろ、そばにドイツ語の原本もないので、はっきりしない点について喧々諤々《けんけんがくがく》とやり合ったものである[1]。

その頃になって、やっと分析室に寝椅子《カウチ》を新調することができた（図11）。室内からの余計な刺激をさけるために、一切の装飾を除いて空白の空間を作ることにした[2]（図12）。

その当時、慶應大学の研究会では、高橋進さんや小此木啓吾さんたちが、ガリ版刷りで『精神分析会報』を出しはじめ、西園さんに送ってきていた。それを通じて東京

1　その後フロイトの「性欲論」などいくつかの論文を読んでからライヒの『性格分析』に移った。その後A・フロイト『自我と防衛』、ローグラン『神経症』、ブラトイ『精神分析技法の基礎』、グローヴァ『精神分析の技法』など読んだ記憶がある。

2　後に古澤先生の分析室には花の絵が飾られていたし、また、フロイトの分析室には絵や彫刻類がごたごたと飾られているのを知って驚いた。

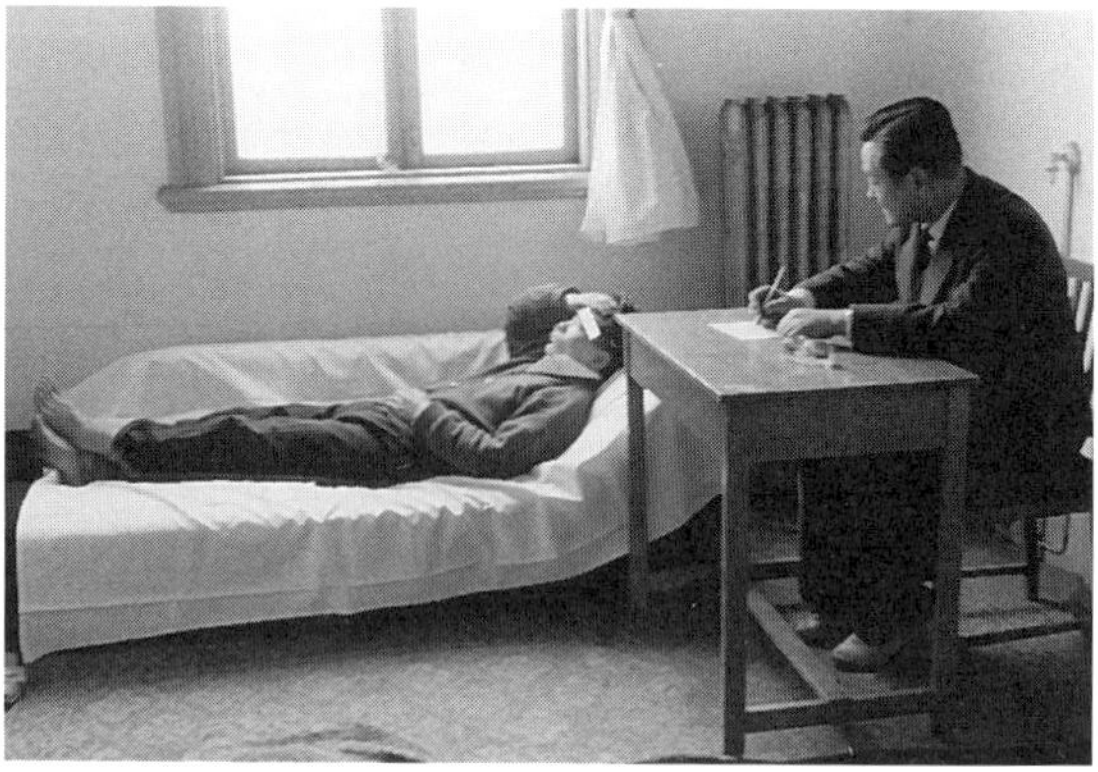

図11　寝椅子（カウチ）による自由連想法

◆九州大学精神科に初めて作った分析室――西園昌久。
今考えると，机は置かなかったほうがよかったかと思う。

での精神分析の情況や土居健郎先生の話などにも接することができた。それはやがてガリ版刷りながら『精神分析研究』誌として発刊されるようになった。そこに小此木さんの古澤平作先生によるスーパーヴィジョンの詳細な記録が連載された。これは、精神分析の実際を知るうえで大いに勉強になった[3]。

昭和三〇年代になると、フロムとか、ホーナイなどのアメリカの精神分析の新しい潮流が紹介されるようになった。とくにフロムの『自由からの逃走』など、ベストセラーとして一般にも流行していた。K・メニンジャーの『人間の心』『愛憎』『おのれに背くもの』という三部作も訳されて

図12　フロイトの分析室のカウチ

3　小此木啓吾「監督教育としての統制分析の一症例の報告（その1）」精神分析研究、一巻八・九号、七頁、一九五四より始まり、（その七）二巻四号まで続いた。

出ていた。

ホーナイが、文化的な理由からフロイトの幼児性欲論、とくに女性の男根羨望やマゾヒズム論を批判していたが、われわれとしては新フロイト派にはあまり目を向けなかった。後に私は、フロム＝ライヒマンやサリヴァンらの対人関係論から学ぶことが多かったのだが。

昭和三〇年（一九五五）の秋に、古澤先生を会長として、慶應義塾大学の北里講堂で「日本精神分析学会」が創設された。創立総会には、四百名ほど集まったろうか。[4] 私はその第二回大会において、ある恐怖症の症例の夢分析について発表した。[5] 数多くの夢を挙げて、さまざまな象徴解釈を行いながら、エディプス・コンプレックスが認められることを報告した。すると前の席の古澤会長から、厳しい注意を受けた。「自由連想もしないで、勝手に解釈をこじつけるのは精神分析ではない！」。

私は答えに窮して、演壇に立ち往生したものである。それまでフロイトの『精神分析入門』を頼りに、何例かの神経症について直接解釈による分析を行っていたものだったが、転移というのがよくわかっていなくて、うまくいかなかった。やはり精神分析を学ぶには、教育分析を受けるしかないと思って、先生のもとへ留学することを決心した。二八歳のときである。

4　学会設立をめぐる裏話は、武田専『精神分析と宗教』新潮社、一九九〇に詳しい。
5　前田重治「神経症者の夢に関する二、三の見解」、臨床と研究、三三巻一二号、一三三二頁、一九五六。

自由連想法の体験

昭和三二年（一九五七）から一年間にわたる私の個人分析の体験については、すでに『自由連想法覚え書』の中で、回を追って手記ふうに詳しく報告しているので全体的なことは省略する。[6]当時、古澤先生は五九歳だった。[7]

はじめは審査分析の意味もあったのだろう、週に二回の椅子による背面法だった。そして二九回目より毎日分析となった。

「週に二回では、その時、その時の指標をもとにして、考えていることをくっつけるというような、いわば哲学的な感じのものでした。毎日分析をやると、あなたのリビドーの動きがよくわかります。しかもそれが治療として作用してくるわけです」(六二頁)。

寝椅子に横たわるのは、まな板の上の鯉の心境だった。急速に退行が深まってきて、幼少期をめぐって自分の心の奥底が、さまざまな形をとって露呈されてきた。そこに子どものころの記憶がつぎつぎと浮かんでくることは、自由連想法を受けた人は誰もが経験することであろう。そういう連想の場で、幼児期健忘が、さまざまな記憶となってつぎつぎに想起されてくる過程というのは、実に興味深いものだった。

その五カ月目(五三回)に、先生が急に病気で倒れられて一カ月あまり中断になったこともあったが、その後再開されて、一〇五回で一応終了した。精神科の助手だった私は、休職して内地留学という形で上京していたので、それ以上つづけることはできなくて、やむを得ない中止だった。

6 前田重治『自由連想法覚え書』岩崎学術出版社、一九八四。

7 古澤平作(一八九七―一九六八)日本における今日の精神分析の源泉となった精神分析家。東北大学精神科より、一九三二―三三年ウィーンに留学。ステルバから教育分析、フェダーンからスーパーヴィジョンを受けた。帰国後は東京で開業。十指をこえる弟子たちを育成。

教育分析で学んだこと[8]

今思い出して、教育分析で何を学んだか、余りにも多すぎてそのすべてを挙げることはできない。ここではとくに印象に残っていることを、一〇項目ほど述べることにする。それは、今になって「事後的」に回想しているものであり、当時に感じた体験とはいくぶん違っているかもしれない。

(1)分析者との出会いの日、緊張しながら挨拶に訪問したとき、何と一〇分も遅刻した。「分析者」と会うということは不安なものである。しかし先生の対応は、とても優しかった。私の話に、「えぇー、えぇー、あ、そぉう……」と、にこやかに受け答えられていた。分析者によって、ふんわりと包み込まれるような暖かさを感じた。

「当面は、週二回にしましょう」という話に、自分としては毎日分析を希望します、と頼んだ。「そのことについても、これから、あなたと二人で考えてゆきましょう」と言われた。この「二人で」という言葉で、自分は分析者と深く結ばれているのだ、という何ともいえない歓びと豊かな気分になったことを覚えている。

分析者は、いつもなごやかな表情だった。とはいっても、五〇分間の自由連想法の時間中には、ウンともスンとも反応はなかった。それはかなり不安なものである。白い壁に向かって、自分の連想に没入するしかなかった。そして、時どき介入の言葉が後ろから聞こえてくると、安心した。

8　最近はいわゆる「教育分析」に代わって「訓練分析」という言葉が用いられるようになっている。

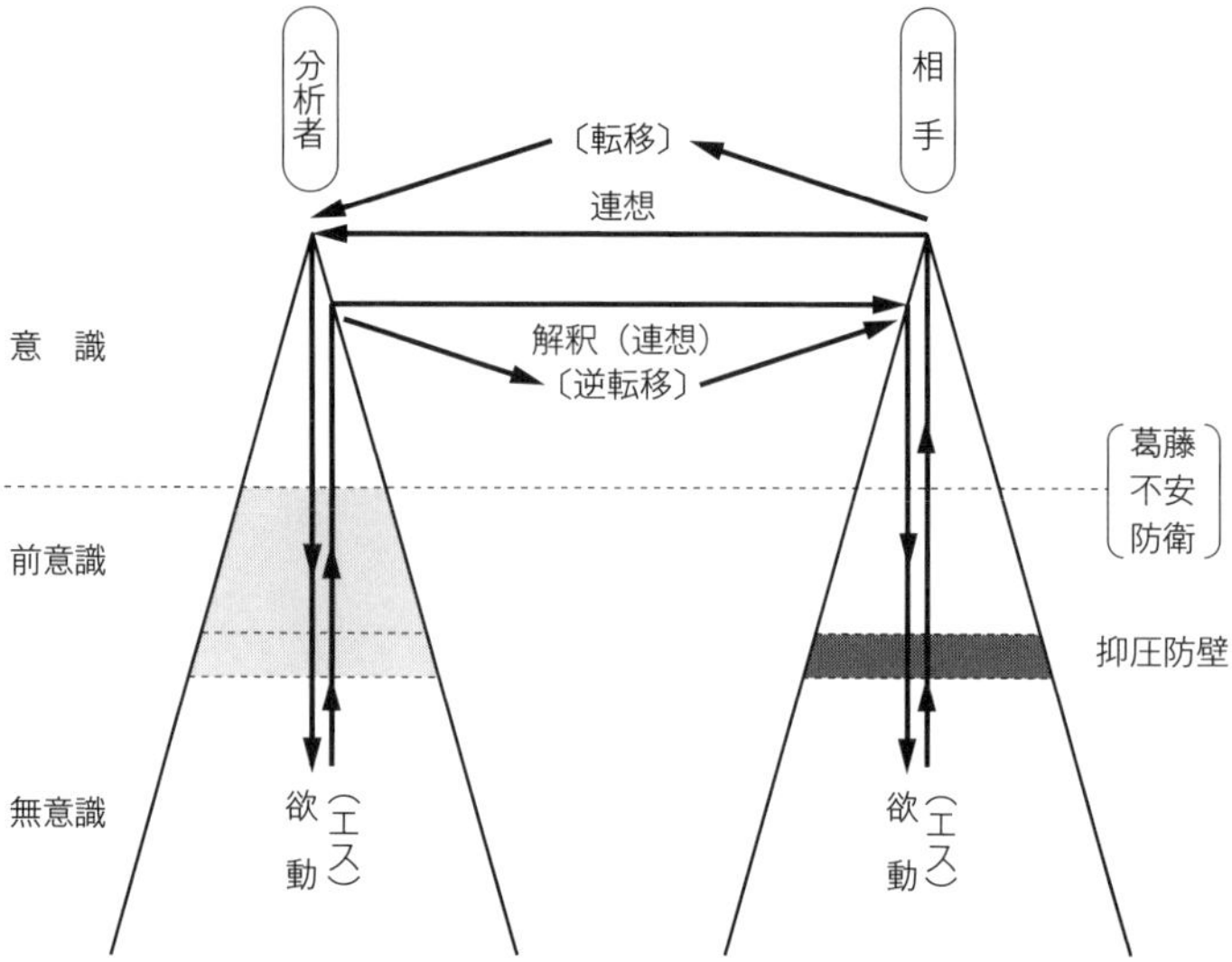

図13　自由連想法での解釈とその反応

(2)　セッションの早期から早々に、かなり深いエス解釈が与えられたように思う（図13）。後にそのことを質問したら、私の性格の硬いカラを破るために、リビドーを注入して揺さぶるためだったらしい。そしてライヒが『性格分析』で述べているように、性格の防衛を破ったら、すぐにその背後にあるものが現れてくるというわけのものでもない、とも言われていた。われわれは先生の勧めもあって、ライヒを有り難がって読んでいたので、意外な気がした。

いつも分析者は、手にした

小さなメモ用紙に、はじめの一、二分間、鉛筆で何かメモをとっておられる音が聞こえていたが、そのあとは何の音もしなかった。[9]

自分が連想を語るのに対して、何の反応も返ってこないと不安が高まる。すると退行がおこる。しかも私の欲動の動きに対して深い解釈が与えられる。すると刺激されて、私のエスの活動がますます活発となる。そうして肛門期やエディプス的な男根期の間を上がったり下がったりしていた（図14、図15）。当時はまだ知らなかったが、その連想の動きは、まさにフロイトの肛門欲動図にそっていたものだった（図16）。そうした欲動の流れを体験することで、古澤図式をとおして、フロイトの欲動論の意味がよく体験できた。

（3）実は初回から――いや、会う前から――分析者への転移が生じていたわけであるが、セッションが進むにつれてますます転移がつのって、すっかり退行的な転移神経症に巻き込まれてしまっていたようである。そこにさらに口愛期の問題も大きく出現してきて、それらが「原光景」[10]や、幼児期神経症の「蜘蛛恐怖」などとからみあって複雑な様相を呈してきた。そこには分析者を理想化して、強い愛着が生じるとともに、潜在性の陰性感情もふくまれていて、アンビヴァレンスが交錯していたと思う。

（4）とくに後半になると、こちらの連想によって触発されたらしい分析者の「思いつき」を（むぞうさに？）口にされていたような気がした。また分析者自身の戸惑い

9　最初の二、三分の連想の流れで、そのセッションの動きは大体わかると言われていた。そこでのメモは私の言葉だったのか、分析者の連想だったのだろうか。おそらく両者が混じり合ったものだったろう。

10　原光景とは、子どもが目撃したとされる両親の性交場面。実際には子どもの空想でもある。フロイトは、それは性的興奮を伴うが、母親が父親から暴力を受けているように認知されて外傷体験となると考えた。

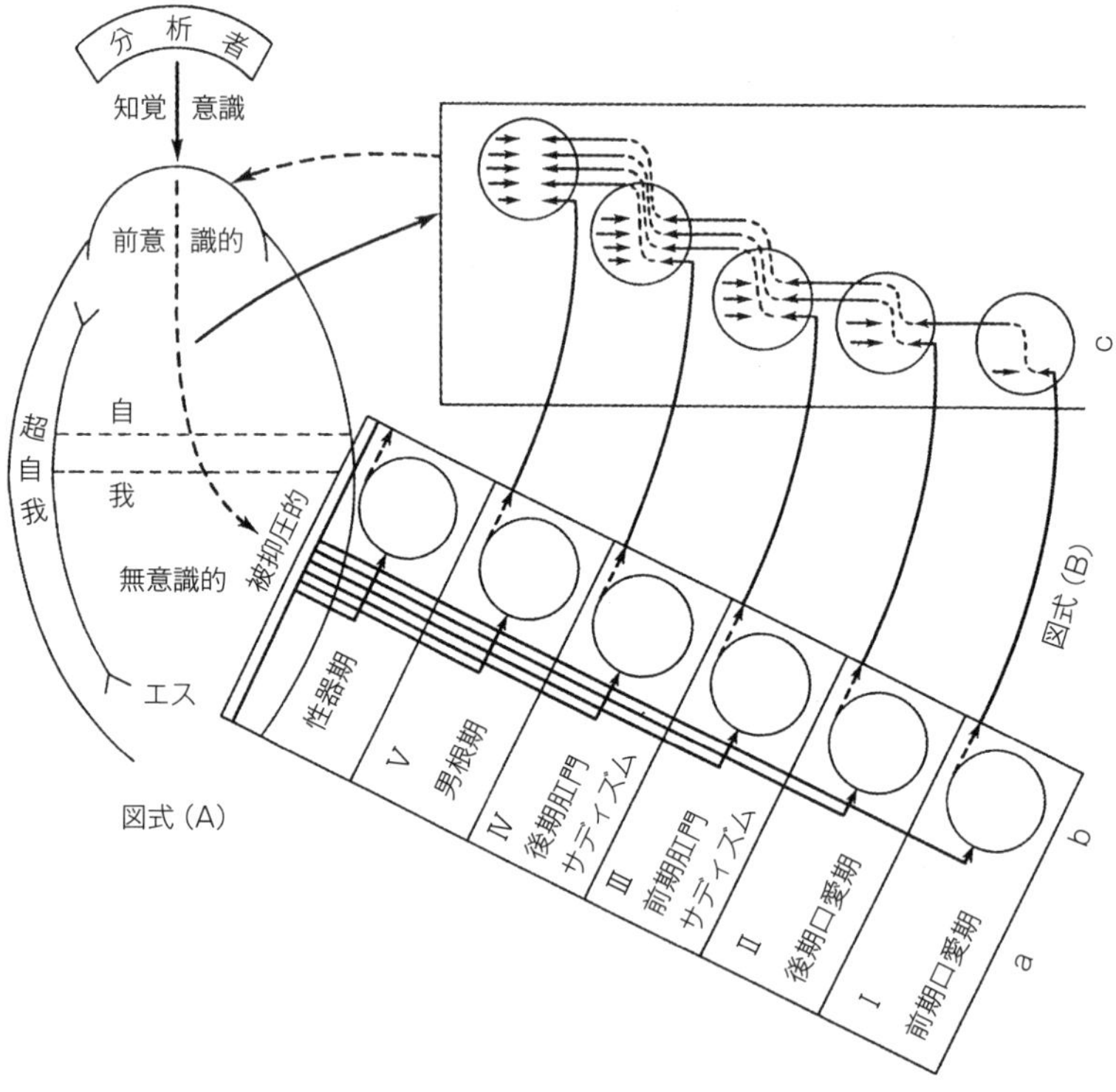

図14　フロイト―古澤図式

（小此木啓吾「監督教育としての統制分析の一症例の報告」精神分析研究，1巻11号，1954）

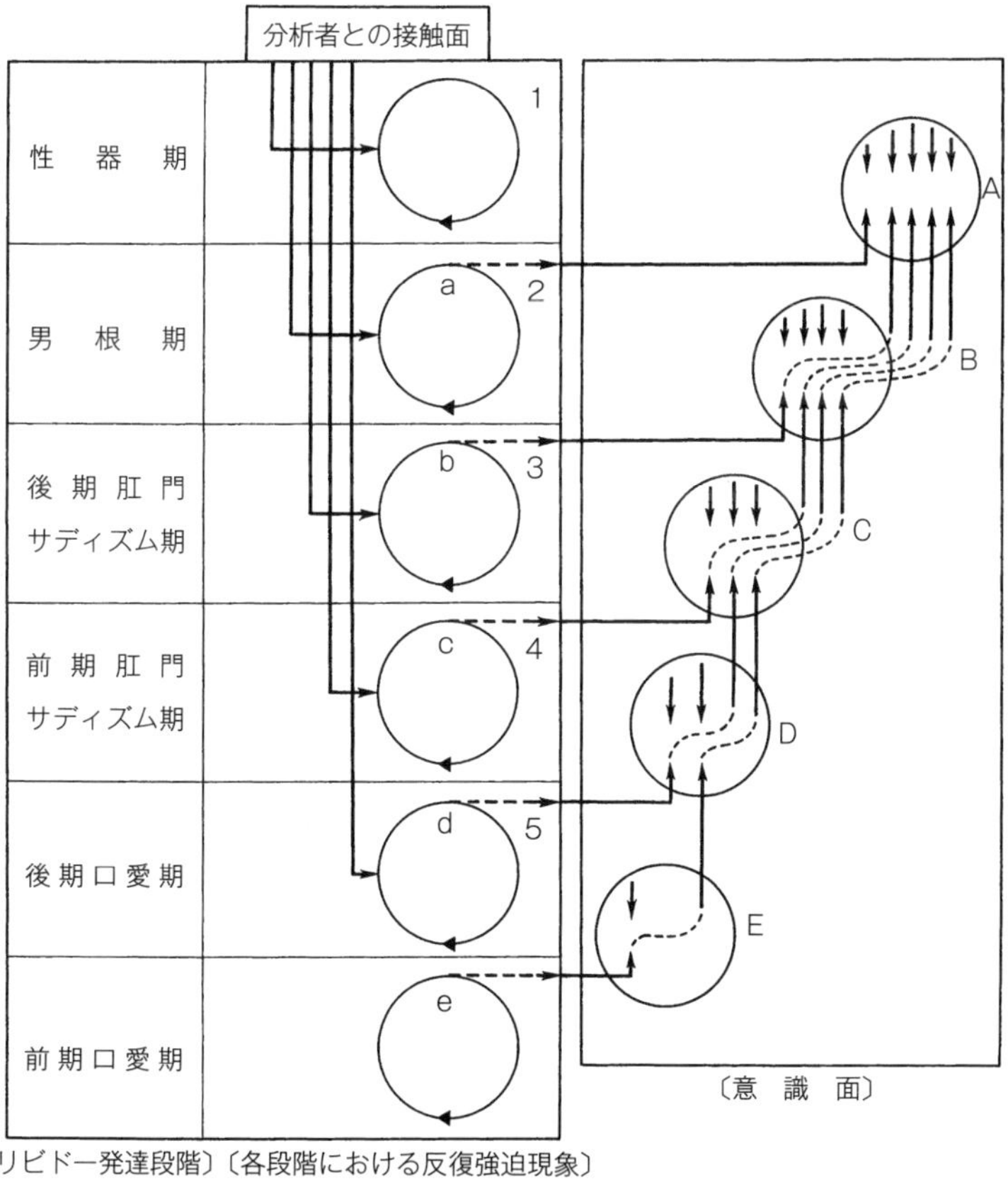

図15　古澤図式（古澤平作，1938）

◆各段階にとどまってぐるぐると回って反復しながら活動している欲動（a ～ e）が，分析者の解釈により刺激されて葛藤を克服しながら上位の段階（A ～ E）へと進展してゆく様子がうかがえる。（古澤平作『精神分析治療の実際』私製本，1938）

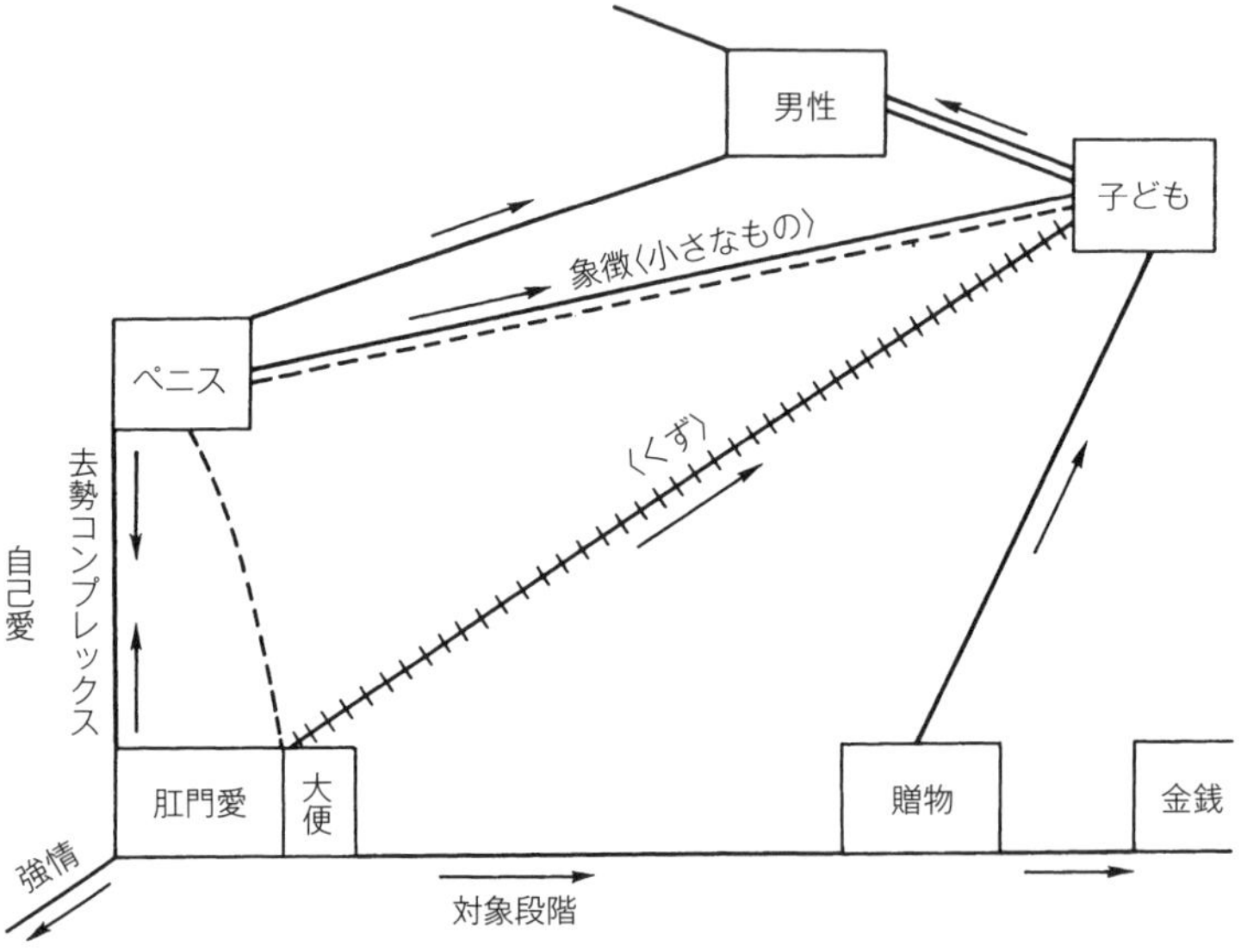

図16　肛門期の欲動転換（フロイト，1917）
（『続精神分析入門』古澤平作「あとがき」日本教文社，295頁，1953）

やら、難渋していることなども、率直に述べられていた。「……のような感じで聞いていましたが、まだよくわかりません」と。

「私もあとで気がついたのですが、このごろお乳の問題が前景に出ていましたが、それ以上深くはいってゆくことを妨げているのは、二人とも共通の抵抗にぶつかっているのではなかろうかということです」

「蜘蛛恐怖について、アブラハムの論文を読んでみましたが、早くこれを読まなくてよかった、と思いました。やはりこうして、ひっかかりながらやってゆくことが必要なのですね」

分析者を理想化していた私だったが、先生にもわからないことがあるのだ、というのがショックでもあり、意外だった。二人ともよくわからなくなれば、できるだけ忠実に自由連想法に心を任せて、漂うしかなかった。分析者もそういう姿勢のようだった。
(5) 当初は、禁欲規則が厳しいだろうと想像していたが、それにはあまりとらわれなかったように思う。私の生活の中でのさまざまな——退行的な、あるいは防衛的な——行動化を禁止するように注意されることはなくて、あとでの連想中にその意味について解釈されていた。
(6) 後半になると、言葉にならなくても分析者と通じ合っているという安心感があった。そこから自己愛的な自信が与えられ、転移の中で、私を支えてもらっている「根源的な良い母」にとろかされているような気がした（「とろかし」については後述）。

（7）分析が進むにつれて、つぎつぎに想起されてくる過去の記憶というものは、日によって――つまり転移の情況によって――いろいろと変わってくる。隠蔽《いんぺい》記憶というのは固定していないもので、うつろいやすいことがわかった。また、私にとって象徴的な意味があった「蜘蛛」というのも、ある時には恐れていた父親であったり、別の場合には母親であったり、多義的なものであることも実感としてわかった（図17、図18）。

（8）このように分析過程で生じてくる「気づき」というのは、果てもなくつづく気がした（図19、図20）。そこでの気づきを「洞察」と呼ぶのなら、同じような話題（テーマ）をぐるぐるとくり返し回っているようにみえる中で、「小さな洞察」から次の「より大きな洞察」へ、さらに「新たな洞察」へとつづいてゆく。

一年で終わったとき、「この先、さらに分析をつづけるとどうなるのでしょうか」と尋ねたら、「同じ問題が、同じようにくり返し出てくるものでしょう」と答えられた。

当時の私としては、少しでも自分のエス内容を意識化したい、新しい記憶を想起さ

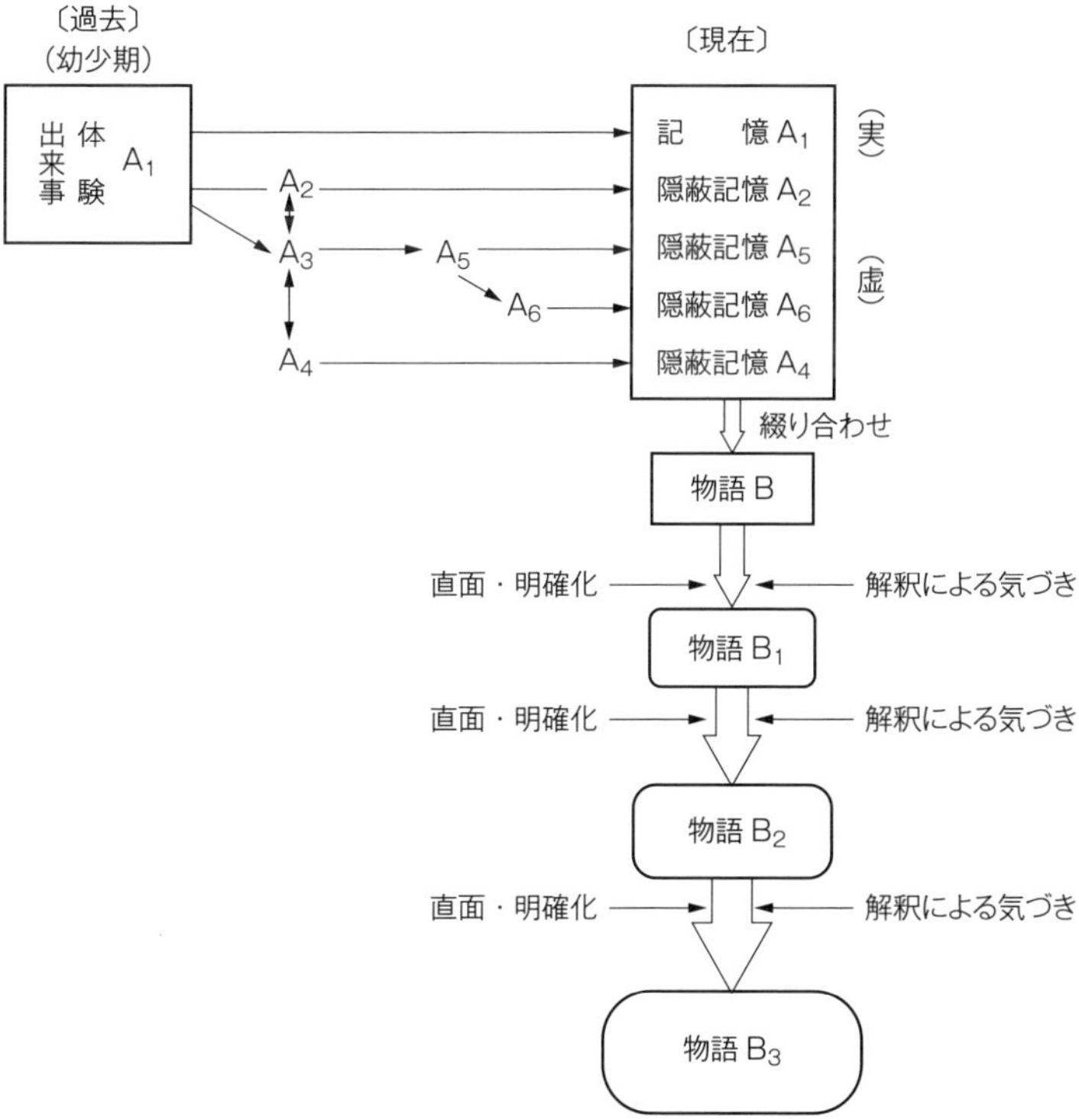

図17　隠蔽記憶の想起と物語の形成

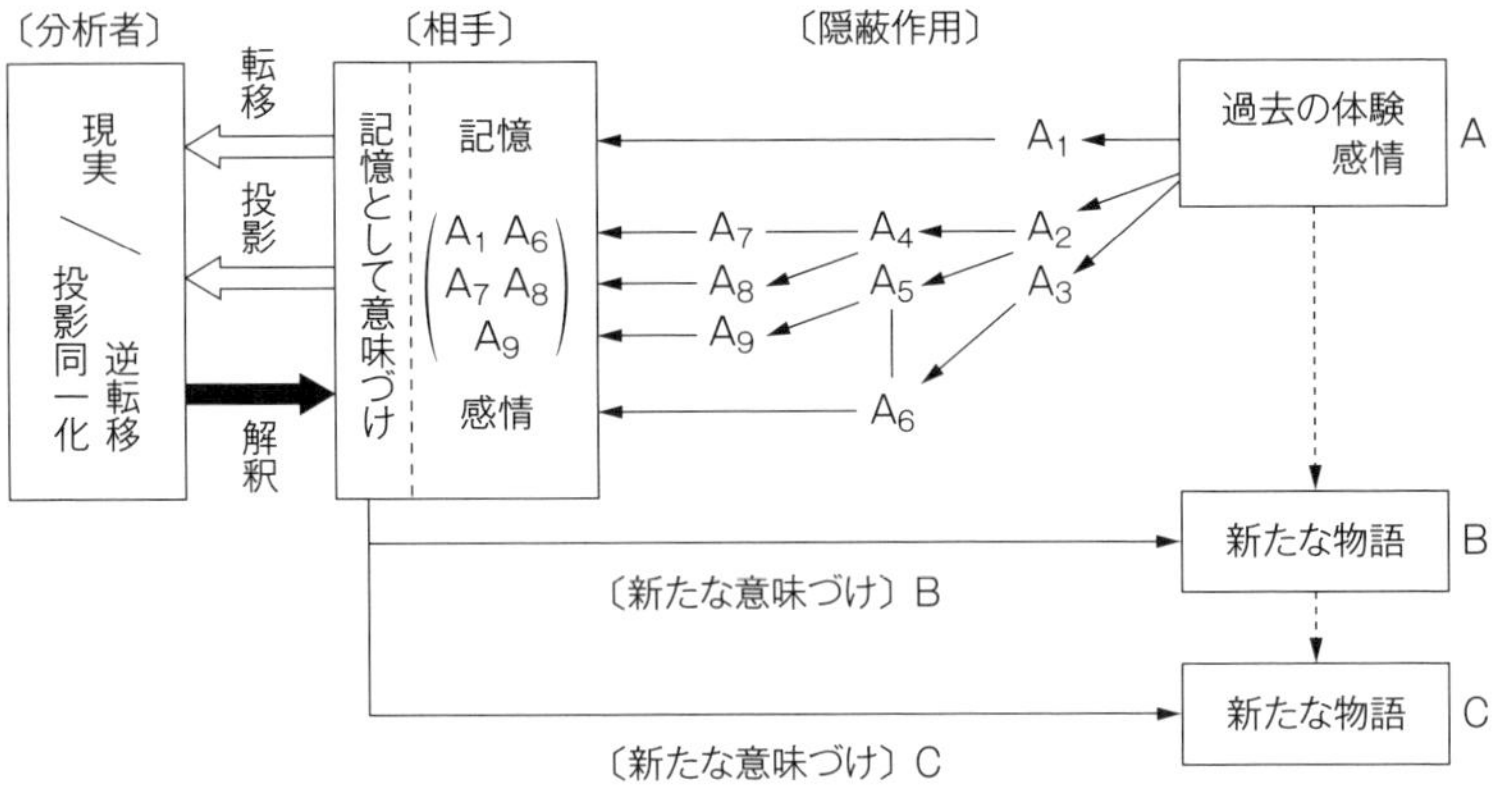

図18　転移の解釈による新たな物語の形成

◆ここでは各記憶素材をトゥリー（樹木）図式で描いているが，実際にはリゾーム（根茎）図式ないし網状交叉図式というもっと複雑なものであろう。

せたいということにこだわっていて、それを前進の指標として考えていた。そこから一年で終わることへの焦りや不満も出ていた（その意味では期限設定法であったともいえる）。しかし実際には、無意識的なものが、少しずつ掘り起こされてゆく過程、そのさいの自我構造の変化そのものに意義があったとわかったのは後のことである。

「あなたも分析を受けながら、〈何か出てくる〉〈何かあるはず〉と思いつづけていたのに、実は何も出てこなかったというのですね。そのような空虚感でしょう。しかし分析というのは、そのような無から有を創ってゆくものではないでしょうか」

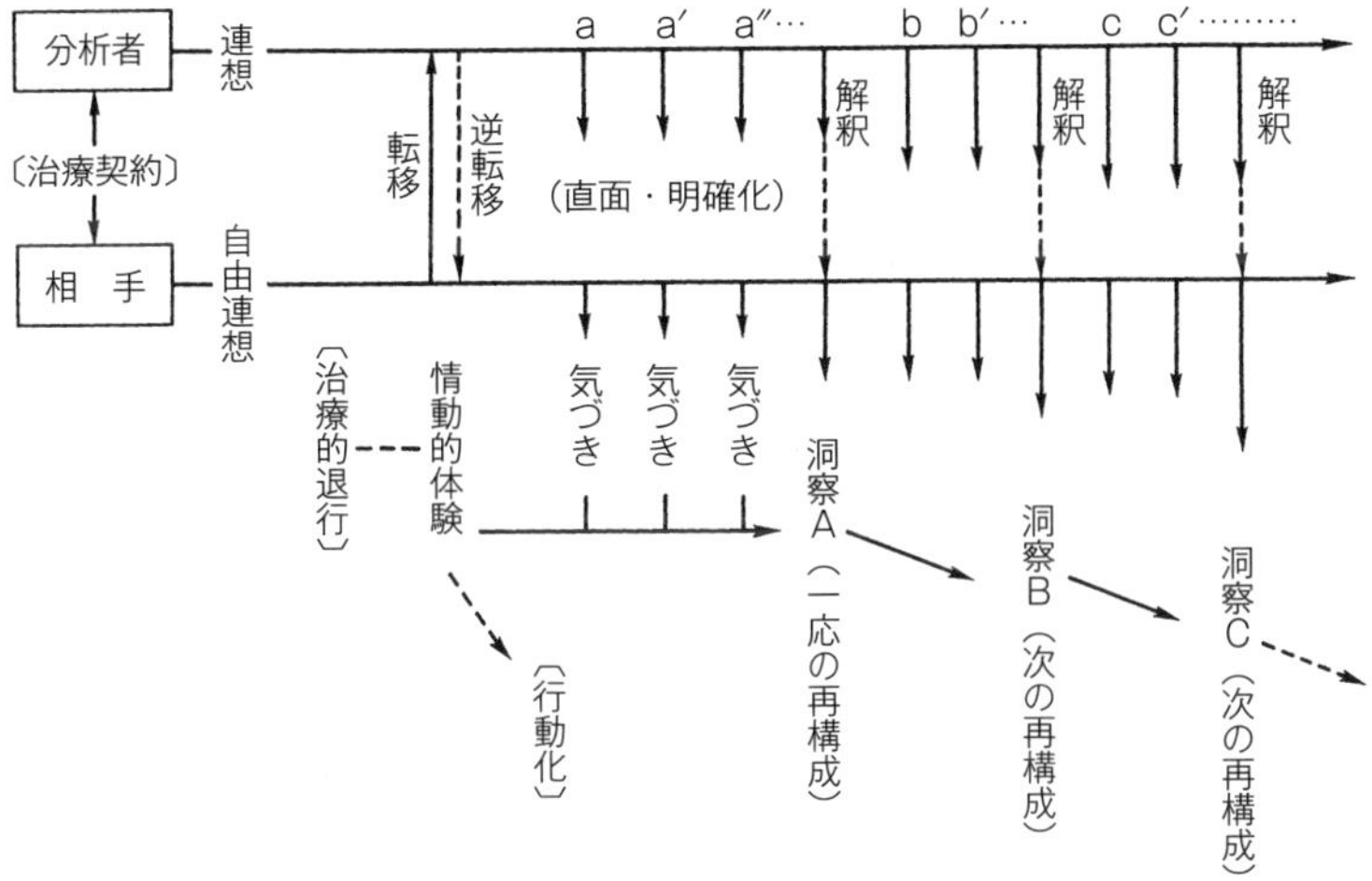

図19　気づきの展開

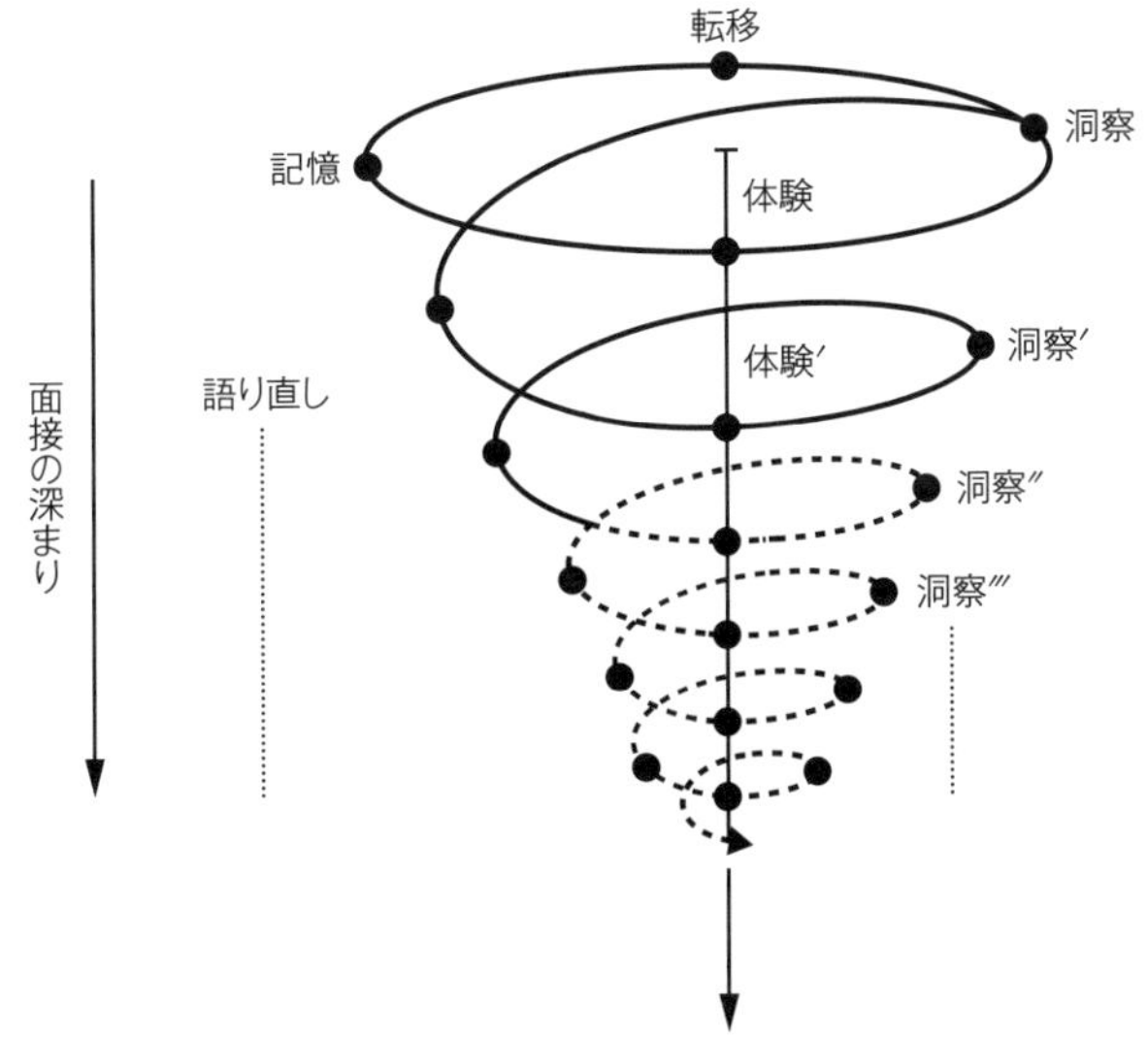

図20　洞察の深まり

◆螺旋の大きさはともかく，しだいに洞察が深まり，「語り直し」が進んでゆく過程を示したい。

「ここであなたが喋るということも、あなたの口愛期の問題にとって、大きな意義があったと思います」――つまり、分析者の前で唇を動かして喋る行為で、口の満足が得られるという。

(9) ふつう、分析を受けている期間は、フロイトの著作など読むことは(行動化として抵抗を強めることになるので)禁止されるものと思っていた。しかしとくに禁止されることもなかった。「スーパーヴィジョンの意味もある」ということで、フロイトの『隠蔽記憶について』の原書を貸し与えられたこともあった。それを自分の体験に照らし合わせながら読んだりしたが、これは教育分析なるがゆえに、そうされたのかもしれない。

またIPA[11]の雑誌も借りて、フロイトの「全著作リスト」をドイツ語と英語で筆写したこともある。そこでの神経生理学などの論文二四篇、分析関係の著書や論文、それに短い序文なども合わせると、二七六篇という膨大な数にのぼっていた。

また一方で、翻訳が出はじめていた『フロイド選集』を読んでいたが、どうも文章がまわりくどい。そのときはなるほどと思うが、あとで記憶に残りにくい。それで一つ一つの論文について、レポート用紙にサブノートを作ることにした。重要な言葉を書き抜いたり、理論的な部分は図式化してみたりして、かなりの分量のサブノートができた。フロイトの構造論を図解(表紙カバー参照)したのもその産物である(図21、図22)。その後もサブノート作りはつづけて、その『フロイド選集』の一七巻が完結す

11 IPAとは国際精神分析学会のこと。そこから出されている機関誌。

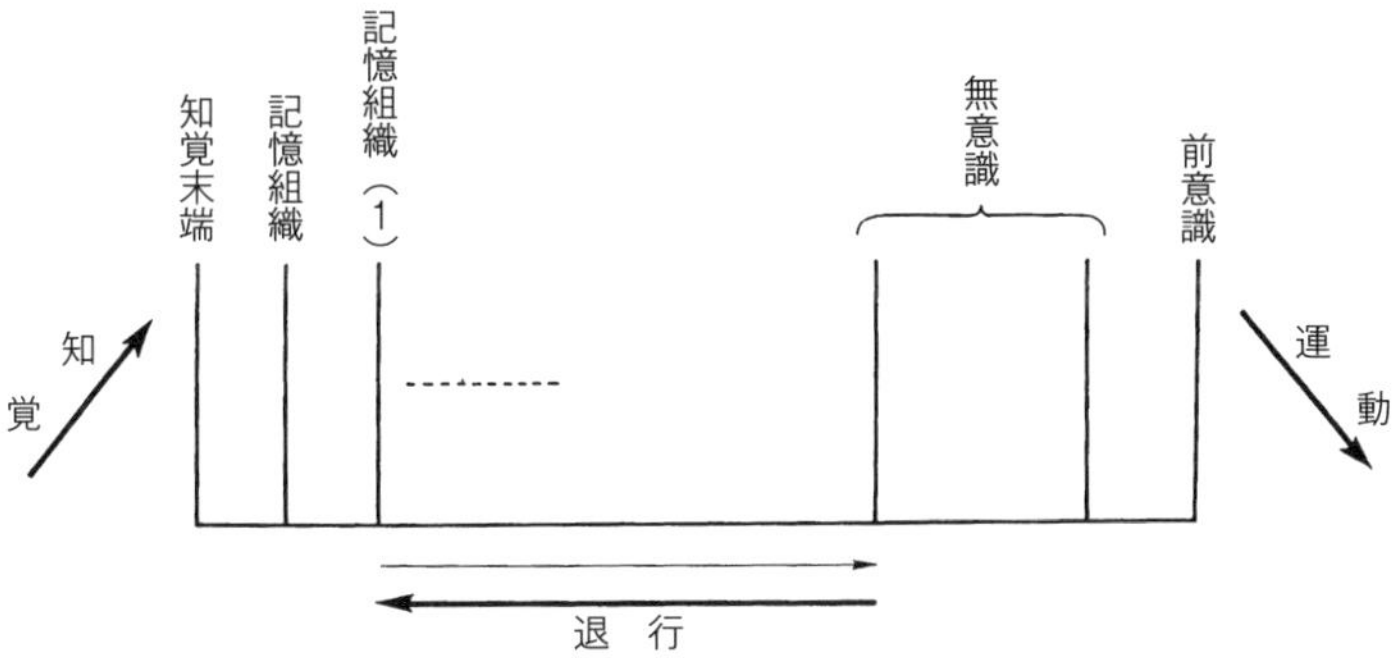

［A］局所的退行（フロイト，1900）

（『夢判断・下』日本教文社，312頁，1955の一部を筆者が修正）

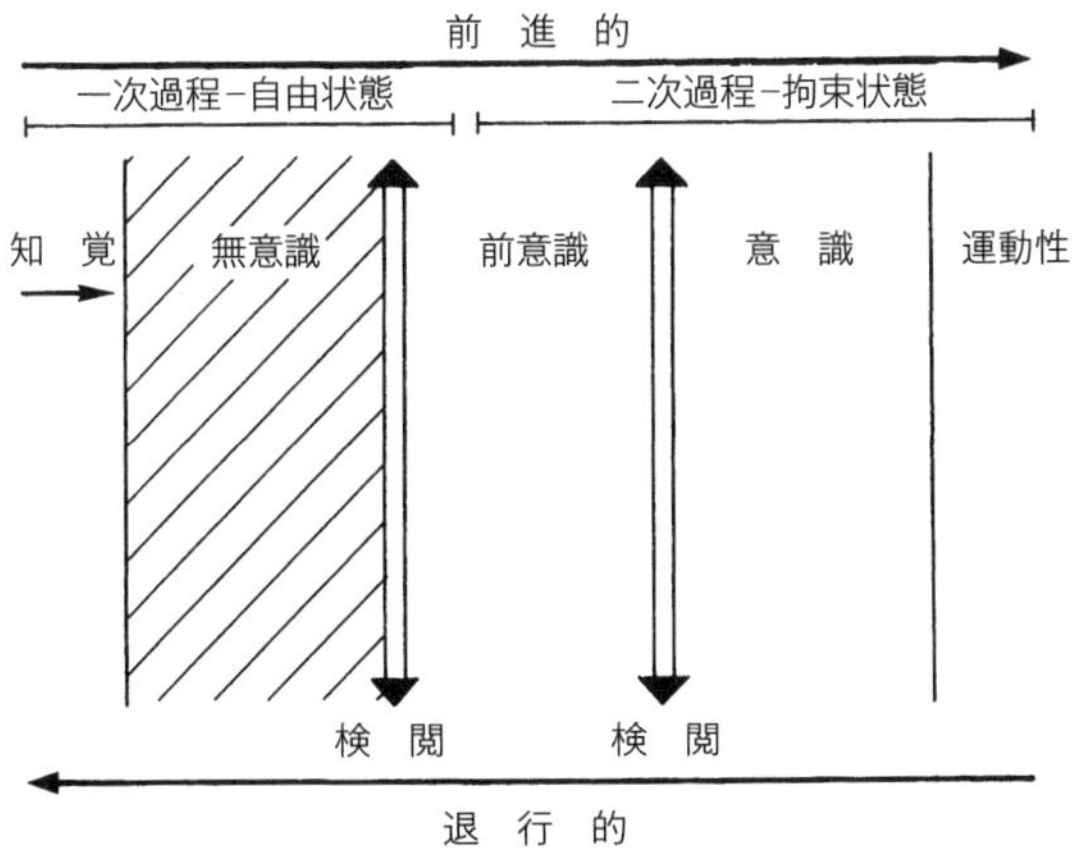

［B］ミルネルによる修正図

◆前意識の領域で，一次過程が微妙に二次過程に移行するところに注目（『フロイトと文学解釈』市村卓彦訳，ユニテ，34頁，1989）

図21　フロイトの局所論

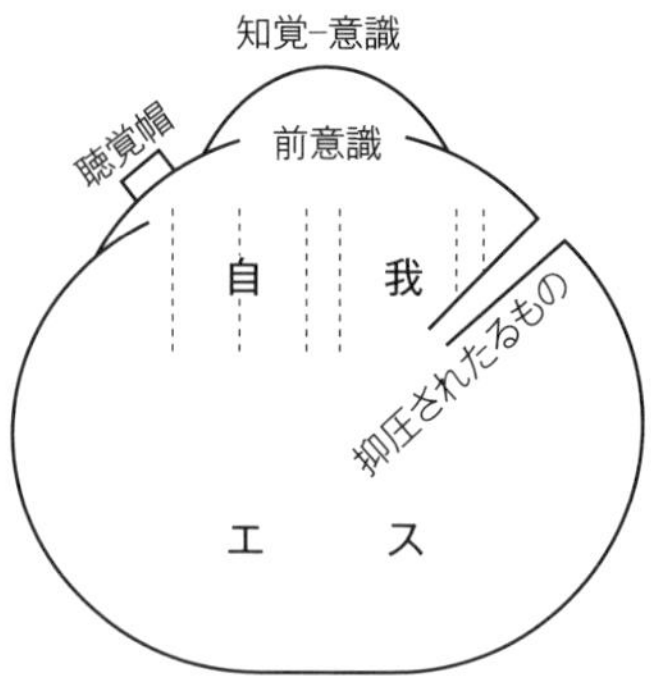

［A］フロイトの試案（1923）

◆フロイトは大脳を意識して，左側に「聴覚帽」をくっつけたと述べているのだが，未完成の図である。（「自我とエス」『自我論』日本教文社，262頁，1954）

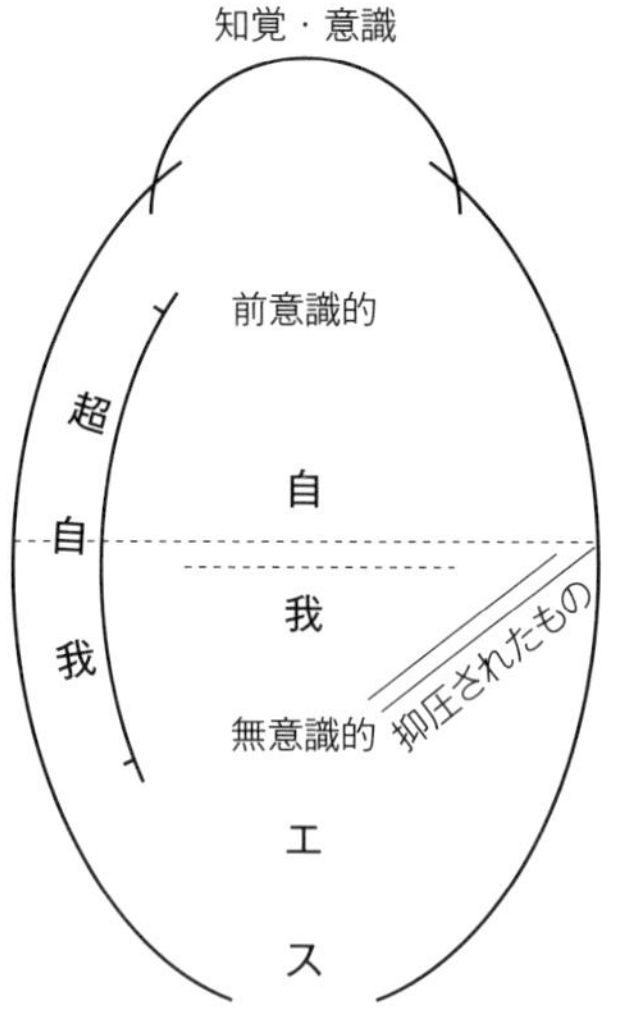

［B］精神装置（1933）――人格の三分説または三層説

◆「抑圧されたもの」は右の溝（裂け目）の下の「無意識」の領域に置かれるべきものと思われる。（『続精神分析入門』日本教文社，118頁，1953）

図22　フロイトの構造論

るまでには、一〇年近くかかったろうが、私にとって筆写することは、フロイトの摂取（とり入れ）につながっていたようである。

(10) 分析者との別れ——終了する少し前から、それまでの自由連想法の体験について、慶應大学の研究会で二回にわたって報告させられた。それである程度の心の整理はできていたつもりだった。とはいっても、それまで分析者との間に生じた転移神経症に、首までとっぷり漬かっていた身にとって、分析が終わるという体験は未練があった。軽い身体症状も出たりした。その後、転移が解消するのに、何年かかっただろうか。

その後時折、上京するさいには時間を空けてもらってスーパーヴィジョンを受けたり、数カ月にもわたって、録音テープを郵送で交換しながらスーパーヴィジョンを受けつづけたというのも、転移の処理の一環であったのかもしれない。

『自由連想法覚え書』

こうした分析体験のあと二五年たって、古澤先生の精神分析の記録を、『自由連想法覚え書』としてまとめた。先生は精神分析についての著作を出されなかったので、「子曰《しのたまわ》く」といった感じで、「先生はこうおっしゃった」という言葉を残しておきたいと思って書きとめたものである。もちろんその後の自己分析も兼ねていたのだが。

その本の結論として、「私は、精神分析とはあいまいなものであることがわかるようになった」と記している。この「あいまい」ということは、分析によって出現してくるものは、まったく転移で動くもの――二人の間の相対的な関係による産物だったという意味であるが、当時はうまく言語化できないでいた。

それからさらに一〇年後になって、再び自分の分析体験を考察し直した『原光景へ』という本を書いた[12]。その頃には、すでに対象関係論の影響も受けていて、次のように述べている。少し長いがそのまま引用しておこう。

「自由連想法の場で思いつきを喋る言葉、またその意味内容だけでなく、分析における解釈の受けとり方、その反応の起こり方、気づき方、納得の仕方のあれこれも含めて、これらは分析者との感情関係の力動によって流動的でうつろいやすいものである。したがって相手の内面に深く入ってゆくような分析場面では、言葉や記憶には二重、三重の多義的な意味が含まれているので、早々に単純には割り切らないで――すぐにどちらかに片づけないで――そっと置いておいて、しばらくは様子をみているほうが賢明なことが多い。それはどっちつかずのいい加減な、という意味ではなくて、相互で〈茫洋《ぼうよう》と漂う〉ことの重要さを記しておきたかったものである。

精神分析は、知的に、合理的に、理論どおりにはゆかない。もっと柔らかで、ゆとりのある世界――それは芸術の領域に近いような、いろいろな解釈の余地の残されている奥の深いものだと言えば言い過ぎになるだろうか。とくに言葉を象徴的な意味で解明してゆくことの多い精神分析では、意識的な理論を超えて、ひょっと気がつくという前意識の機能に負うところが大きい。そういう点では、あえて〈芸術的創造性〉

12 『原光景へ――私の精神分析入門』白地社、一九九二。

が求められるといってもおかしくはないのではないかと、今の私は思っている」(一八八頁)。
その後私の中では、後述するように精神分析と「芸論」との比較考察が展開してくることになる。そして私の分析で主な問題となった「原光景」にまつわる物語は、フロイト派の分析者だった分析の中であればこそ出現してきた原光景空想(幻想)であり、それが私の中で、「古澤＝前田合作物語」として、あるまとまりが持てたのではないか、と結んでいる。

再び当時の私の話に戻そう。私は分析を受けて帰った後、丸善にJ・ストレイチーの『スタンダード・エディション』全二四巻を注文した。ちょうどわが国の『フロイド選集』と同じ一九五三年から出版されはじめていたものである。はじめはどっさりと、そのあとは一、二カ月ごとに順不同に送ってきていたが、その全集を揃えることで、自分の心の支えを求めていたような気がする。それも一〇年以上かかって、一九六六年に全二四冊が完結したが、つぎつぎに増えてくる金文字の全集の重さが、フロイト派としての自分のアイデンティティの重さを増すことにつながったような気がした[13]。

原光景をめぐって

私の精神分析は、欲動論の立場で、自分の心の奥にあるエスをつきとめることから

13　一九五三年より刊行され始めていた(London, Hogarth Press)。ストレイチー『フロイト全著作解説』北山修監訳、人文書院、二〇〇五参照。

図23 「原光景の絵による表現について」より

◆24枚の絵は『原光景へ』（117-129頁）に公表している（その中の「秋の風景」は同じ構図のために省いている）。

はじまっていた。先にも述べたように、分析の五カ月目（五三回）に、先生が急に病気で倒れられ、一カ月以上中断になった。その時期に描いた二五枚の小さな空想画がある。[14]ここでは、その中の代表的な一枚の絵だけを示すにとどめるが（図23）、全体としてのストーリーはない。少女が登場している場面が多くて、童話ふうの、やや感傷的な雰囲気の漂うようなイラストふうのペン画である。

それは分析中に、原光景についての徹底操作がはじまっていた時期での中断だった。その後、分析が再開された中では、それらの絵の中に出現していた「蝶」とか「リボン」などが連

14 前出『原光景へ』、一一七頁参照。

想の糸口となって、私の原光景にまつわるさまざまな記憶がつぎつぎに想起されてくることになった。自分としては、実際に両親の性交場面など目撃したという記憶はないが、子ども時代の「それ」にまつわる無意識的空想が、さまざまな形で置き換えられたり、象徴的に表現されているのが、面白いと思われた。

そこで、第五回精神分析学会（昭和三四年）で、「原光景の絵による表現について」と題して、その絵の一部を発表した。[15] 残念ながら、古澤先生は出ていられなかったので、コメントはもらえなかった。その代わりに、いくつも反論を浴びた。

土居健郎先生から受けたコメント——「これらは天照大神が、天の岩戸にかくれて、戸が閉ざされた感じを受ける。そこには分析者からの分離による打撃があり、隠されたものへの好奇心と、孤独感が中心にあるのではないか。これらは分離による退行状態での空想であろう」。

また、実存派だった荻野恒一先生からは、フロイトの汎性欲主義に対する批判もふくめて、こうした絵画作品を人間の存在構造の中で、下層部である衝動層（エス）に還元して解釈してしまっていいのだろうか。これらは無意識的なコンプレクスの表現のみに尽きるのだろうか。また、それらをフロイト主義の理論で解釈すること自体が、分析者への転移ではないのか、などと激しく突っ込まれたことも印象に残っている。つまり、分析が進むにつれてみられる被分析者の「証拠としての夢」[16] と同じようなものではないのか、という異議である。ごもっともなご意見だったと思う。

とはいっても、そこには自分の去勢不安にまつわる「覗き」願望が、直接にあるい

15　前田重治「原光景の絵による表現について」、精神分析研究、七巻一号、二四頁、一九六〇。また前出、『精神分析研究選集1』一七五頁、二〇〇四に収録。

16　フロイトのいう「証拠（確証）としての夢」（随伴夢）とは、分析が進展してくれば昼間に示唆されていた思いつきが夢になって現れてくるというもの。連想で解明されたもの以上の価値はない夢のこと。つまりフロイトの患者はフロイト好みの夢をみ、ユングの患者はユング流の夢をみる。

は象徴的に表現されていることは否定できない。が、同時に――土居先生が指摘されたように――もっと早期の母子関係、その分離（対象喪失）をめぐる葛藤も広く読みとれるように思う。とくに、「見る」（覗く）ことによるとり入れの多いのも特徴のようにみえる。見たり、覗いたりすることは、対象と接触することであり、同時に、相手に侵入するというサディスティックな意味もある。そうした母親への愛着と攻撃というアンビヴァレンスも感じられる。

ともかく、分析の中断期に、そうした絵が描かれ、その後の私の原光景の扉を開いてゆく上での大きな糸口になったものとしての意義はあったといえよう。最近、乾吉佑さんが、この論文にコメントをしてくれた。[17] 著者としては、これらの絵を「味わい」たかったのだろう。しかし、分析家としては「なぜこの絵が描かれたのか」という、分析中断をめぐる転移関係を手掛かりに、その意味を「知りたくなる」ものである。そこで発表のさいに転移についての記述が少なかったせいもあって、質問や反論が集中したのも仕方がない。しかし「この経験を著者は、その後の学問人生の大きな転機にしたのではないか」と述べてくれていた。

今日の目からすれば、古典的ともいえる昔懐かしい論文である。つまり私にとって、精神分析とは、相手の無意識の奥にあるコンプレックスを、分析者が知りたいという、一種の「謎解き」としての興味が深かった時代の名残りということができる。

＊

17　乾吉佑「解説」、前出、『精神分析研究選集1』、一八五頁。

ライクロフトの『想像と現実』の中に、「ある推理小説の分析」という興味深い論文がある。[18] その中で、ペダーセン＝クラグが面白いことを述べている――「殺人場面は、両親の性行為を象徴したものである」（一六一頁）。そして「原光景を目撃した人には、好奇心とそれの禁止と心的外傷とが同居している」（一六三頁）。それで、推理小説マニアというのは、過去のその外傷体験を克服しようとする。つまり、推理小説を読むということは、外傷性神経症とおなじようなもので、そこに登場してくる「探偵」と同一化することによって、自分が罰を受ける心配もなしに幼児期以来の不安をともなった罪悪感を払拭しようとしているという。そしてコリンズの有名な推理小説『月長石』を取り上げて、詳細に論証している。この仮説に対してライクロフトは賛成ではなくて、それはむしろ躁的防衛なのではないかと反論しているが。

少年時代の江戸川乱歩以来、探偵小説を愛好してきた私としては、この「探偵小説‐原光景説」の意味するものは、よくわかる。探偵小説の魅力は、難解な秘密が論理的に少しずつ解かれてゆく過程の面白さにある。ふり返ってみると、私が精神分析にひかれた動機として、この原光景の問題が大きく影響していたように思われる。私が、当時の精神分析のいかがわしさに魅入られたということの背後にも、この原光景へのとらわれがあったのかもしれない。それで私には犯人探しの興味が強くて、探偵と同一化して精神分析を行っていたとも言えるのかもしれない。

ここで問題なのは、探偵小説を読む場合であれば、自分を安全な立場において犯人を追ってゆくという楽しみだけで事は済む。しかし分析治療という臨床の場では、分

18 ライクロフト『想像と現実』神田橋條治・石川元訳、岩崎学術出版社、一六一頁、一九七九。

析者は探偵という役割であると同時に、自分も犯人役の（つまり相手の）立場に立たざるを得なくなる。相手の犯罪の動機や方法や足取りを推理すること――そこにどんな秘密や心の構造が隠されているのか。これは相手から連想という刺激を受け、転移関係がつくられ、そこで提供されてくる素材を共有するためには、こちらも相手と同じ心理になることが求められる。つまり、自分も相手と同じ痛みや罪悪感を感じることが必要となる。こちらも共犯者なのである。

もちろん当の犯人はもとより、この分析者の内なる犯人も、変装したり、アリバイ工作したり、身代わりを立てるなど、あの手この手のトリックを使って必死に身を隠して、逃げつづける。むしろ分析者のほうが、防衛が複雑で隠すのがうまいともいえよう。そして、そういう犯人を、一方では探偵役でもある自分が、自分の心の中を追い求めてゆく――その一人二役の関係をとるわけである。

今日、精神分析の過程を、こういう探偵小説とか追い込むとかいうような譬えで語るのは時代錯誤であろう。しかしこの比喩をつづけるとすれば、ここで犯人の足跡をたどるには、できるだけ多くの資料を集めてくること、ついでそれらの徴候《サイン》をつかまえて、どのように推理し、相手の動きを組み立ててゆくかということになる。

後に出てきたコフートによれば[19]、そこに相手の「代理内省としての洗練された共感」的理解が必要であるという。つまり、相手の中に身を置くことである。彼はそこで「習練された内省技術」（二九頁）とか、「科学的な内省」（三九頁）という言葉を用いているが、そこが重要なところであろう。そこから今日では、「間主観的アプロー

19　オーンスタイン編『コフート入門』伊藤洸監訳、岩崎学術出版社、一九八七。

チ」という見方も出てきている。[20]

その譬えをさらにつづけるなら、これは二人がどんな関係をつくるか、という「二人の（共犯者的）関係の持ち方」が問題だということになる。つまり、分析者は追う側であると同時に、追われる立場でもあるという二面性をもっている。今日であれば二者の対象関係――転移・逆転移関係として、もっとうまく説明できたものであろう。

その後私は、自分の内なる犯人（つまり原光景とそれに関わる人物や情景）を捜すときに、プレエディプス段階もふまえて、前後の文脈や転移感情の起こり具合を読みとりながら、その周辺部を大まかに眺めてみるための仮想図を作ってみた（図24）。そして相手に転移をとおして、幼児期健忘の想起を促したり、それまでの断片的な記憶をつなぎ合わせて相手の人生物語を理解するようにしてきた。この図は、自分が今いる位置を見失わないための道標として、いつのまにか私の中にでき上がってきた地図だった。

ともかくここではフロイトが精神分析を考古学に譬えていたように、心の「覆いを除いて」心の深層を探求すること――地層をあばいてその下から遺跡を発掘すること――をねらいとしていた一者心理学の時代の私の姿勢を示すものとして述べてきた。今日の分析治療では、分析者が「何を」探し出すかということよりも、むしろそうした「二人の関係」のあり方を取り上げて、そこで地層を掘りつづける過程のなかでの本人の気づき体験に重点が移ってきている。

20　オグデン『あいだの空間』和田秀樹訳、新評論、一九九六。またバースキーとハグランド『間主観的アプローチ臨床入門』丸田俊彦監訳、岩崎学術出版社、二〇〇四、あるいは丸田俊彦・森さち子『間主観性の軌跡』岩崎学術出版社、二〇〇六などを参照。

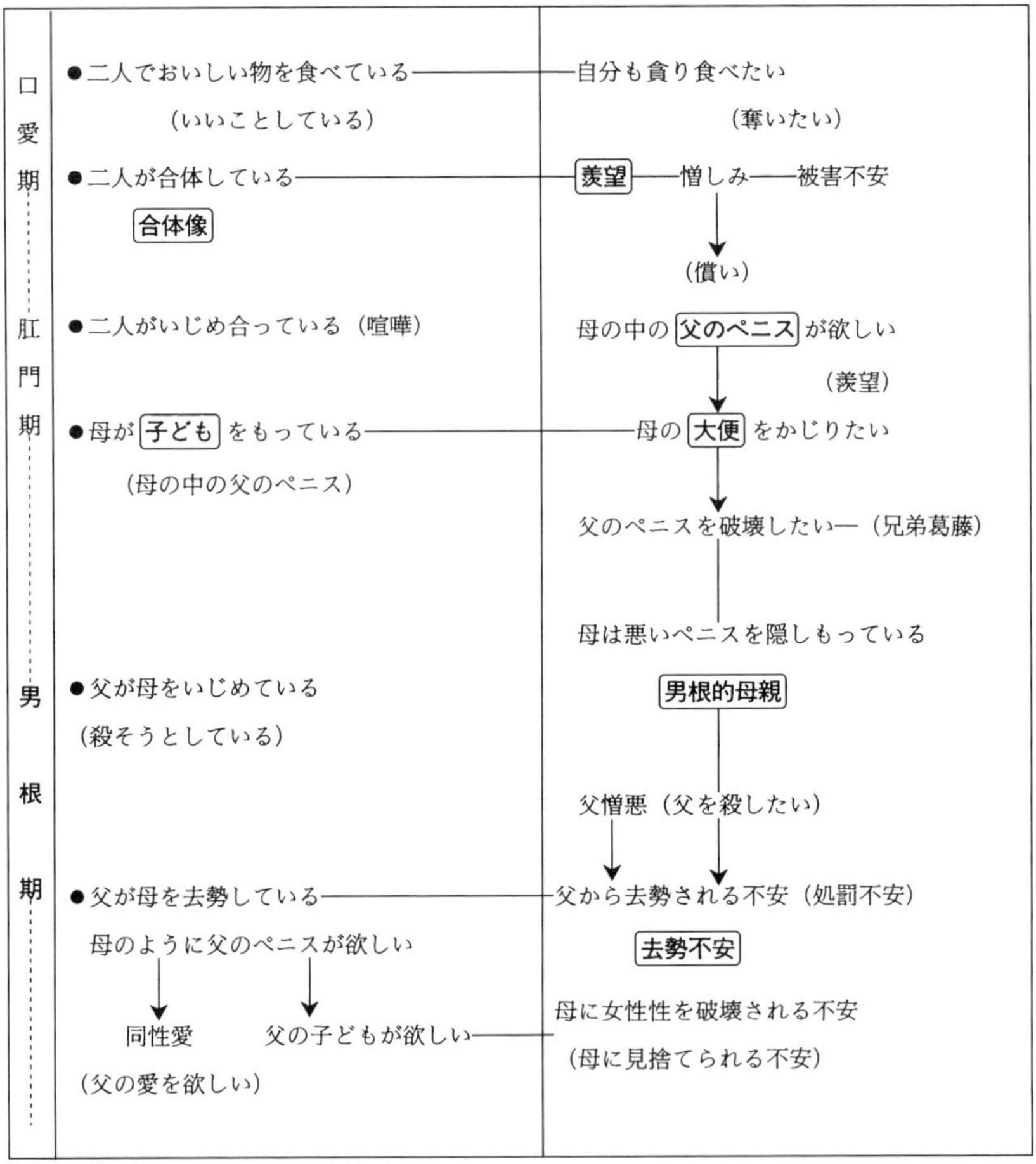

［A］原光景をめぐる無意識的空想

◆空想上の「男根的母親」は「ペニスを持った母親（女性）」といわれる。男根期の幼児は去勢を認めたくないために，女性はペニスを持っていると空想する。また一方で，母は性交時の父のペニスを体内に持ちつづけていると空想し羨望する。そこから母親への破壊衝動が生じる。

図24　原光景仮想図

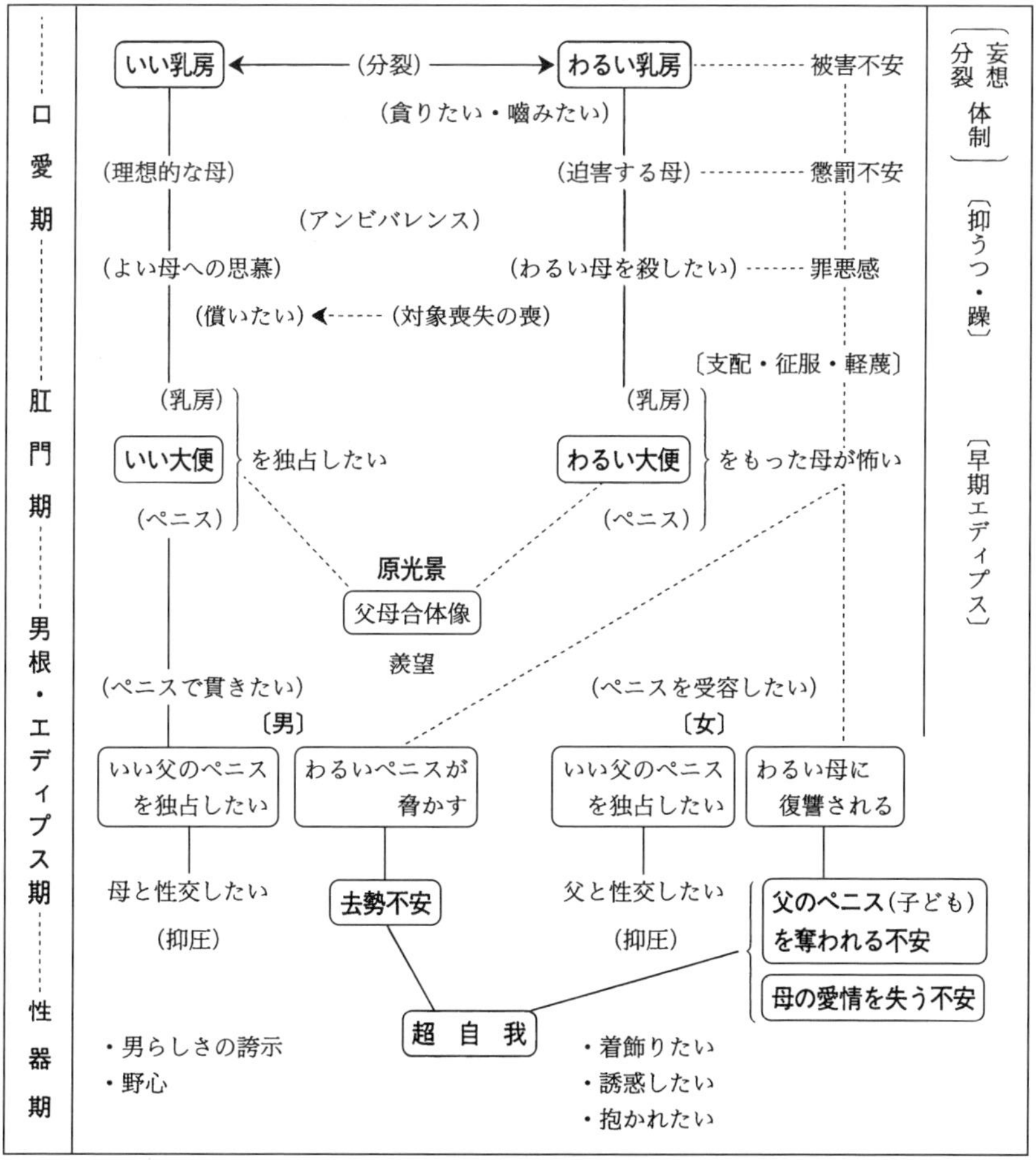

［B］原光景の周辺

◆フロイトの欲動論とクラインの対象関係論を統合しようとした試作。

ついでに一言ふれておくなら、フロイトの欲動論の時代に性的誘惑、去勢の脅しと並んで、幼児期の外傷体験として重視されていたこの原光景というのは、今日ではあまり取り上げられなくなっている。むしろクラインらによって、無意識的空想における「両親の合体像」にまつわる迫害不安として考えられるようになっている。

古澤「アングル・コンプレックス」

一年間の分析を終わって帰る前に、先生から二つの宿題をもらった。それは、「夏目漱石と、森鷗外を勉強するように——そこに日本人の性格形成の重要な問題がはいっているから」というもの。それともう一つ、「日本の〈庭〉をよく見てみたらどうか——庭にはアングル（角《かど》）が見出されるかも知れない」というものである。

この「アングル」というのは、ピカソは去勢不安が強くて、その絵の中で尖った鋭角をさかんに「円」で防衛しようとしているという先生の発想からの仮説である。つまり、鋭角のアングルというのは、去勢コンプレックスや女性恐怖や憎しみなど——いわゆる「わるい乳房」——の象徴的な表現であるという。そのアングルの奥の奥には、原始的な母親への恨み、さらには阿闍世コンプレックスも見えてくるはずだ[21]、というのが先生の仮説だった。それを「アングル・コンプレックス」と名づけられて、先生は精神分析でのキーワードとして用いられていた。

その試みの一つでもあったのだろうが、「アングル・テスト」というのも作られていて、予備面接のさいに私も受けたことがある[22]（図25）。並べられた三枚のカードの

21　古澤「阿闍世コンプレックス」は一一八頁参照。小此木啓吾・北山修編『阿闍世コンプレックス』創元社、二〇〇一も参照。

22　「教育分析と古澤平作」、前田重治『精神分析応用論』誠信書房、八八頁、一九八八。

古澤による予備調査

氏名　　　　　　　　職業（学校名）：

1. きょうだいは何人いますか。（その年齢）
2. 両親の名前と年齢
3. 神はいると思いますか。
4. 次のものから何を思いつきますか。

5. a）好きな学科と嫌いな学科
   b）とくに好きな学科
6. 自分の性格
7. いま思い出せる夢があったら書いて下さい。

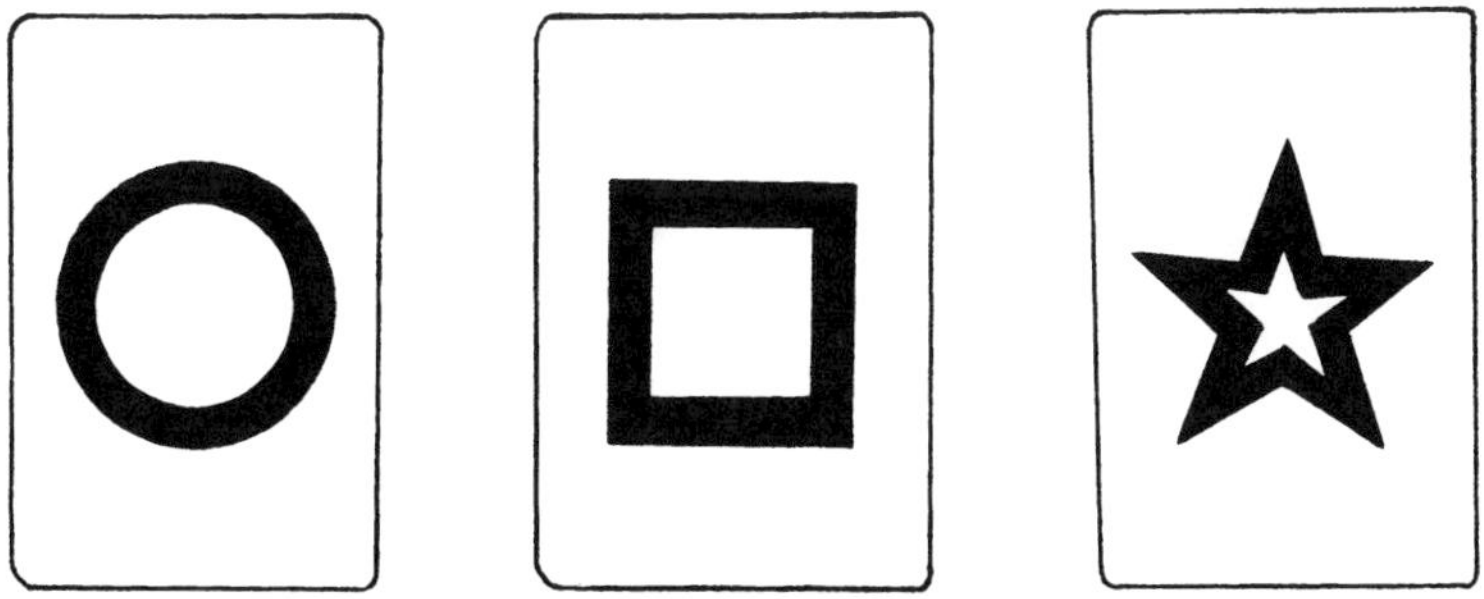

図25　古澤によるアングルテスト

◆「どのカードが最も目につくか」という指示。カードの系列効果を避けるために，配列を変えて行われ，いかにアングルが円で防衛されるかをみようとされていた。

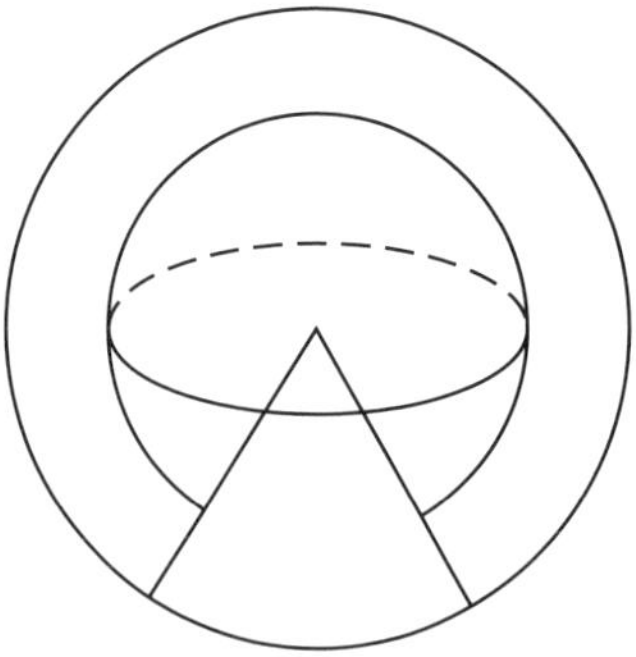

図26　かつて『精神分析研究』誌の表紙に用いられていたマーク
（アングル・コンプレックスの図案化）

中で、どれが目につくか、いろいろ配列を変えて行われる。また予備面接シートの「△」の図からの連想を述べさせられる。

　そのことから、これが図案化されて、精神分析学会のシンボルマークとしても用いられていた（図26）。しかし先生が七一歳で亡くなられた一九六七年（一四巻一号）を最後として、表紙からは姿を消してしまった。これもご時勢というものであろう。

　こういう禅の公案みたいな宿題をもらって帰ったものの、これは未だに処理しかねている。漱石については、そのあと土居先生が「甘え」論をふまえて巧みに漱石の諸作品を読み解かれたので[23]、今さらやる気はない。鷗外のほうは、『ヰタ・セクスアリス』の中に、日本人の性格形成の重要な問題が入っているらしいが、どうも漱石ほどに肌に合わないし、取りつきにくい。彼の晩年の「諦観」（諦念）というのは、好きな言葉の一つではある

23　土居健郎『漱石の心的世界』至文堂、一九六九。

のだが――。

「庭」については、その後、旅をするたびに各地の名のある庭園を見てまわるように努めてきた。寝殿造り、枯山水、書院造り、回遊式の庭など眺めながら、自分なりに、そこでの造形美や作者の遊び心や、無常感、わびなどを感じたりはできたものの、どうも「アングル」の心は読みとれてはいない。

この「アングル」という去勢恐怖の図形の奥には、今日ふうにいえば、「原始的な攻撃性―サディズム」「わるい乳房」、また「超自我先駆体」などと呼ばれているものも含まれているらしい。これを言葉で説明すると、身も蓋もなくなるような気がするが、そこにはドロドロとした蒼黒《あおぐろ》い恨みや罪悪感が渦を巻いている中に、キリッと鋭く切り取られた感じで迫ってくる何か恐ろしい、破壊的なイメージが感じられる。自由連想中に、先生から、「君、それがアングルだよ！」と指摘されて、ドキッとしたことを憶えている。これを「原光景」「去勢」「憎しみ」などの言葉で解釈されるよりも、「アングル」という図形（＝符牒・隠喩）で示されるほうが、私の心に深く響いた。私が視覚型のせいかもしれない。

つまるところ、「庭を見る」というのは、心の奥底を見るということであろう。先生の宿題を果たすには、そこに日本人に特有な心性を――とくにアングルを――読み取れるようになれという教えだったのだろう。本書にも図式を数多く用いているが、それらは、私にとっては一種の庭作りみたいなものである。どうか、それらの図形の表面――その木の枝ぶりや、石の配置、その形や色、池の反射の具合など――に細かくとらわれたりしないで見ていただきたい。その全体を目を細めて透かして見ながら、その奥にあるものを――心眼でもって――見るようにしていただきたいものである。ちょうど目の焦点を画面の背後に合わせると、そこに別の画像がくっきりと浮かんで見えてくるステレオグラム[24]（裸眼立体視画像）を見るときのように――。

24　ステレオグラムとは、画面の背後に目の焦点を合わせると、三次元の奥行きのある風景や物体が見えてくる面白い絵画。中川和宏監修『ヒーリング・アイ』晋遊舎、二〇〇七。

3章　精神分析応用論——「純金」と「銅」

自我心理学の時代

フロイトは無意識を発見し、自由連想法を開発し、欲動の抑圧、不安や葛藤の防衛を考えた。彼の分析治療は、自我・超自我・エスという構造論を基盤として、解釈によって連想中の抵抗を処理しつつ、リビドーの固着のある幼児期記憶を想起させ、「自我のあるところにエスをおく」という自我の洞察を得させることがねらいとされた。

私が受けてきた古澤による教育は、原則としてそうしたフロイトの原法にのっとって、分析家の中立性と禁欲規則は守られていたが——そこには訓練分析という意味もあったのかもしれないが——やや柔軟であった。分析者はかなり自由に自分の思いつきを喋られることもあり、そこには逆転移を治療的に用いられていた向きもあったようだった。これはフロイトが行っていた教育分析の記録を読んでも、似たような点が感じられたものである。

また、これは私の内的な問題もからんでいるので一般化はできないが、エディプス葛藤とからんで、多分に口愛期的な母子関係でのアンビヴァレンスや葛藤が展開してきたのに対しては、先に述べた「アングル」の彼方にあるらしい「阿闍世コンプレックス」についても解釈が与えられたりしたが、それはいまひとつ納得できなかった。そこでの口愛期レベルの問題については、部分的にクラインふうの解釈も与えられていた。それは私の原光景をめぐる多彩な問題のいくつかについて、新しい気づきをおこさせた。そうした過程で、どの程度、自分の内的葛藤が処理されたかどうかはわからないが、少なくともたぶんに強迫的であった私の厳しい超自我がある程度はゆるんで、自由を得たような気がしていた。

とはいっても、その後の私の精神分析での臨床では、原法に忠実に、なるべく逆転移をおこさないように心掛け、中立的な「鏡」であるように努めていた。相手の連想のかげで、息を潜めて聴き入るというのは、なかなか窮屈なことでもあった。

またそこでの解釈は、もちろんプレエディプスの問題もとりあげながらも、エディプス葛藤を中軸として、過去の記憶を探求し推理して再構成してゆくという一者心理学的な態度はつづいていたと思う。当時は、転移は過去を想起する代わりに、自我防衛として生じる「抵抗」[1]の一つとして考えられていたもので、したがって転移解釈も行ってはいたが、今日のように、「今、ここ」での転移解釈という意識のものではなかった。

その後、昭和四〇年代にかけて、精神分析は自我心理学が花盛りとなった。小此木さんが昭和三六年（一九六一）から『精神医学』誌に「精神分析学の展望――主とし

1 無意識の意識化への抵抗として抑圧抵抗、転移抵抗、反復強迫抵抗、疾病利得抵抗、超自我抵抗、行動化、性格抵抗、自我同一性抵抗などが考えられていた（前田重治『心理面接の技術』慶應通信、一七三頁、一九七六参照）。

て自我心理学の発達をめぐって」という論文を連載していた。[2]そこでフロイトとフェレンツィを対比させたり、ライヒの性格分析、ハルトマンの自律的自我、クリスの一時的退行、エリクソンの自我同一性など、つぎつぎに紹介していた。またフェダーンやシルダーの身体論までも紹介してくれていた。

アンナ・フロイトの「自我防衛」[3]は、フロイトの防衛メカニズムに新たな防衛も加えていた。また母子関係における母親の育児機能も重視されていた。ハルトマンの自我心理学は、「葛藤外の自我領域」を打ち出していて、それは脳の成熟という神経生理学からの見解もふまえていて、「自我の適応」と「自我の自律性」を提唱していた。[4]それらは一般心理学の流れにもそっていたもので、全体として知的、現実的、合理的にかっちりと構築されていて、多分に常識的な考えに近いものだった(図27)。

またフェダーンの「自我境界」の概念や、ベラックの「自我強度」などからは学ぶことが多かった。[5]私としては、クリスが「一時的・部分的退行」を提出し、フロイトの退行を、より健康な自我活動、とくに創作活動の側面からとらえているのがとても興味深かった。[6]またキュビーが、「前意識機能」は、意識的・論理的思考と、無意識的な象徴過程との中間に位置し、そこに創造的思考が生じるという考えに共鳴を覚えた[7](図28)。

ともかく、自我心理学はフロイトとは対照的に、人間の健康な側面に目を向けていたのが特徴的だったといえよう。それだけに精神分析の、どろどろとした面白みは少なくなっていた。

2　精神医学、三巻五号、一九六一。この連載論文は小此木啓吾『精神分析の成り立ちと発展』弘文堂、一九八五に収録。

3　アンナ・フロイト『自我と防衛』外林大作訳、誠信書房、一九五八。

4　ハルトマン『自我の適応』霜田静志・篠崎忠男訳、誠信書房、一九六七。

5　フェダーンについては、前出、小此木啓吾『精神分析の成り立ちと発展』に詳しい。

6　クリス『芸術の精神分析的研究』馬場禮子訳、岩崎学術出版社、一九七六。フロイトの退行を、より健康な自我活動や創作活動の側面からとらえている。

7　キュビー『神経症と創造性』土居健郎訳、みすず書房、一九六九。前意識機能は意識的な論理的思考と無意識的な象徴過程との中間に位置し諸種の創造的思考を生じるという。

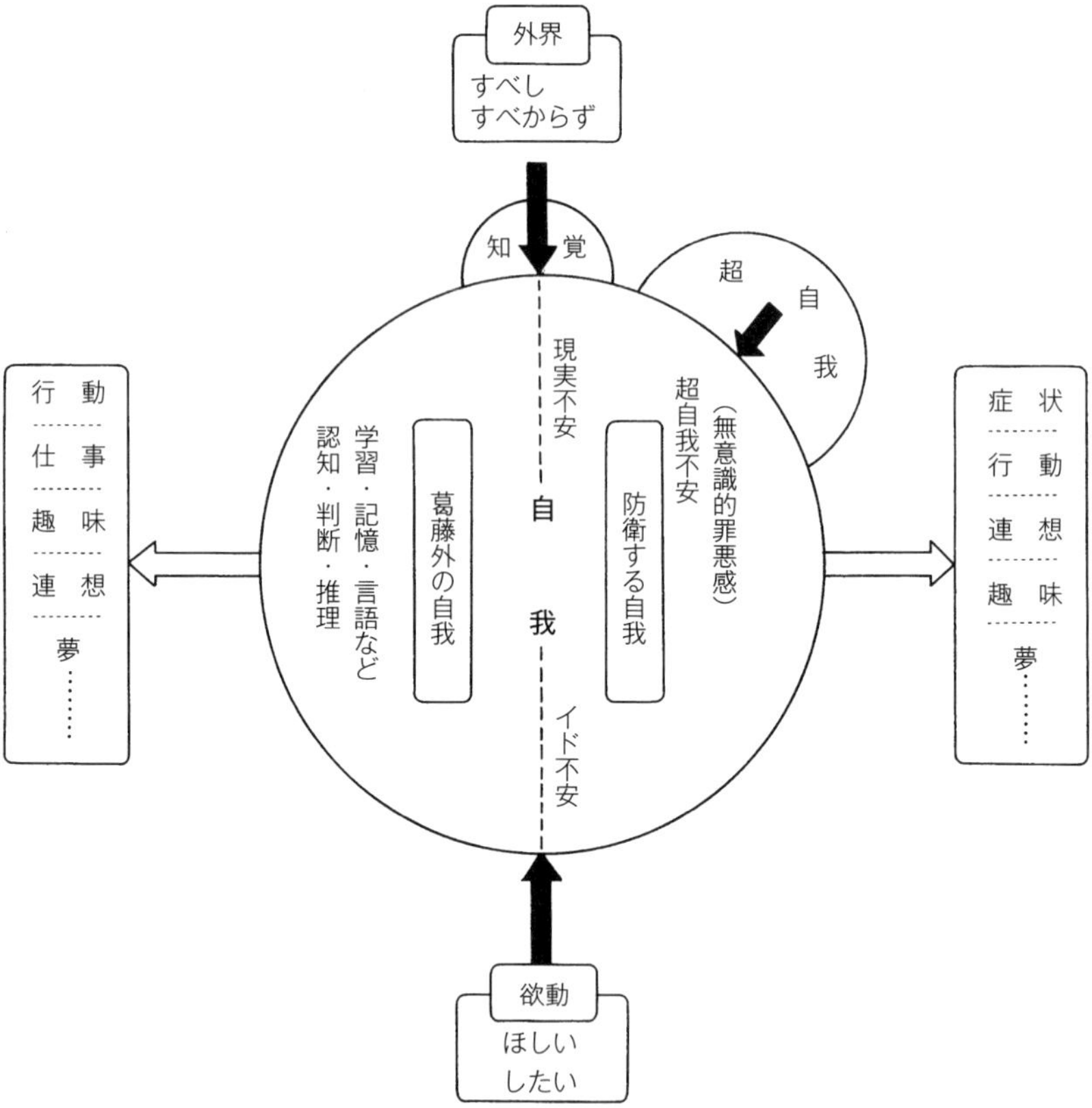

図27　ハルトマンの自我機能

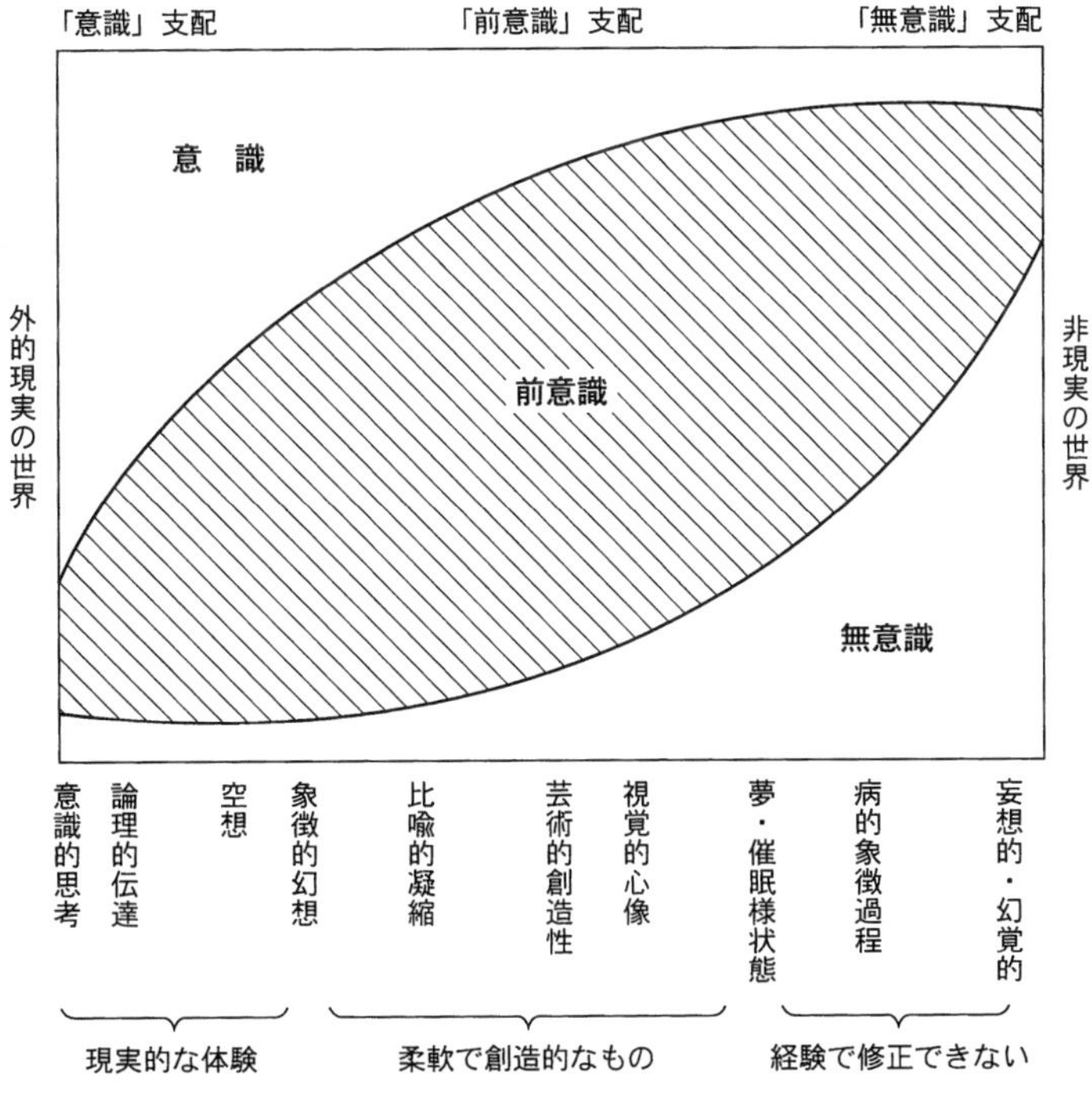

図28　キュビーの前意識過程（1958〈前田による修正と加筆〉）
（『神経症と創造性』みすず書房，51頁，1969）

学会では、昭和三三年（一九五八）に武田専さんが「いわゆる境界例」について報告して先鞭をつけていたが、[8]しだいに性格障害のからんだ難治性の障害――重症強迫神経症、慢性うつ病、行動障害、心身症などへと治療対象が拡大されてきていた。

かねて相棒だった西園さんは、われわれの出発点でエディプス・コンプレックスが主流だった当時から、ヒステリーにおける口愛期水準の問題にも着目し、そこでの母子関係の問題を強調していた。[9]その延長線ともいえるのだろうが、インシュリンやトランキライザーを利用して母子の依存情況へ退行させる「依存的薬物療法」を展開させていた。[10]それは精神分析的面接と保護的看護をとおして、心身両面から口愛期から男根期にわたっての対象関係を再構成させようとする興味深いアプローチである。とくに薬物による退行極期の依存情況のさいに、看護師がいかに対応するかという精神分析的な配慮が重要だといって、そのさいの相手との関係の持ち方の要領《コツ》について、熱心に指導をしていたことを覚えている（図29）。

それはその後、私が心療内科に移ってから手こずることになる摂食障害などのある種の根の深い心身症も同様だったのだろうが、人生早期の母子関係での自我発達の障害――自我歪曲――の解明と、それらの障害にどのように対応するといいのかが問われる時代の幕開けとなったといえよう。

私としては、そうした大掛かりの治療技法は苦手で、フロイトの技法論が普遍化されたメニンジャーの『精神分析技法論』[11]とか、土居健郎の『精神療法と精神分析』[12]などを手引きとしながら、もっぱら神経症に対して標準型の精神分析に専念していた。

8　武田専「境界線症例」の論文の一部は、その後「所謂境界線症例の一例」として、精神分析研究、六巻二号、四〇頁、一九五九に掲載。前出、『精神分析研究選集1』一五二頁に収録。

9　西園昌久「精神分析操作中の口愛期退行現象」精神分析研究、五巻二号、一頁、一九五八。前出、『精神分析研究選集1』九八頁に収録。

10　西園昌久『薬物精神療法』医学書院、一九六七。

11　メニンジャー『精神分析技法論』小此木啓吾・岩崎徹也訳、岩崎学術出版社、一九六五。

12　土居健郎『精神療法と精神分析』金子書房、一九六一。

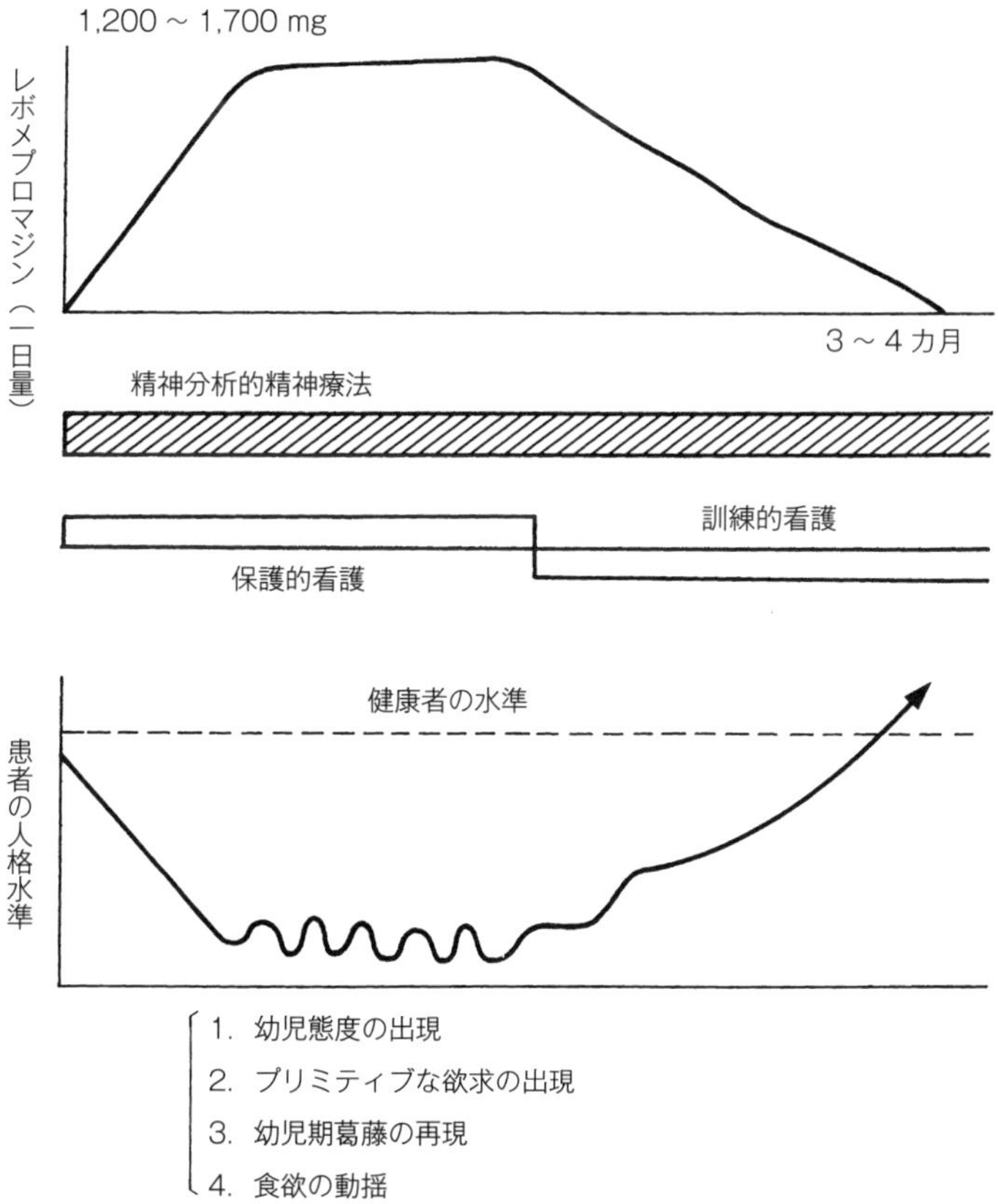

図29　レボメプロマジンによる依存的薬物精神療法の治療経過
（西園昌久『精神分析の理論と実際――精神病編』金剛出版，69頁，1976）

心身医学へ

昭和三七年（一九六二）に、池見酉次郎教授によって九州大学に心療内科が新設され、私はそこに配置換えになった。精神分析と催眠がやれるということで指名されたのだろう。そこで、心身症と取り組むことになった。

とはいっても、内科での臨床では、それまでのフロイト流の神経症モデルだけではうまくいかない。身体症状でも、器官神経症とか精神神経症——転換ヒステリーなどはともかく、本物の「心身症」となると、それまでの中立的な自由連想法のやり方では、なかなか難しいことがわかってきた。

なにしろ今日のように、「心療内科」というのがまだ知られていない時代である。まず身体症状を訴えている相手に、心（感情）が密接に関与しているので、心理面接が必要であることを説明するところから始めなくてはならない。そこでは分析者の態度も大幅に変えなくてはならない。相手と共感的に対応することで、つとめて陽性転移を保ちながら、相手を惹きつけておかなくてはついてこない。ともかく内科では、支持でも、再教育でも、暗示でも、また修正情動体験でも何でもいいから、ともかく身体症状を手早く治すことが求められた。

このように、分析者の中立性や受身性のもとで、解釈を与えるという正式の技法から一時的に、柔軟に離れるのを「パラメーター」という[13]。私の場合、相手の病態に合わせて、パラメーター以上に精神分析からはみ出さざるを得なくなった。つまり、フ

13　パラメーターとは、中立性や受身性のもとで解釈を与える標準的精神分析療法から、柔軟に一時的に離れる治療態度をとること。これは患者の病態に合わせて技法の一部を修正する態度とは異なる。

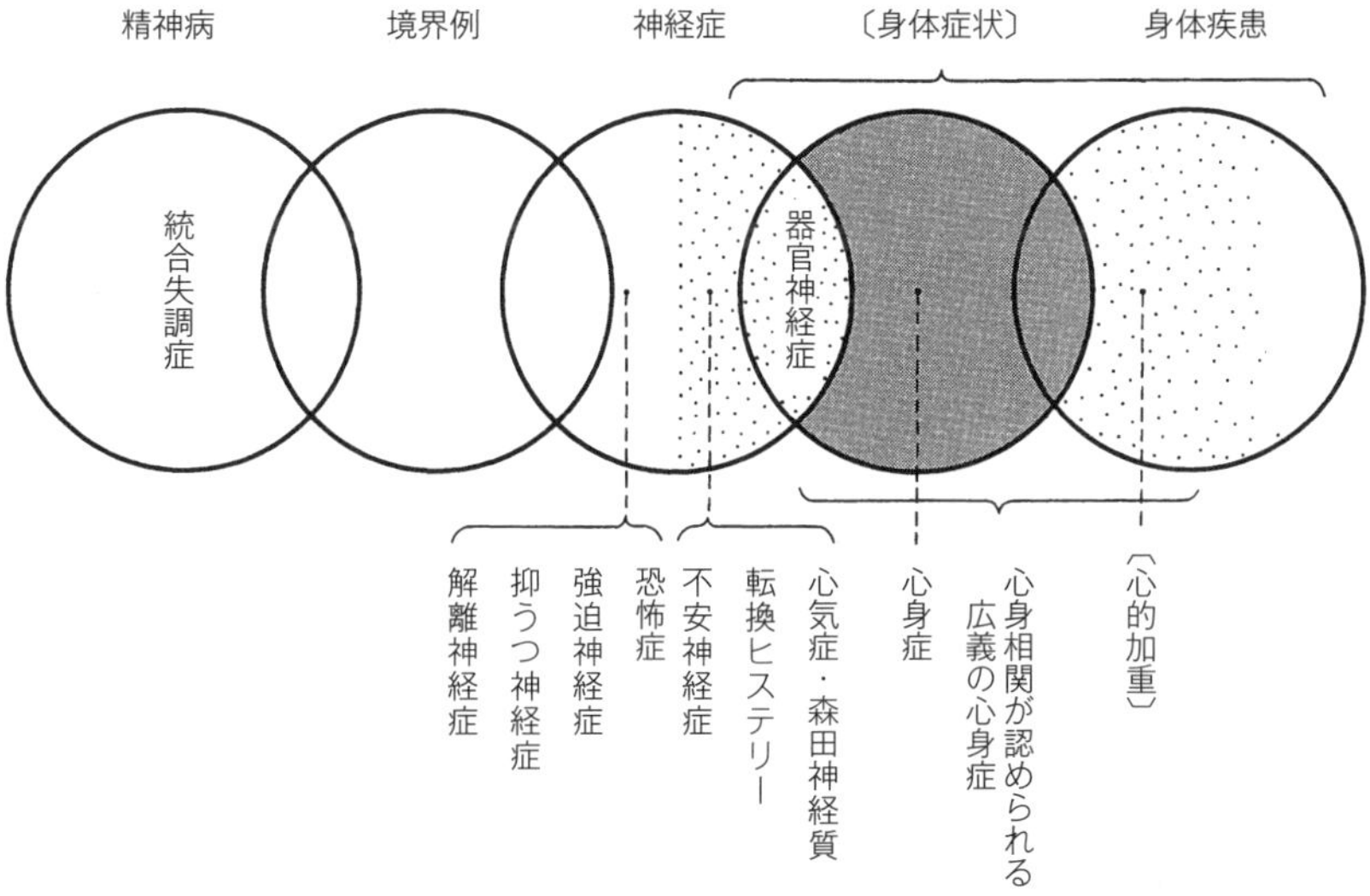

図30　心身症の位置づけ（1976）

ロイトが述べていたように、分析の「純金」に暗示や教育という「銅」を多量に混ぜるという柔軟な分析技法を開拓してゆくことが求められるようになった。[14]

心身症の力動的理解

そもそも、「心身症」と神経症との違いが問題だった（図30、図31、図32、表3）。また、ひとくちに「心身症」といっても、正常レベルの人の現実的なストレスによる身体反応から、神経症レベルの心身症、さらに当時は「性格神経症」と呼んでいたが、根深い性格障害とも重なった身体症状など、その病理はさま

14　「分析療法を大衆に適用するときには、分析という純金に直接暗示という銅を合金するような技法の修正や工夫を行なわざるを得なくなるでありましょう」（フロイト「精神分析療法の道」、『精神分析療法』小此木啓吾訳、日本教文社、二一〇頁、一九七〇）。

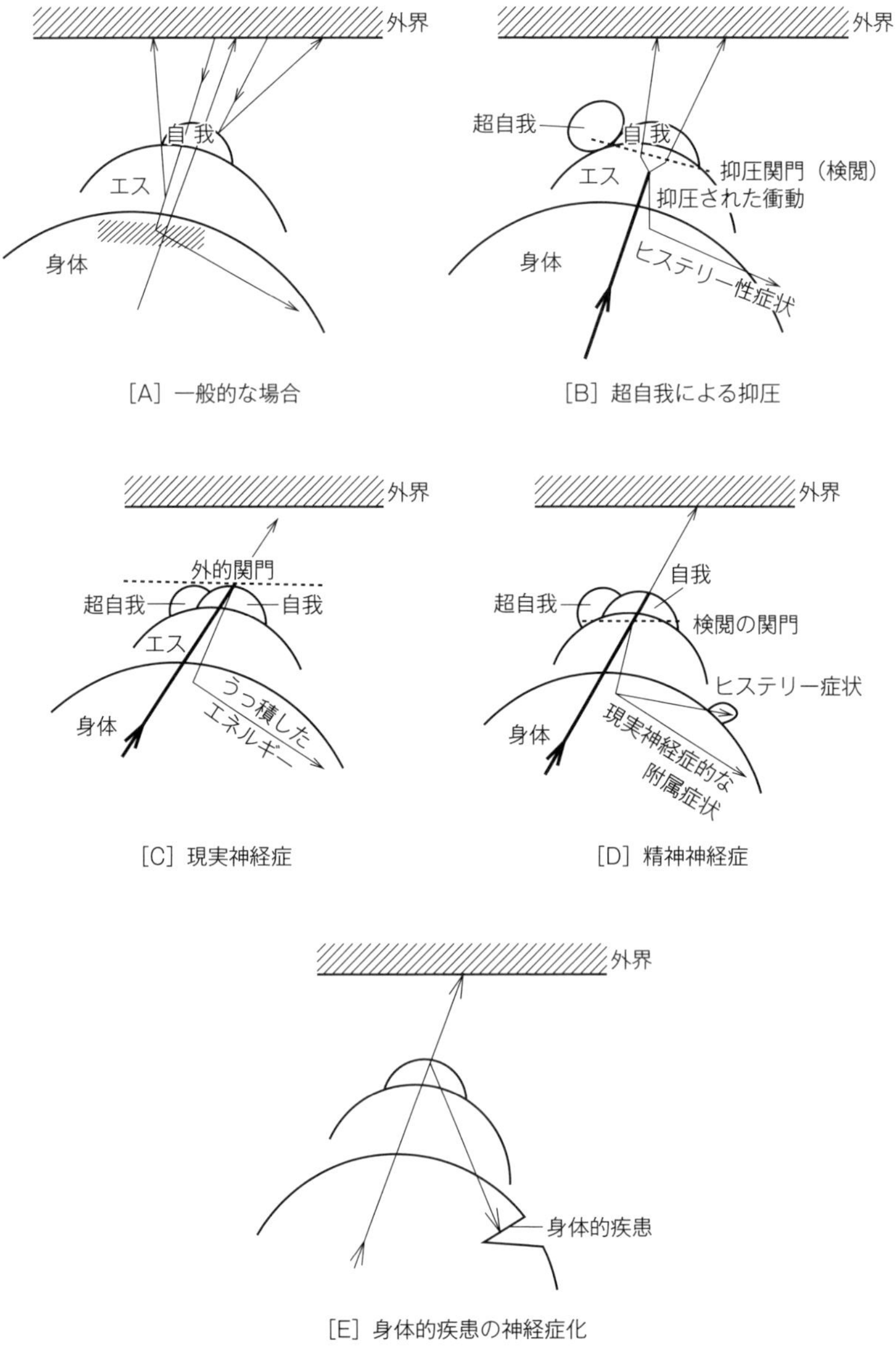

図31　神経症と心身症の区別（1956）

（ボス『心身医学入門』三好郁男訳，みすず書房，1959）

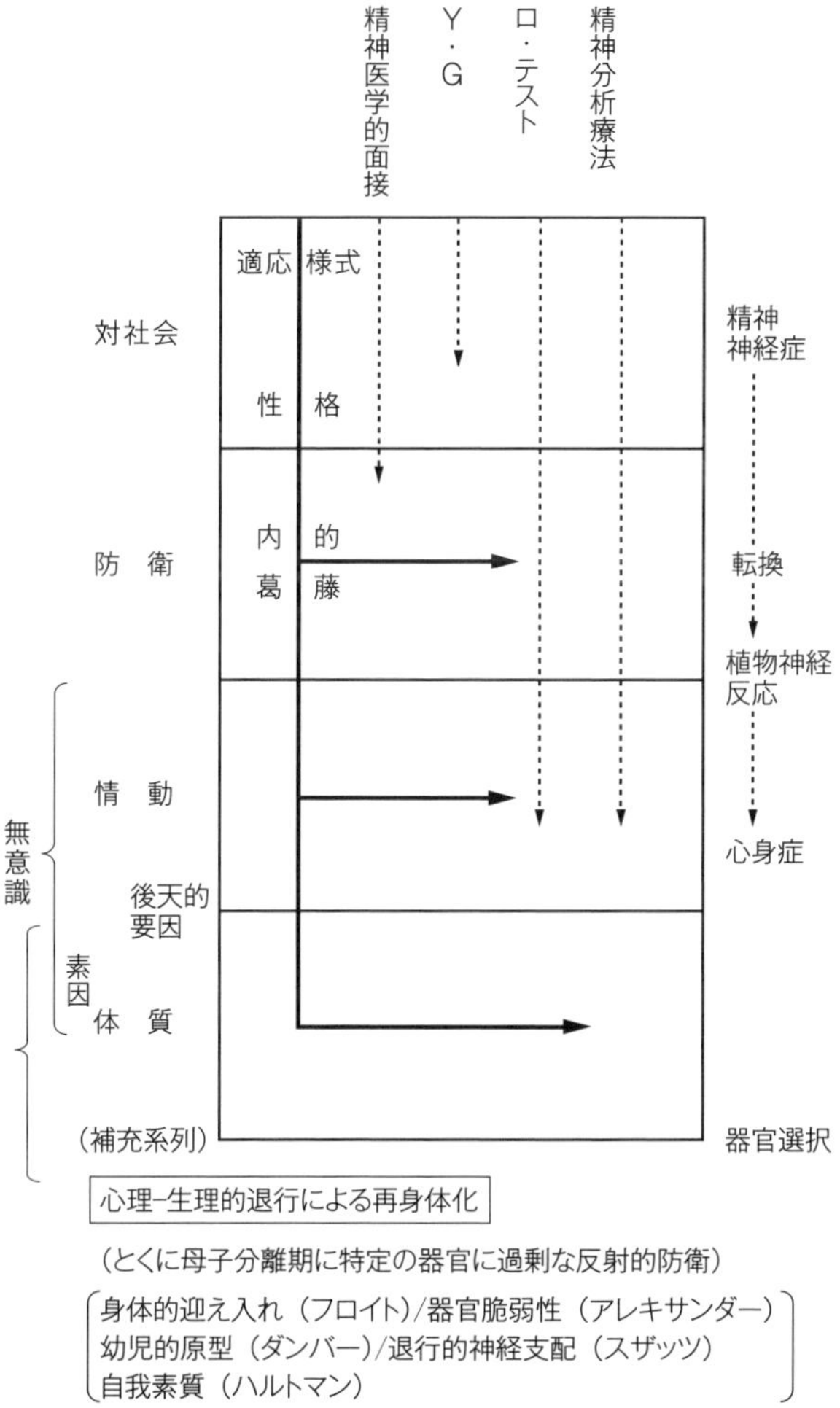

図32　精神分析からみた心身反応のレベル（原図を前田により補足）

◆「心理－生理的退行による再身体化」を追加したもの。人生最早期に特定の情緒反応にもとづいて特定の「精神－身体的結合」が形成されていると，将来同じような葛藤が生じると同じ身体症状が再現する。人によって異なる器官に症状が出現するのは，後天的なその再身体化と，素因という先天的な体質の間の補充系列の関係にある（小此木啓吾『精神分析の臨床的課題』金剛出版，163頁，1985）。

表3　心身症の診断がむずかしいもの（情動的要因と密接に結びついた身体疾患）

	精神生理学的自律的・内臓障害		
	ヒステリーと迷うことあり		明らかな器質的変化
皮膚	瘙痒症	多汗症，慢性じんましん	神経性皮膚炎， アトピー性皮膚炎， 円形脱毛症，いぼ
筋・骨	緊張性頭痛，ふるえ， 筋けいれん，チック， 斜頸，書痙，筋痛		リューマチ様関節炎
呼吸	呼吸困難，空気飢餓， 溜息性呼吸，過換気症候群	気管支喘息	
循環	心臓神経症	狭心症，頻脈，不整脈， 高血圧，低血圧， 血管神経症，偏頭痛	レイノー氏病
消化	舌痛，異味症，悪心， 嘔吐，食道けいれん， 下痢，便秘，食欲不振症， 貧食症	唾液分泌異常，呑気症， 反芻，過酸症，胸やけ， 幽門けいれん，胃下垂， 胆道ジスキネジー， 大腸機能異常， 食品アレルギー	慢性胃炎，消化性潰瘍， 潰瘍性大腸炎
泌・生	インポテンツ，排尿障害， 頻尿，夜尿症， ワギニスムス	月経障害，婦人自律神経症， 冷感症，不感症	
内分泌		情緒性糖尿，低血糖， 煩渇	糖尿病，甲状腺機能亢進症
神経	疲労，無力状態，不眠， その他のけいれん		
特殊感覚	眼瞼下垂，眼精疲労， めまい，耳鳴，吃音， 乗物酔い，眼瞼けいれん		中心性網膜炎，緑内障

◆上記の疾患の中には，「心身症」として情動的要因が作用しているものがあるので，心身医学的に取り扱う必要がある。

ざまである。それらを力動的に整理して見立てて、方針を決める必要がある。その上で、精神分析的な方法に「支持」や「共感」、さらに「暗示」や「再教育」なども織り混ぜる技法をあれこれと工夫した（表4、表5）。フロム＝ライヒマンの『積極的心理療法』を学んで、解釈よりはむしろ安心感や安全感を保証するようなやり方も参考にした[15]。

今日ではふつうになっているが、四十年前というのは、異業種の中で仕事をする精神分析家はいなかったので、私はいつもまわりからは、精神分析派の代表として見られていた。そこで分析家というのを看板にしながらも、実際にやっているのは「銅」の多い、むしろ銅ばかり用いた技法が中心となっていたことには、かなり気が引けた。

私は、何をしているのだろうか――私は、フロイト派の分析家なのだろうかというアイデンティティの葛藤もあった。まだウィニコットもクラインもわが国には導入されていなかった時代である。これでいいのかと悩んでいたときに、私を支えてきたのは古澤先生の言葉である。「精神分析の技法を身につけた人なら、どんな領域でやっていてもそれは精神分析になります」という言葉だった。

アレキサンダーの心身症の力動図（図33）は、心身症の理解に大いに参考になった。とはいっても、身体症状というのは、言葉のレベルだけではなかなか動かしにくい。今日では古典的な意味しかないが、アブラハムのリビドー発達段階の固着の表を参考にしながら、自分なりに心身症におけるリビドー固着表なども作ってみたりした

15　フロム＝ライヒマン『積極的心理療法』阪本健二訳、誠信書房、一九六四。

表4　障害のレベルと診断・治療（1976）

レベル	段階	内容	精神医学的診断	治療
正常レベル	正常	（とくになし）	正常	——
	情動的反応	現実的なストレス反応 （軽い不安，情動反応，心配状態，一過性の心身症反応）	正常 （不安神経症） 心身症反応	支持的カウンセリング 軽い薬物療法
神経症レベル	神経症的	やや自我の弱さ（神経症的パーソナリティ） （不安，情動反応，行動障害，軽い心身症）	神経症 心身症 行動異常	支持的治療 簡易分析 環境調整 薬物療法
	神経症	自我の弱さ（神経症的パーソナリティ） 固有の病像に固定 （神経症，心身症，行動障害，習癖など）	神経症 心身症 行動異常	各種の心理療法 精神分析 簡易分析 薬物療法
	人格障害を伴う神経症	自我の弱さ（人格障害） （根深い神経症，心身症，行動障害など）		
精神病レベル	精神病的反応	自我の弱さ （軽い心因反応）	心因反応	薬物療法 心理療法
	境界例	自己愛的自我障害	境界例 心身症 躁うつ病 統合失調症	薬物療法 精神分析的心理療法
	精神病	ひどい自己愛的自我障害 （自我歪曲）		

表5　治療方針（1976）

障害 ＼ 治療技術		支持							訓練		表現	洞察				向精神薬
		指導・忠告	保証	説得	再教育	暗示 弛緩法	暗示 直接除症法	環境調整	心理的脱感作	自律訓練法	カタルシス	簡易精神分析	催眠分析	標準型精神分析	カウンセリング患者中心	
障害の種類	知識や情報の不足	⊕	⧺		+										+	
	不安・緊張	+	⊕	+	⧺	⊕	⧺	+	⧺	⊕	⧺	⧺	+		+	⊕
	恐怖症				+				⊕		+	⧺	⊕	⊕		+
	心気症		⊕	⊕		+	+			+						+
	強迫状態											+	⧺	⊕		+
	抑うつ状態				+			+				⧺				⊕
	転換ヒステリー		+		⊕	+	⊕	⧺		+	⧺	⊕	⊕	⧺	⧺	+
	心身相関の身体症状		⧺		⊕	⧺	⧺	⧺	+	⊕	⧺	⧺	+	+	+	⊕
障害の成りたち	ストレッサーへの単純な反応		+			⊕	⧺		+	⊕						⊕
	精神交互作用による	+	⧺	⊕		⧺				⧺						+
	暗示や条件づけによる		+			⧺	⊕		⊕	⧺						+
	欲求不満・葛藤が中心							+			⧺	⊕	⊕	⊕	⊕	
	パーソナリティの歪みが強い											⧺	+	⊕	⧺	
	環境要因が強い	+			⧺			⊕	⧺							+
	新しい過去に問題あり	+			⊕	+	⧺			+	+	⧺	+		⧺	+
	心的加重による	+	+		+	⊕	+	⧺		+		+	+		+	⧺
境界例		⧺		+	⧺							⧺				⊕
躁うつ病		⧺			+							⧺				⊕
統合失調症		⧺			+							⧺				⊕

⊕……最も適切　⧺……適切　+……用いることもある

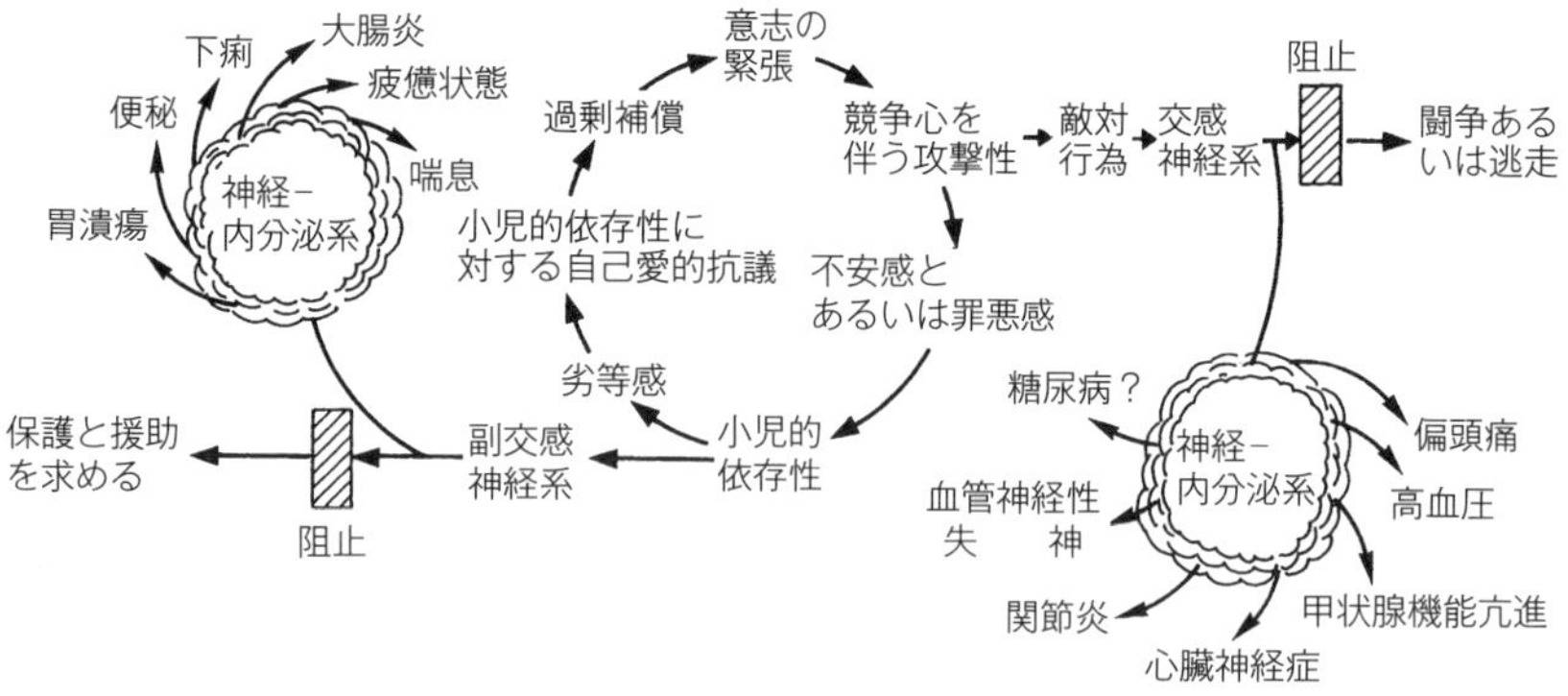

図33　自律神経機能障害の方向と情動特異性の概念（アレキサンダー，1950）

◆攻撃欲と依存欲の阻止，つまり情動葛藤の特異性により，出現する症状も異なるという。（小此木啓吾「精神身体医学と精神分析学」精神身体医学，2巻，190頁，1962の引用に一部改訳）

（表6、表7）。これは精神分析治療の難度を表すもので、何とかして力動的な考えを心身医学に導入しようと努めていたころの産物である。

催眠の再応用

こういうわけで私は、すでにしまい込んでいた伝家の宝刀である催眠を持ち出した。催眠は、相手の信頼感を利用して操作してゆく技法である。さらに新たに自律訓練法という自己暗示の技法を導入したり、催眠下での再条件づけという方法を利用して、系統的脱感作療法などにも手を染めた。ちょうどそのころ、アイゼンク、ラザラス、ウォルピらの行動療法が台頭してきていた時期でもあって、

表6　アブラハムの欲動発達段階とその病理（1924）（土井正徳による）

リビドー体制の段階	対象愛の発達段階	固着による主要型
前期口愛欲（吸引）	自体愛（対象なし） 前アンビバレンス	精神分裂病の種々の型（昏迷）
後期口愛サディズム（食人性）	アンビバレンス：自己愛―対象の全体的合体	躁うつ病
前期肛門サディズム	アンビバレンス：合体をともなう部分愛	パラノイア
後期肛門サディズム	アンビバレンス：部分愛	強迫神経症
前期性器性欲（男根期）	アンビバレンス：性器性欲を除外した対象愛	ヒステリー
終期的性器性欲	対象愛	正常

（土井正徳『性格はこうしてつくられる』誠信書房，263頁，1955）

表7　欲動固着点よりみた各種の心身症（前田重治，1976の一部修正）

年齢	発達段階	精神病				神経症						心身症										
		統合失調症	うつ病	躁病	境界例	性格神経症	強迫神経症	心気症	恐怖症	転換ヒステリー	不安神経症	摂食障害	気管支喘息	ある種の皮膚病	じんましん	関節リュウマチ	消化性潰瘍	潰瘍性大腸炎	偏頭痛	本態性高血圧	筋痛症	心臓・血管
0歳	口愛期(前)	⊕										+										
	口愛期(前)	±	⊕	⊕	⊕	⊕	±	±				⧺	⧺	⧺	⧺	±	+	+				
1.5	肛門期(前)		+	+	+	⊕	+	±				+	+	+	+	⧺	+	±	+			
	肛門期(後)					+	⊕	±	+	±	+					⧺	⧺	⧺	⊕	⊕	⊕	+
4 6	男根期						±	±	⊕	⊕	+								+	+	+	⊕

◆心身症については，臨床的な経験と文献をとおして想定した大まかな印象にすぎず，明確な根拠はない。欲動論での固着点のレベルを示したくて作ったものにすぎない。

これが「逆制止療法」へとつながったものである。

ついでに、そのころの催眠治療で印象に残っていることを二、三紹介しておこう。

当時は催眠についての精神分析的理解もかなり進歩していた。初期には、フェレンツィの両親への盲従とする転移説とか[16]、ジョーンズのエディプス・モデルなどもあったが、その後、自我機能の概念が導入されるようになっていた。例えば、ジルとブレンマンの説では、催眠の本質は自我の変容であり、転移はそれを促進させるものと考えられていた。また一方、トランスについて、クリスの自我の一時的退行理論というのも注目されるようになっていた。さらに、大脳生理学での皮質 - 皮質下の機能システムもふまえて、トランスは心身両面の機能の変化という心身医学説へと展開されていた[17](図34)。

心身症の治療には、催眠のもとでの直接暗示や、カタルシス、支持的・教育的暗示を与える方法、また健康な身体像をイメージとして誘導する方法をよく用いていた。とくに、発病の原因となったと本人が感じている場面について――かつて精神科で愛用していた――夢や幻覚を見させる「夢誘導」や「映画法」という催眠分析もよく用いた。また深いトランスに誘導できる相手には、年齢を退行させて、その当時の身体症状を復活させるという操作も行った。これは相手に、自分の身体症状が心身相関によることを認識させるのに役立つだけでなく、人工的に症状をくり返し出没させる操作自体に治療的意義があるように考えられた。つまり、本人にとって辛い、外傷的な体験や感情を蘇らせて症状を再生させては、再び平静な安心できる暗示を加えて症状

16　フェレンツィは、従来の権威的な催眠に対して、優しい態度での「母親催眠」を提唱していた。

17　詳細は蔵内宏和「催眠のおもな理論」、池見酉次郎編『医学における暗示療法』医学書院、六三頁、一九六五（絶版）。

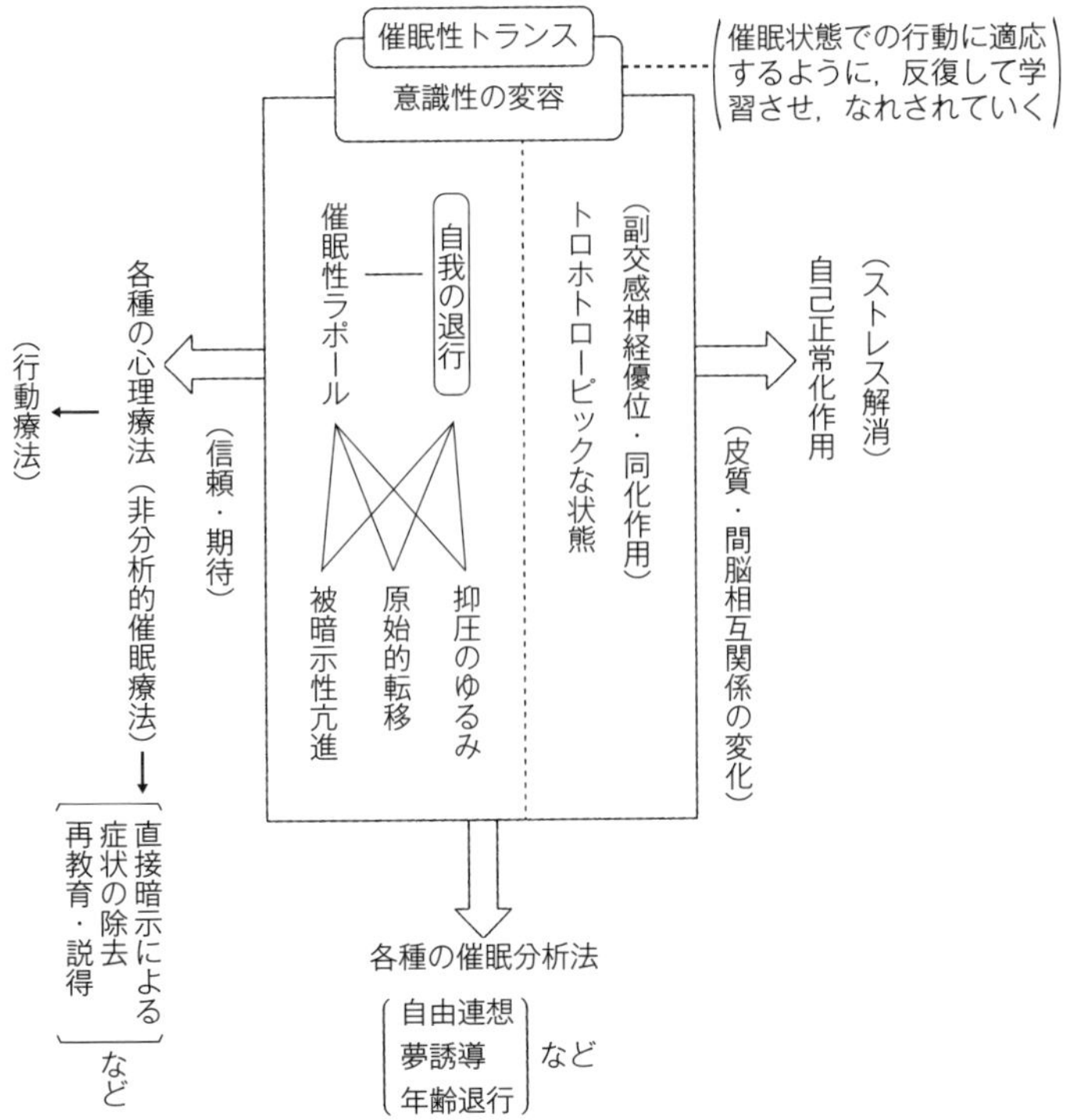

図34　催眠性トランスの治療的利用

◆催眠は多くの心理療法の源泉にあったものとしての意義は大きい。精神分析をはじめ，自律訓練法，イメージ療法，行動療法，動作療法など，多くの治療法が催眠から派生している。つまり催眠での諸要素——意識の変容，自我の退行，抑圧のゆるみによる無意識の出現しやすさ，濃厚な（転移的）ラポールによる被暗示性の高まり，心身の弛緩によるトロホトロピックな生理作用などが治療的に利用されてきたものといえよう。

精神分析の立場からの批判として，催眠では転移や抵抗の処理が見逃されたり，歪んだものになりやすい（転移性治癒にとどまる），自我の自律性（主体性）が弱まるおそれがあることが挙げられてきた（今日では，それら留意した催眠分析もいろいろと工夫されてきているらしい）。私は今日でも催眠治療の有効性は失われてはいないと思っている。とくにある種の心身症，外傷性のパニック障害，ある種の解離障害などには有効な技法の一つであろうと想像している。

を消失させることを反復するということによって、かなりよくなる人もいた。そこには、催眠によって退行し、治療者に身も心も任せるという信頼感がベースにあって、安心して外傷的な場面に退行して直面できていたものであろう。そしてそこに反復強化による、心理的な脱感作という作用も働いていたものであろう[18]（図35）。

その点、筋痛症、心臓神経症、偏頭痛、それにヒステリー的な過呼吸や摂食障害などには、かなり分析的な心理療法が用いやすい。それで多くの筋痛症の力動を整理したりした（図36）。この図は、後に症状の精神力動を一般化した精神力動図の原型ともなったものである（図37）。

18 前出『医学における暗示療法』、前田重治「ストレス暗示による症状の再生」一〇六頁。

臨床心理学へ

私としては精神分析の立場から、その後注目されるようになった「アレキシサイミア（失感情症）」やら、さらに身体自我を想定して心身論についての精神分析を深めるとよかったのだろうが、昭和四一年（一九六六）に教育学部へ移ることにした。どうも内科にいる限り、臨床に追いまくられて、自分の治療が粗雑に荒れてゆくように感じたからである。

その「カウンセリング」の研究室では、それまでほとんどロジャーズ一辺倒であった臨床心理学の領域に、力動的な視点を導入することが次の仕事となった。そのころちょうど、流派は違っていたものの、河合隼雄、鑪幹八郎、小川捷之という人や、同じ流派でもあった馬場禮子、乾吉佑さんなどの心理学の人たちが、精神分析的な立場

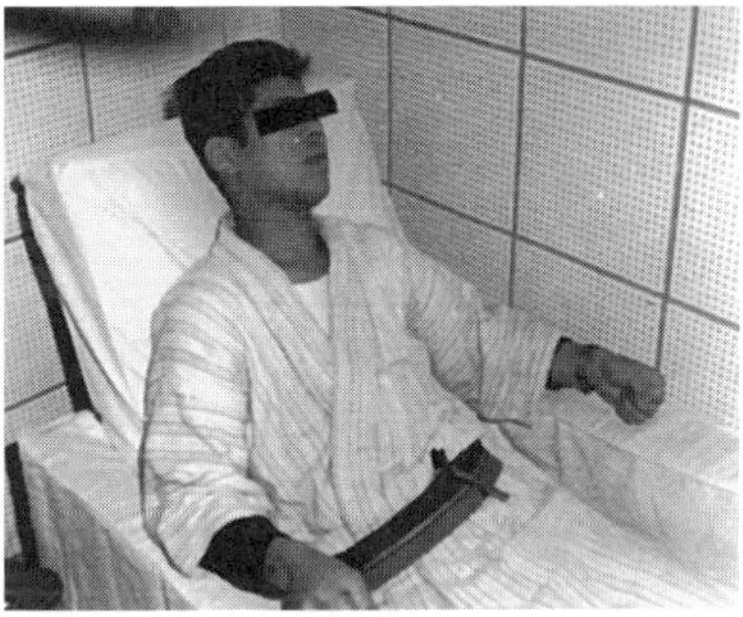
1

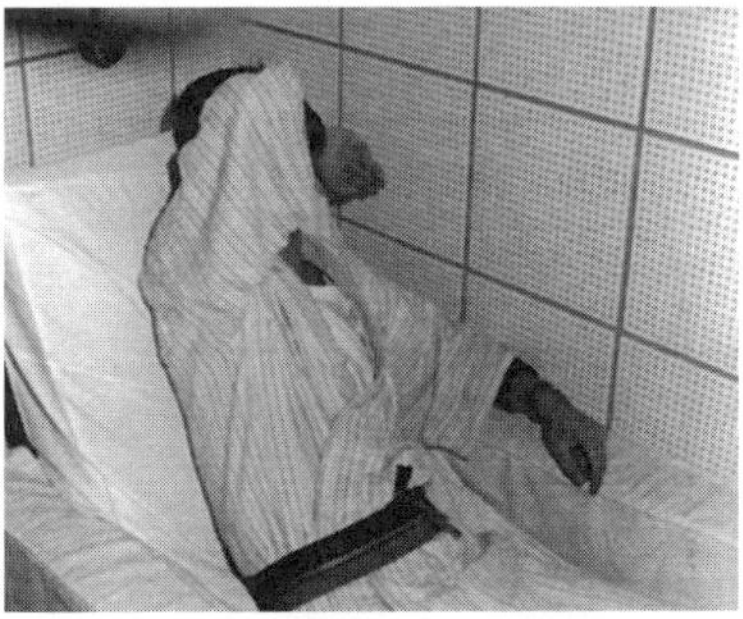
2

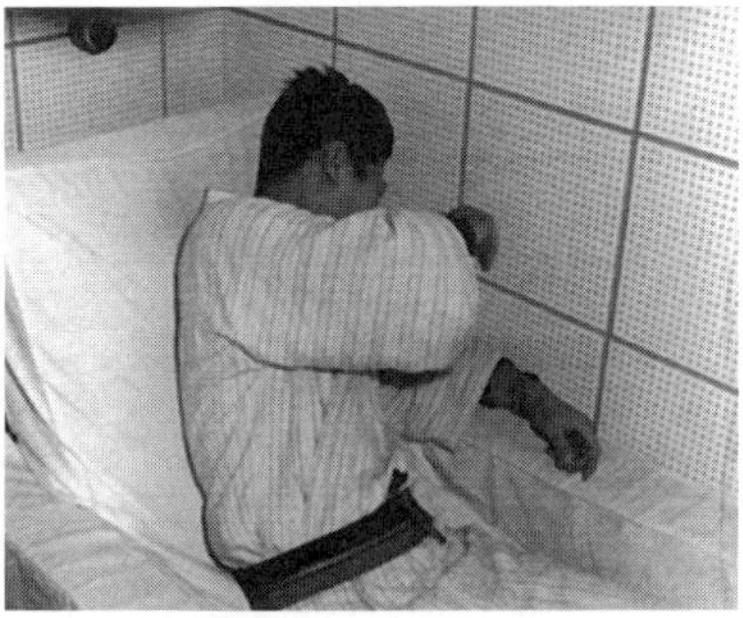
3

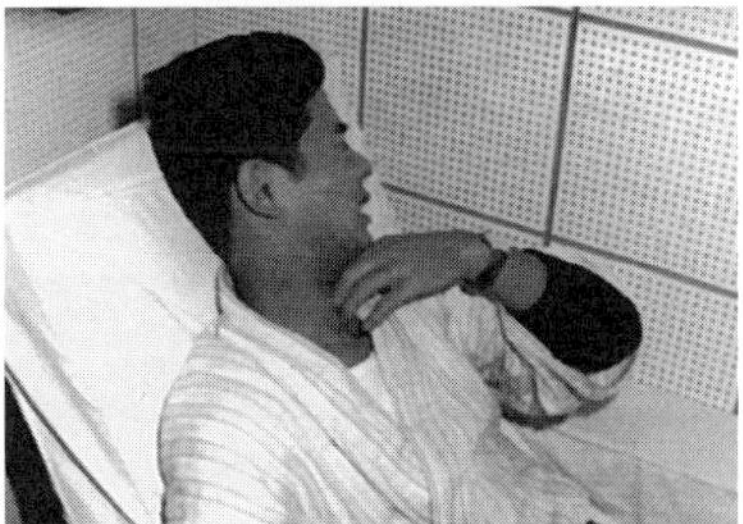
4

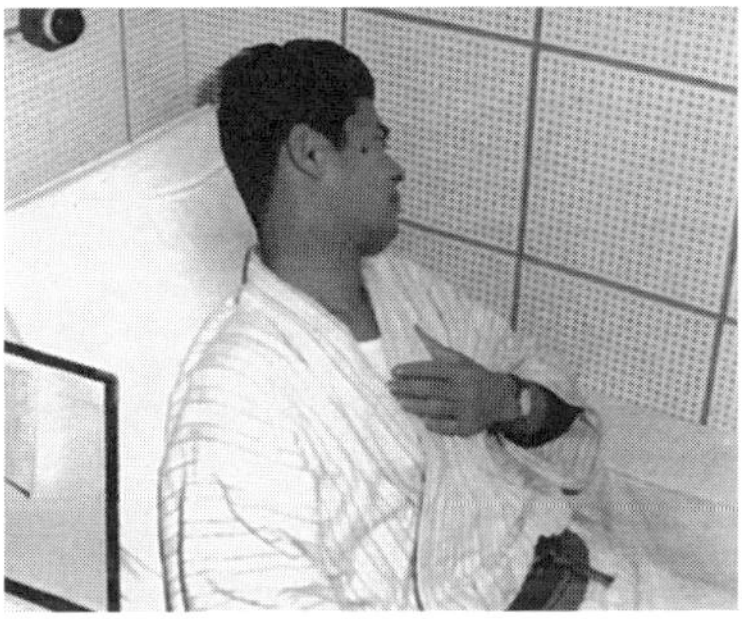
5

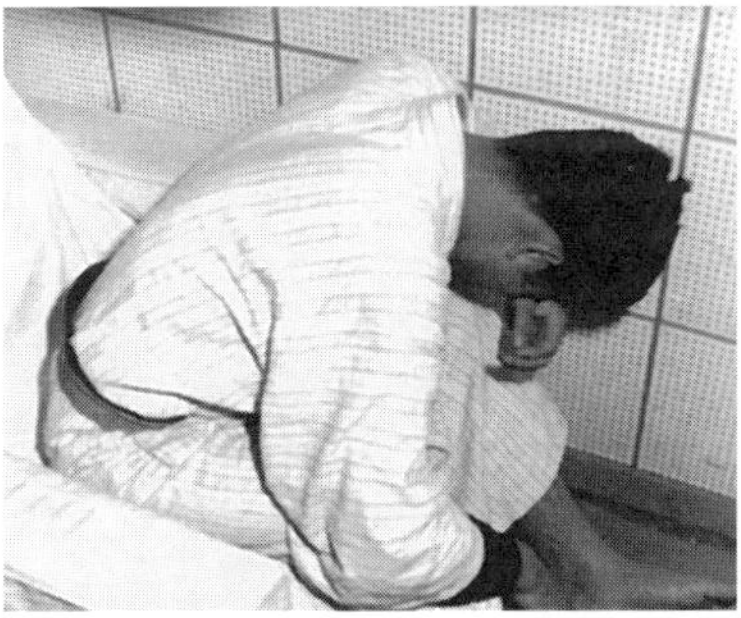
6

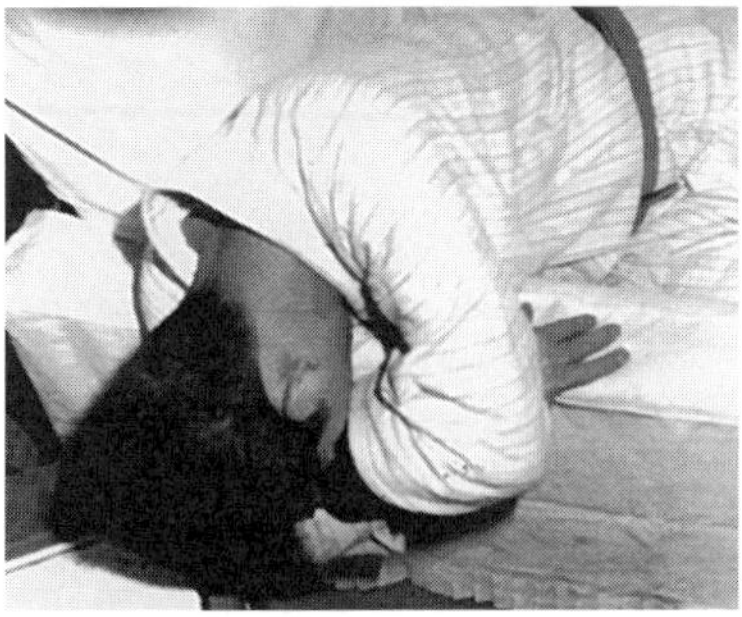
7

図35　催眠下の「年齢退行」により発病時の症状の復活（交通事故のあと喘息の発作）

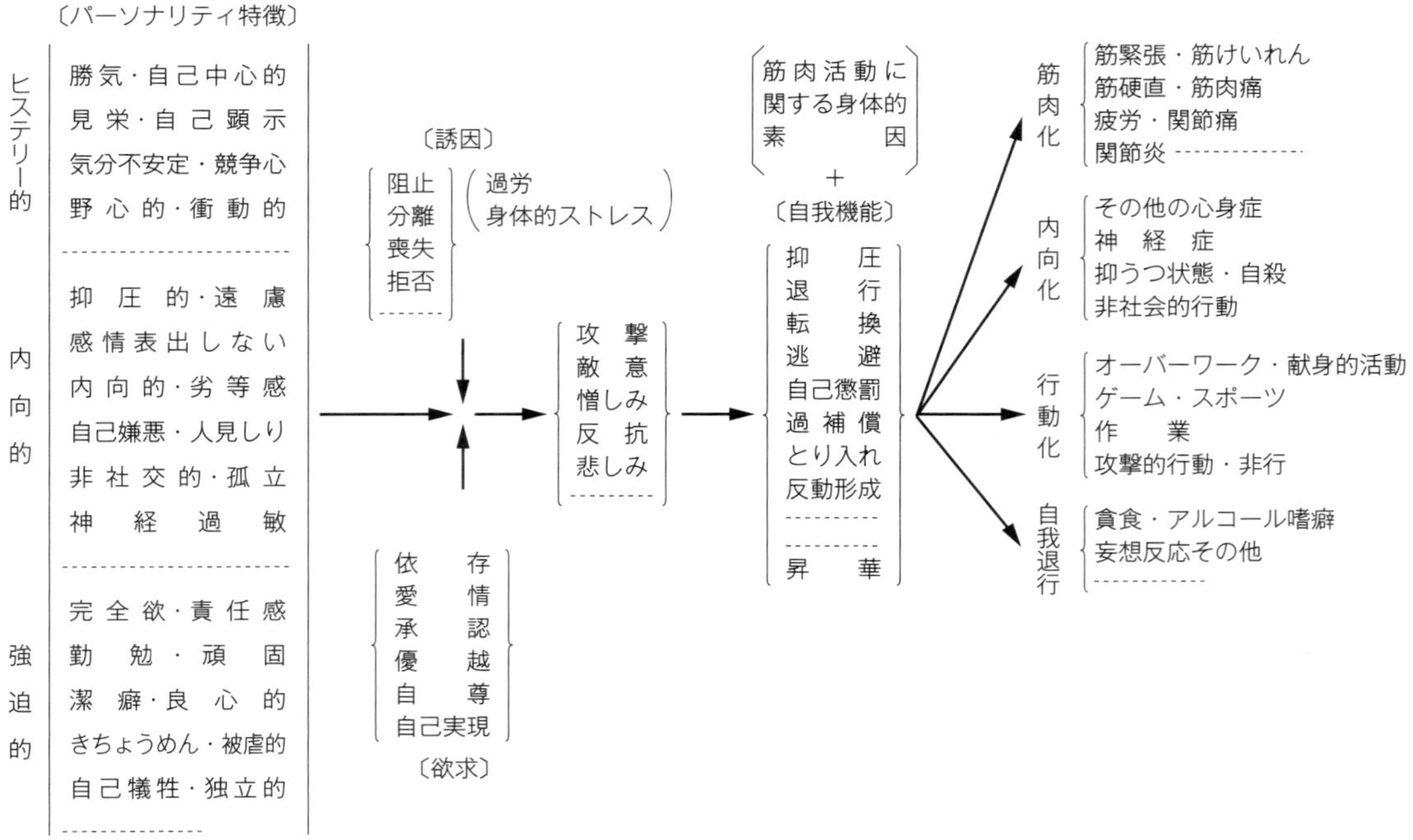

図36　筋痛症の精神力動（1971）

◆神経症レベルの心身症の力動についての考察

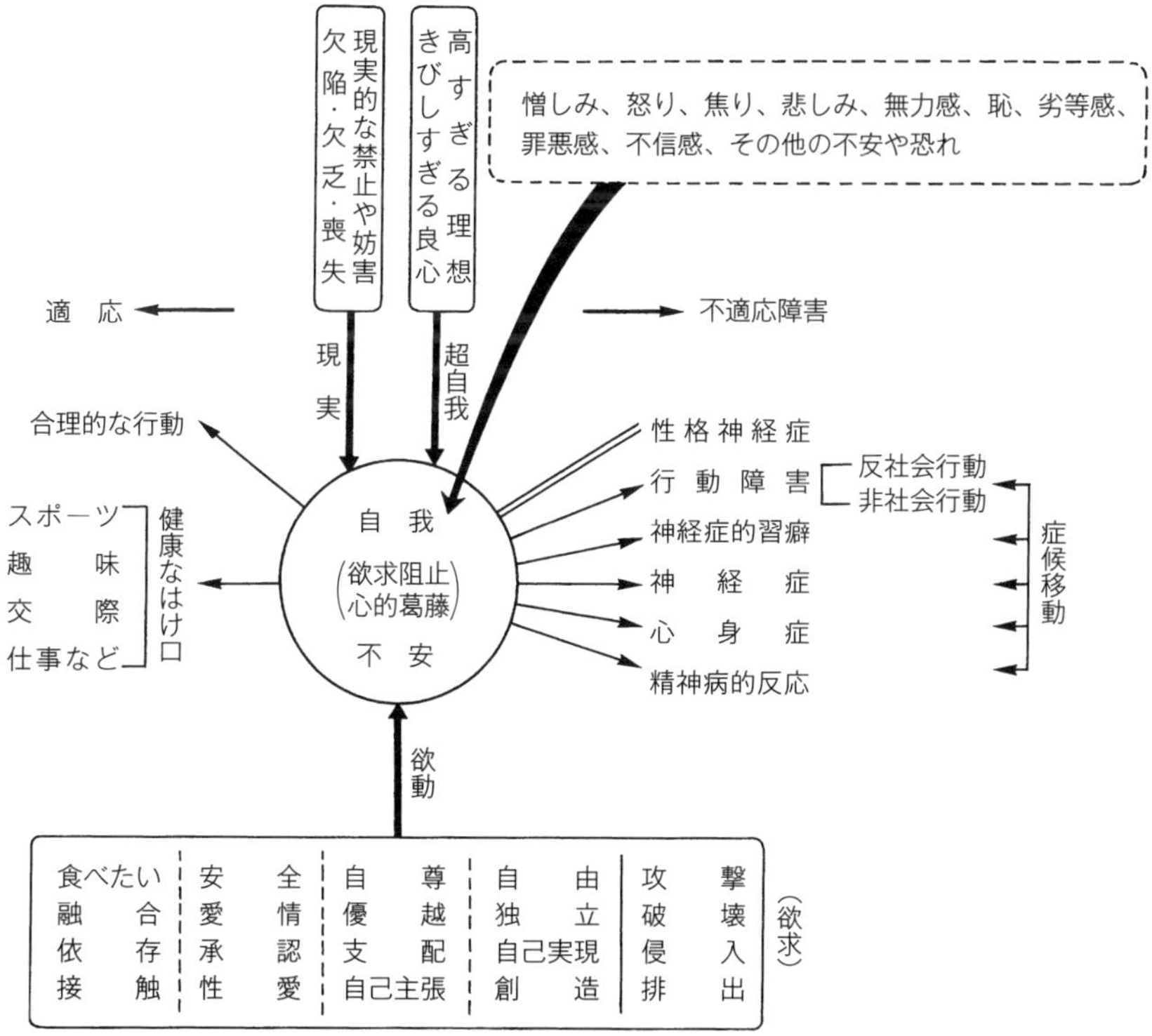

図37　適応と不適応の力動（1978）

◆不適応障害のメカニズムについての完成図

表 8　青年期の不適応の型と治療のねらい（1978）

	未熟な自我	片よった自我		歪んだ自我
	①社会化されない	②攻撃的（行動化）	③神経症的（葛藤的）	④境界例的 （自閉的）
患者の態度	不安 警戒的（依存的） 退行的	拒否型 攻撃的	①と同じ	回避的 感情閉鎖的 依存—攻撃のアンビバレンス
治療者の態度	受容的，保護的 理解者 指示的，教育的	（とくにやさしさ 理解者 根気よさ）	（母親的やさしさ 父親的つよさ）	①②③と同じ
入　院	必要なこともある	必要なことあり	必要に応じて	必要に応じて
治療のねらい	●ラポールによる支持 ●治療関係／社会的行動｝による経験 ●成熟と発達（社会化） （アンビバレンスに深入りしない）	①と同じ とくに安心，自尊心 （不安，依存，愛情欲求の兆候をみぬく）	①と同じ ●両親との葛藤 ●超自我との葛藤｝処理	①と同じ 必要に応じてアンビバレンスをとりあげる
家族調整	●態度の修正，再教育 ●家族の成長促進	（家庭での対象なし） （集団訓練の必要）	①と同じ	①と同じ
治療的要因	支持（安心・自信） とり入れ，学習 成熟，社会化	（成熟を待つ） （とくに信頼感・自尊心）	①と同じ 修正情動体験 （洞察）	①と同じ 修正情動体験 （洞察）

を心理面接に導入しようとしていた時期と重なって、仲間ができたのは幸いだった。

とはいっても、いわゆる「カウンセリング」の領域でも、正式の精神分析は使いにくい。それで純金よりも銅を混ぜるという柔軟な精神分析的な方向をもった面接法――「簡易分析」――を開発するのが課題だった。またそこでは、不登校、ひきこもり、家庭内暴力など問題行動をはじめ、さまざまな青少年の教育相談も多いので、相手の年齢や状況に合わせて、適時、現実的に対応するための、再び別の意味での「精神分析応用論」が問われたわけである（表8）。

昭和四四年（一九六九）より学会紛争が起きたりした。一九七〇年代は、自我心理学をおし進めた小此木さんや鑪さんらは、エリクソンの自我同一性を紹介していた。そこでは、人生最早期の「基本的信頼」の重要性が注目されていた。その一方で、家族関係の研究とか、スピッツ、ボウルビィらの乳幼児発達での母子関係のあり方が取り上げられたりもしていた。土居健郎先生の「甘え」理論（一九七一）が大きく打ち出されてきたのもそのころである。[19]

精神分析的心理療法

それまでの経験から、標準型の精神分析と精神分析的心理療法との関係について、自分なりに整理してテキストを作った[20]（表9）。

これは後になって知ったのだが、表出的（探索的）心理療法と、支持的心理療法の関係については、アメリカの自我心理学派でも――ナイトやアレキサンダーやジルら

19　土居健郎『「甘え」の構造』弘文堂、一九七一。

20　前田重治『心理面接の技術』慶應通信、一九七六。前田重治『心理療法の進め方』創元社、一九七八。

表9　標準型精神分析と簡易型分析の比較（1976）

		標準型	簡易型
対象		成人の神経病，ある種の心身症など正常〜神経症レベルの障害	小児，精神病，心身症，行動障害，人格障害など，精神病レベルにも可能
		比較的正常に近い自我，知的水準20〜40歳，緊急症状は除く	適用範囲を拡大
方法	技法	自由連想法（50分）１週３〜５回，寝椅子または180度法	自由連想風の会話（30〜60分），１週１〜３回，対面または90度法（ときに180度法）
	内容	頭に浮かんでくるものは何でも現実世界，幼児期，分析場面の話	主として最近の生活状況，対人関係，その他の葛藤や不満など
	態度	終始，中立的態度	支持的態度（柔軟な積極性）， できるだけ陽性感情をつくる
	ねらい	幼児期防衛や不安の除去（とくに転移，抵抗の分析が中心） 幼児期的人格の再構成	病的防衛の除去，現実適応への援助（とくに自我防衛の分析あるいは強化）
	併用	とくになし	適時，助言，再教育も加える 薬物，環境調整，催眠，自律訓練法，作業療法，家族療法，集団療法なども併用することあり
経過		①基本規則の説明 ②治療的退行の促進 ③転移の発現—陽性・陰性転移 ④転移神経症の形成 ⑤徹底操作—反復強迫の処理 ⑥洞察の展開—自我の再統合 ⑦転移の解消—自我自律性へ	①治療的関係づけ—ラポール形成 ②不適応の原因，メカニズムの見当づけ—直面・明確化・自我防衛の解釈 ③再教育的に／自己洞察的に｝（相手により使い分ける）→洞察 ④仕上げ—現実適応の援助→自主独立へ
特徴		対象が限られる 長期間（１〜数年）かかる 分析者は教育分析の訓練が必要	潜伏性抵抗が発見しにくい 知的洞察におわるおそれ 転移の処理が不十分になるおそれ 依存傾向を生じるおそれ 分析者の治療的な一貫性が保ちにくい
		幼児的人格の再構成	**生活態度の改善，社会適応の促進，実用的なねらい**

によって――一九五〇年代から七〇年代にかけて、大きく取り上げられていた問題の一つだったらしい。つまり、患者層の多様化にともない、治療の目標と技法の多様性をめぐる論議がおこっていた。[21] そこには、純粋に「精神分析」を守ろうとするナイトらの立場と、広い立場で精神力動を広めようとするアレキサンダーらの立場の対立があった。そこから精神分析の探索的な「純金」的アプローチ（「覆いを除く方法」）と、支持的に自我防衛を固めさせる「銅」的なアプローチ（「覆いをつける方法」）との区別が論議されたものである。

両者のアプローチには、それぞれ一長一短がある。覆いを除く方法――その代表としての精神分析は、フロイトふうに自己洞察による人格の再構成をめざしている。片方の覆いをつける方法は、ともかく防衛を強化させることで社会適応の強化をはかる。それらを混ぜ合わせる場合――それをいかに混ぜるかということもあるが――そこでの治療の相手に及ぼす効果というのは、混ぜた銅の量的な問題とみていいのか、そこには質的にまったく異なったものがあるとみるのか。これは私が図式を作るさいに、気になっていた問題でもあった（図38、図39）。

しかし実際の治療においては、精神分析で転移を解釈し、自己洞察をうながし、人格の再構成をめざしてはいても、実際には転移の一部しか処理できないことも少なくない。それを補うためには――フロイトも述べていたように――そこに暗示や教育といった支持的要因が必要にもなる。またその後、ますます増えてきていた自我が脆弱な相手や、自我歪曲がひどくて自我の柔軟性が欠けているような場合には、表出的な

21　ワーレンスタイン「精神分析及び精神療法：歴史的展望」精神分析研究、三三巻二号、一頁、一九八九。

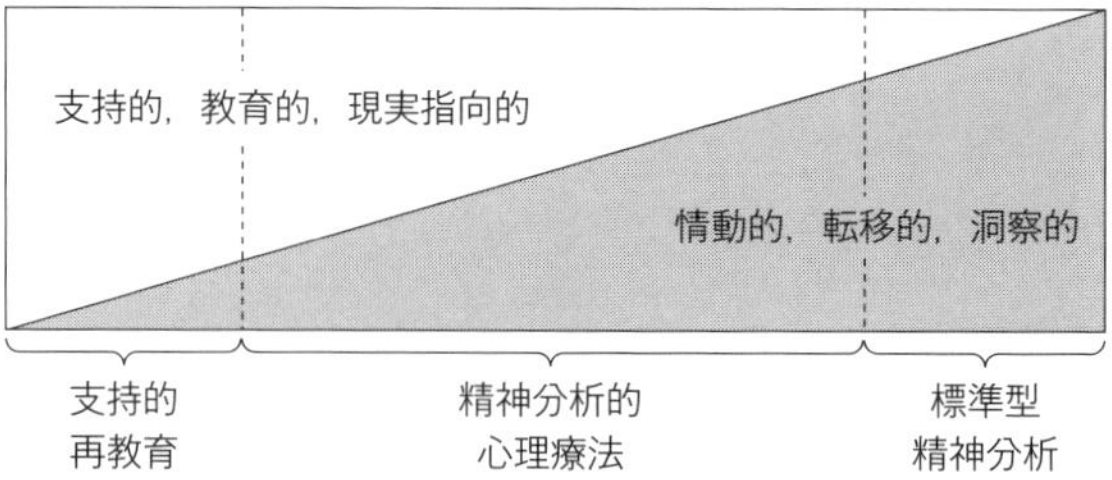

図38　「純金」と「銅」をいかに混ぜるか

◆その量と質とは連続したものかどうか――この図では一応，連続したものとして示している。

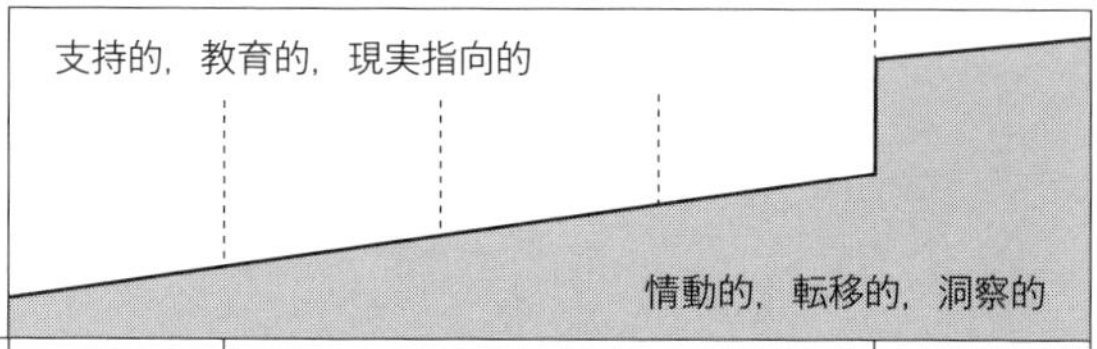

対象＼治療法		再教育	分析的治療 A型	分析的治療 B型	分析的治療 C型	標準型分析
強い自我	正常レベル	＋	＋	(＋)		
	神経症的	＋	＋	(＋)		
偏った自我	神経症			＋	＋	＋
	性格神経症			＋	＋	＋
歪んだ自我	境界例	＋	＋	＋	(＋)	
	精神病	＋	＋	(＋)		
治療期間		数回	3ヵ月	6ヵ月	12ヵ月	数年

図39　治療対象と治療方法との関係 (1978)

◆しかし標準型精神分析は分析的治療とは質的に異なるのではないかという立場に立っている。ここで一応，A・B・Cの三型を区別しているが，これは程度の差に過ぎない。その内容については具体的な症例で示すしかない。前田重治『心理療法の進め方――簡易分析の実際』創元社，1978を参照。

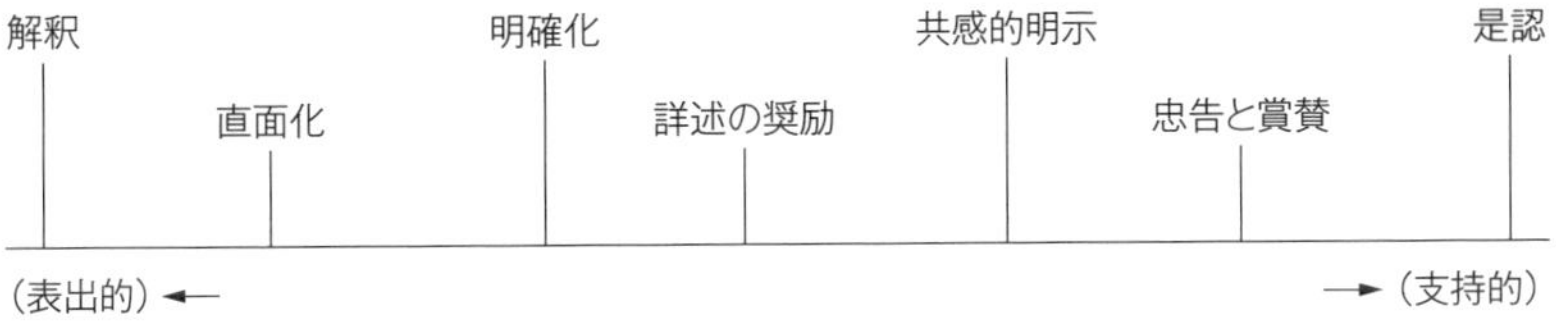

図40　ギャバードによる治療的介入のスペクトラム（1972）

◆介入の表出的—支持的連続性——メニンジャー・クリニックでの研究で，「表出型」と「支持型」とが比較検討されたもの。臨床的には，このような連続性が考えられているが，実際には複雑に重複し合っているもので，二分法では割り切れないものであろう。（福井敏「〈支持療法〉再考」精神分析研究，43巻5号，499頁，1999）

精神分析はムリであったり、危険なこともある。相手次第で、むしろ自我の強化をはかるような支持的な方法のほうが臨床的には有効なこともある。つまり、理論どおりの純粋な標準型の精神分析は別として、一般に「精神分析」と呼ばれているものは、表出型心理療法と支持型心理療法の中間にあるといえるのだろう。そしてそうした論議そのものが、正規の精神分析を行うことが難しくなってきている時代を反映していたものといえよう。

そしてジルは、精神分析を深めるために転移分析を重視し、「できるだけ早く、〈今、ここ〉での転移解釈すること」を提案し、これは今日にも及んでいる。一方、アレキサンダーらはフロム＝ライヒマンらとともに、支持によって相手の依存欲求を満たすとか、ストレスを客観化させる指導や再教育など、結局、簡易‐短期分析的な力動的心理療法の道へと進んでいる。

これらの問題に対して、広い視点からビブリングが、五つの基本的治療原則を打ち出しているのは興味深い。それは、①示唆、②カタルシス、③操作（方向をつけて体験させる）、④明確化、⑤解釈（による洞察）である。ここに、従来の精神分析の基本原則に、「示唆」（暗示とも訳せる）と「操作」が加えられていることが注目される。

ここにもう一つ、メニンガー・クリニックでの大掛かりな興味深い研究調査データが出されている。四二人の患者を半分ずつに分けて、精神分析と、表出的なものと支持的なものの組み合わされた精神分析的心理療法が行われ、そのフォローアップがなされている。その結論をまとめると、表出的なアプローチは、後には支持的な方向へと修正されてくる傾向があったこと、むしろ非解釈的な支持的方法のほうが実質的な変化が大きかったといわれている（図40）。

いずれにしても、両者のどちらに片寄るかは、何を目標にして、相手をどのように選ぶかということにもつながる問題であろう。[22]

22 このあたりの自我心理学の問題は、西園昌久『精神分析治療の展開』（金剛出版、一九八三）の「精神分析の最近の動向」「転移の理解と分析」、また『精神分析治療の進歩』（金剛出版、一九八八）の「精神分析技法の修正と発達」なども参考になる。

4章　二者心理学の導入——現代の精神分析へ

心の病態の変遷

フロイトは無意識を発見し、自由連想法を開発し、欲動の抑圧、不安や葛藤の防衛を考えた。そこから出てきた彼の分析治療というのは、自我・超自我・エスという構造論を基盤として、欲動にもとづく連想中の抵抗を一つ一つ解釈によって処理するという方法だった。そのさいのねらいは、リビドーが固着している幼児期健忘を想起させ、幼児期体験を再構成し、「自我のあるところにエスをおく」——自己を知る——という自我の洞察を得させること、それによって、相手の自我機能をできるだけ回復させ、適応性を高めるのを援助することであったといえよう。その後、フロイトがこだわっていたエディプス葛藤の解決のためには、そこに土居のいう「甘え」の解決もふくめてもいいが、人生早期の（口愛期的な）母子関係でのアンビヴァレンスや葛藤をいかに処理するといいのかが課題となっていたものである。

やがて時代は移って、しだいに患者の病態が変化してきた。われわれ仲間うちで、近ごろの神経症は治りにくくなったという声を聞くことが多くなった。私は教育相談

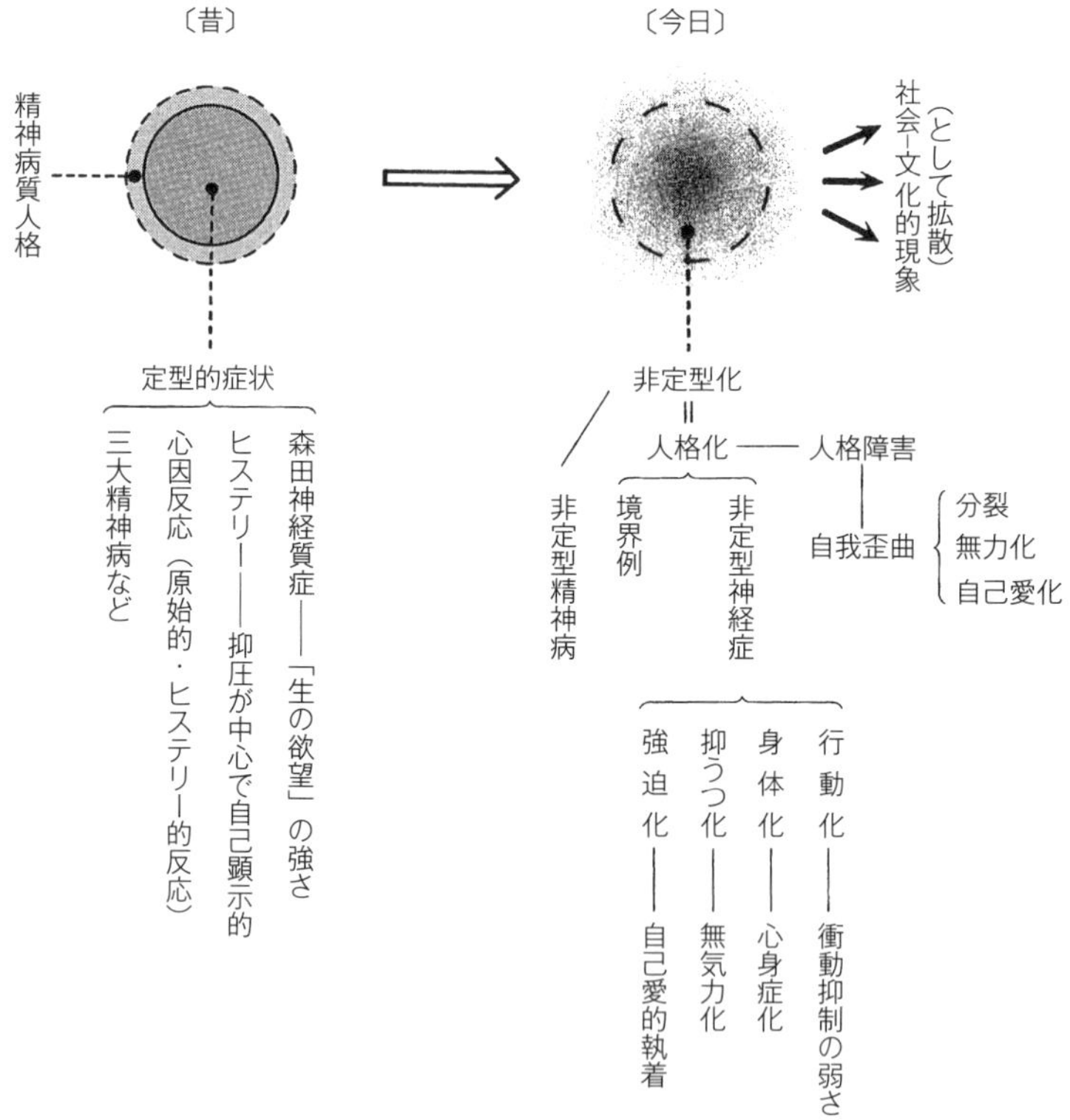

図41　心の病態の昔と今（1992）

◆ここでの「昔」というのは，およそ昭和35年（1960）以前を指している。昔は定型的な病態を示す患者が多かったので，その診断は容易であった。

表10　分析者の態度（小此木啓吾，1964を整理したもの）

フロイト的治療態度	フェレンツィ的治療態度
中立性，受動性，倫理性 合理的態度 （技法の科学性を重視）	柔軟性，積極性，暖かい共感性 教育的，育成的態度 （人間的態度を重視）
「治療者としての分別」を守る 「かくれ身」を保つ 逆転移を調整する	人間的な親しみと愛情を出す 相手の状態に応じて柔軟に修正 逆転移を利用する
内界指向的接近 （人格の再編成をねらう）	外界指向的接近 （社会的適応に役立つものは何でも利用）
精神神経症の治療	統合失調症，境界例，人格障害，心身症， 小児などの治療へも拡大
〔いわゆる**父親的態度**〕	〔いわゆる**母親的態度**〕

（小此木啓吾編『精神療法の理論と実際』医学書院，1964）

のほか、パートタイムの形で、精神科と心療内科の病院での臨床もつづけていたが、そこでも患者層が、しだいに変わってきていることは感じられていた。神経症や単純な心身症にみえていても、その症状の背後に性格的な偏りがからんでいる慢性のうつ病なども増えていたし、当時は性格神経症と呼ばれていた自我障害や、行動化の多い境界例にてこずることも増えてきていた。精神分析学会でも、しだいに境界例や、性格障害がかった根の深い症例についての発表が増えてきていた（図41）。

小此木さんは、先にフロイト的態度とフェレンツィ的態度を対比させていたが（表10）、これは時代とともに、分析者と相手との間の感情（愛情）体験を重視したフェレン

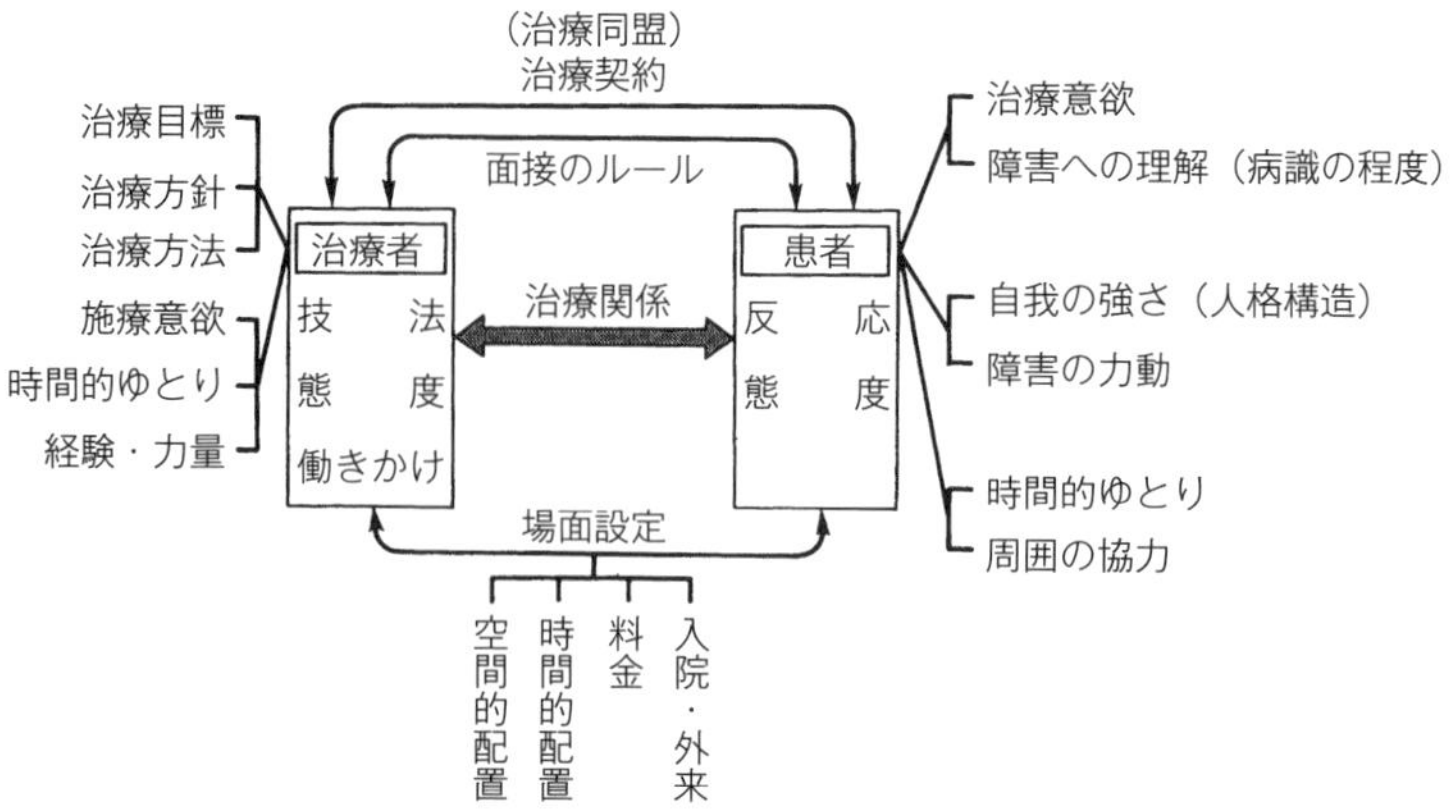

図42　小此木の治療構造論（1964を図式化）

◆分析者はこれらの内的・外的構造を十分に勘案して，相手に最も適した関係と設定を選ぶ必要がある。

ツィの態度（「弛緩療法」[1]）が再注目されてきていることを示したものともいえよう。また一方で、分析的な柔軟な治療が増えるにつれて、そこでの「治療構造[2]」を明確にしておくことの重要性も強調されていた（図42）。

　そのころのことである。分析者は、「何を語るか（解釈するか）」よりも、「分析者は何者であるか」ということが取り上げられたりもした。これは、分析での抵抗や転移の解釈が、言葉だけではうまくいかないという問題である。いかに正しい解釈を行うかということよりも、分析者の態度のあり方が注目されはじめてきたはしりである。そのころ、一方で、乳幼児の観察

1　弛緩療法とは、フロイト流の禁欲的治療に対して、分析者が優しい親を演じる愛情に満ちた治療法。

2　治療構造はエクスタインの「構造」の概念から導き出されたもので、分析者は外面的および内面的治療構造をきちんと自覚して設定する必要があるという。

研究から出てきたマーラーの母子分離——とくに「再接近期」の意義——が注目され、マスターソンによって境界例の治療に画期的な反響を呼んだりしていた[3]（表11）。来日した彼は、面接場面を録画したビデオを見せてくれたが、その人柄もそうだったが、実に物柔らかな雰囲気で対応しているのが印象に残った。

先にも述べたように、私の一般の精神分析的心理療法においては、そのパラメーターとして支持的要因を多く用いて柔軟に対応していたので、治療関係の中で共感的に受け入れられ、支持されたという感情体験にもとづく関係療法ともみえる治り方をするものが少なくなかった。しかし標準型の自由連想法を行うさいには——ただし当時は週に一、二回のものではあったが——改まって、やや窮屈な思いをしながら、できるだけ分析の邪魔となる逆転移をおこさぬように心掛けたり、中立的な「鏡」であろうと努めていた。そして転移をとおして、過去の母子関係もふくめて幼少期の記憶を探求し、再構成してゆこうとするねらいは相変わらずだった。やはり自分の出発点に受けた教育というものは、根深く身についていたものらしい。しかし自分のねらいとは違って、実際にはあまり洞察が得られなくても、何となく落ち着いてゆく相手もいたりして、それは転移性治癒[4]か、あるいは修正情動体験[5]によるものだろう、と思ったりしていたものである。

このように、私の中では精神分析と心理療法を使い分けて、精神分析での一者心理学的な態度[6]はつづいていたようである。フロム＝ライヒマンなどを通して、面接場面を重視する「関係」について考慮したりしながらも、治療者としての私は分裂してい

3　マスターソン（一九二六—）はアメリカの分析医。境界例の中心病理を見捨てられ抑うつと考え、行動化を制限しつつ防衛の直面化をはかる。『青年期境界例の治療』成田善弘・笠原嘉訳、金剛出版、一九七七。

4　転移性治癒は分析者への愛情や好意という陽性転移によって症状が消失するもの。

5　修正情動（感情）体験はアレキサンダーによって提唱されたもので、二人の間の転移的な関係によって、古い親との間の反応が修正されるもの。

6　一者心理学は、分析者の中立性、禁欲規則、隠れ身、受動性などフロイト的態度にみられるように、他者との「関係」を中心に考えない立場。

表11　マーラーの乳幼児期の分離－個体化（1972）

年　齢	発達期		状　態	他の概念
1〜2月	正常な自閉期		自己と外界の区別がない	未分化段階（Hartmann）
4〜5月	正常な共生期		自己の内界（あいまいなもの） へ注意　↓ 緊張状態では外界へ関心を払う	欲求充足的依存期（A. Freud） 前対象期（Spitz） 3カ月無差別微笑
8月	分離・個体化期	分化期	母の顔，衣服，アクセサリーなどへの手さぐり（外界へ興味） 受身的な〈いないいないバァー〉	一次的自律自我 移行対象（Winnicott）
10〜12月		練習期　早期練習期	母親の特定化 はいはい，おもちゃへの関心 一時的に母から離れる—触れる	8カ月不安（Spitz） 情緒的補給（Furer）
15〜18月		練習期　固有の練習期	気分の高揚—自分の世界に熱中 ・積極的な〈いないいないバァー〉 ・母を忘れるが，時折，母に接近し補給する。よちよち歩き 気分のおちこみ，分離不安	母を離れた世界との浮気（Greenacre） イメージすること（Rubinfine）
25月		再接近期	積極的に母に接近—後追い（まとわりつき） とび出し （母は自分を追いかけてくれる） 言語による象徴的接近（象徴的プレイ） 〈世界の征服〉	肛門期（Freud） 快感原則から現実原則へ 記憶想起能力（Piaget）
36月		個体化期	現実吟味・時間の概念 空想と言語の交流 建設的あそび—他の子への関心 反抗	対象表象の内在化
＋ α月	情緒的対象恒常性		対象恒常性の萌芽 対象と自己の統合 ↓ 全体対象へ	

（Mahler, M. S.: On the first three subphase of the separation-individuatin process. *Int. J. Psycho-Anal.* 53: 333, 1972）

たともいえよう。

ともかく、欲動論をふまえた（古典的な）自我心理学派を自認していた私にとって、七〇年から八〇年代にかけて、分析者と相手という二者間の関係を中心にみてゆく立場が導入されてきたのは――幕末の「黒船来襲」の戸惑いといえば少し大げさだが――画期的なことであった。分析治療でおこる現象は、二人の関係の中で生じるという考えは転移や逆転移の経験から理解できたが、何だか自分の主体性が失われそうな戸惑いもあって、それを消化するのには時間がかかった。

これから、七〇年代から八〇年代にかけて次々に導入されてきた三つの流れについて述べてゆくが、それぞれについて、体系的に――はまり込んで――熱心に勉強したわけでもない。ただ対象関係という相手との相互関係――二者関係[7]――が重要だという新しい風を感じとって、それを自分の臨床に生かそうと工夫してきたものである。したがって、それぞれの学派の理論や技法についての細かな内容を論じるほどに詳しくはない。それらは各専門家のテキストにゆずるとして、はじめて「黒船を見た者」としての大ざっぱな印象を記すことにする。

クラインらの対象関係論の導入

私がカウンセリング講座へと移ったのち、一九七三年ごろに、メニンジャー・クリニックの留学から帰ってきた岩崎徹也らによって、クライン[8]とか、フェアバーン[9]らの対象関係論が導入されてきた。[10]とくに対象関係論は、みんなが手こずっていた境界性

7 二者関係は前エディプス期の母子関係を指す。二者心理学というと個人のあり方を他者の存在をぬきにしては語れないと考える立場。

8 クライン（一八八二―一九六〇）は英国の女性分析家。クライン学派の創始者。

9 フェアバーン（一八八九―一九六四）はスコットランドの分析医。

10 岩崎徹也「対象関係論の歴史と現況」精神分析研究、一八巻二号、四一頁、一九七三。北田穣之介「境界例の精神分析的研究の最近の動向その1」精神分析研究、一八巻五号、一六三頁、一九七四。それぞれ前出『精神分析研究選集2』二一六頁と二五二頁に収録。

人格障害や重症の強迫神経症などの治療に役立つものとして大きく打ち出されるようになった。それと平行して、病院臨床で、境界例などの問題患者についての治療には、治療環境の構造化が欠かせないものとして、力動的なチームワークなども注目されてきた。「A‐Tスプリット」[11]という言葉も学んだ。

これはそれまでの外的な「対人」関係でなく、クラインは空想において「内的な対象」と関係するという。そこではフロイトの無意識にある欲動表象ではなく、欲動の心的表象である「空想」が重視され、「無意識的空想」というものに決定的な重要性が想定されていた。そして人生最早期のよい乳房とわるい乳房を分裂させ、断片化し、投影する「妄想分裂ポジション」と、抑圧がはじまって罪悪感につながる「抑うつポジション」が考えられていた。そして生後一年目のおわりに早期エディプス・コンプレックスが生じるという。そこでの羨望と感謝や、償いという考えは――フロイトが具体的には手がつけられないでいた――人生最早期の対象へのアンビヴァレンス、とくに口愛的サディズムや攻撃性の領域にふみ込まれていた。そこでの分裂、投射と取り入れ（後に投影同一化）などの原始的防衛機制が紹介されたのは興味深かった。なかでも「投影同一化」というメカニズムが大きくクローズアップされていたが、それは臨床的に「逆転移」とどう違うのかがよく論じられたものである[12]。

ともかく私には、クラインはフロイト以上にフロイト的で、フロイトを深く押し進め、とくに死の本能がプレエディパールな領域において強調されているのが印象的であった。これは、超自我の問題が精密に追及されている学説のように思われたもの

11　A‐Tスプリットは一人の相手に管理医と心理療法者とが別個に役割を分担して行う診療体制。

12　逆転移とは分析者が自分の主観的感情にとらわれるものと考えられてきたが、今日ではビオンによって原始的コミュニケーションとして正常な投影同一化も広く考えられるようになり、逆転移を利用した治療も用いられている。

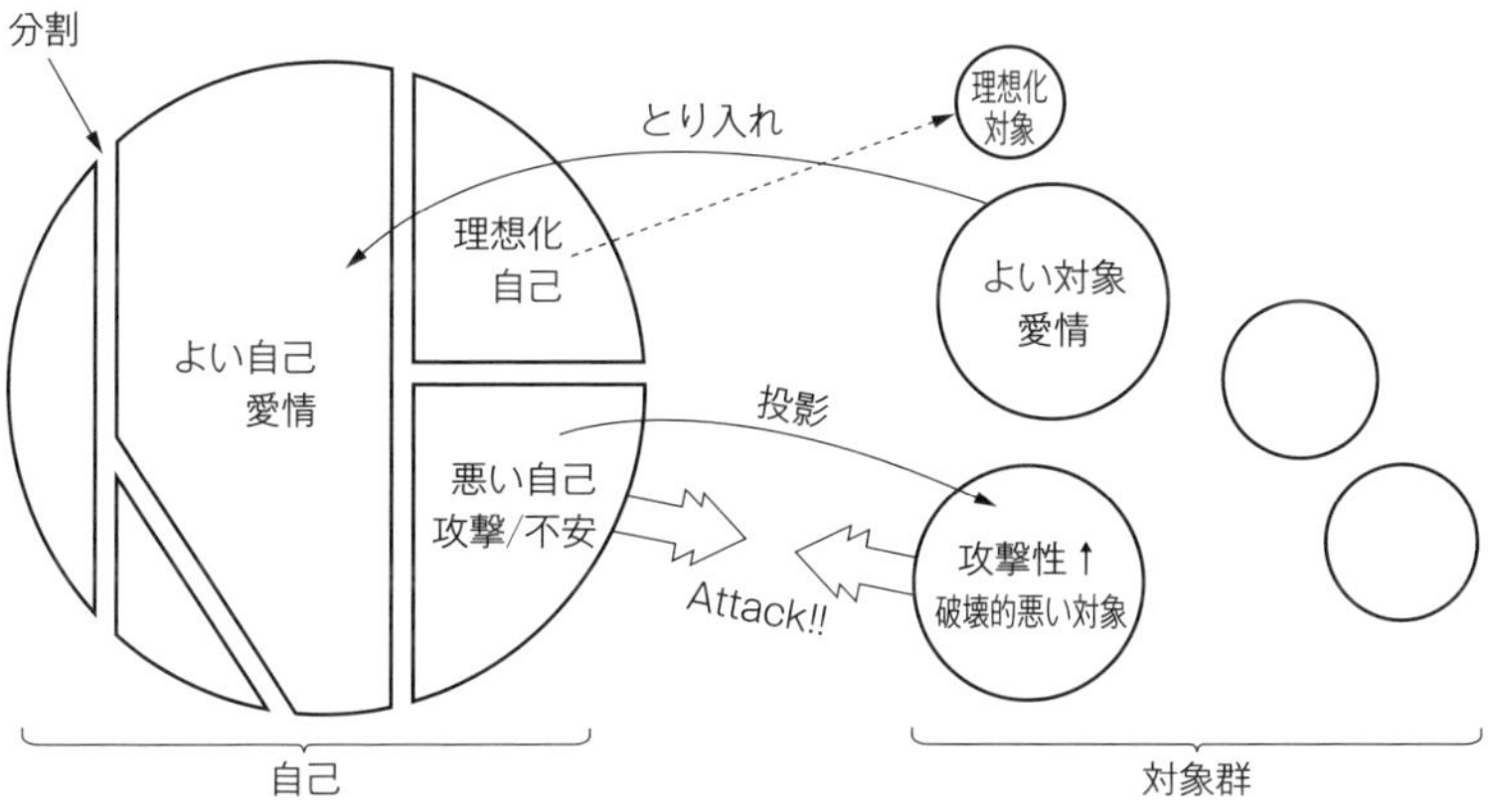

図43　迫害不安の成り立ち（松木邦裕，1996）
（『対象関係論を学ぶ』岩崎学術出版社，28頁）

の、内的な「無意識的空想」が決定的な力を持っているとして、[13]現実の環境要因が軽視、排除されているのが気になった。また抑うつポジションという二者関係が中心にあって、エディプス関係へと展開してゆくあたりが、いまいち理解しにくいように思われた。さらに転移の解釈が重視されるのはわかるとしても、早期から象徴解釈が行われるという治療のやり方には、いささか乗りにくいものを感じた。

その後になって、衣笠隆幸さんや松木邦裕さんらによって、さらにクラインにつづく新しい対象関係論が熱心に紹介されている[14]（図43）。

ビオン[15]については、以前に感受性訓練の一環として、トレーニング・グループ（Tグループ）を指導していた

13　無意識的空想（幻想）についてはアイザックス「空想の性質と機能」松木邦裕編・監訳『対象関係論の基礎』新曜社、一〇一頁、二〇〇三（本書一四〇頁、図64も参照）。

14　スピリウス『メラニー・クライン トゥデイ①②③』松木邦裕監訳、岩崎学術出版社、一九九三～二〇〇〇その他。

15　ビオン（一八九七—一九七九）は英国の分析医。今日その考えに共鳴する分析者が増えてきている。

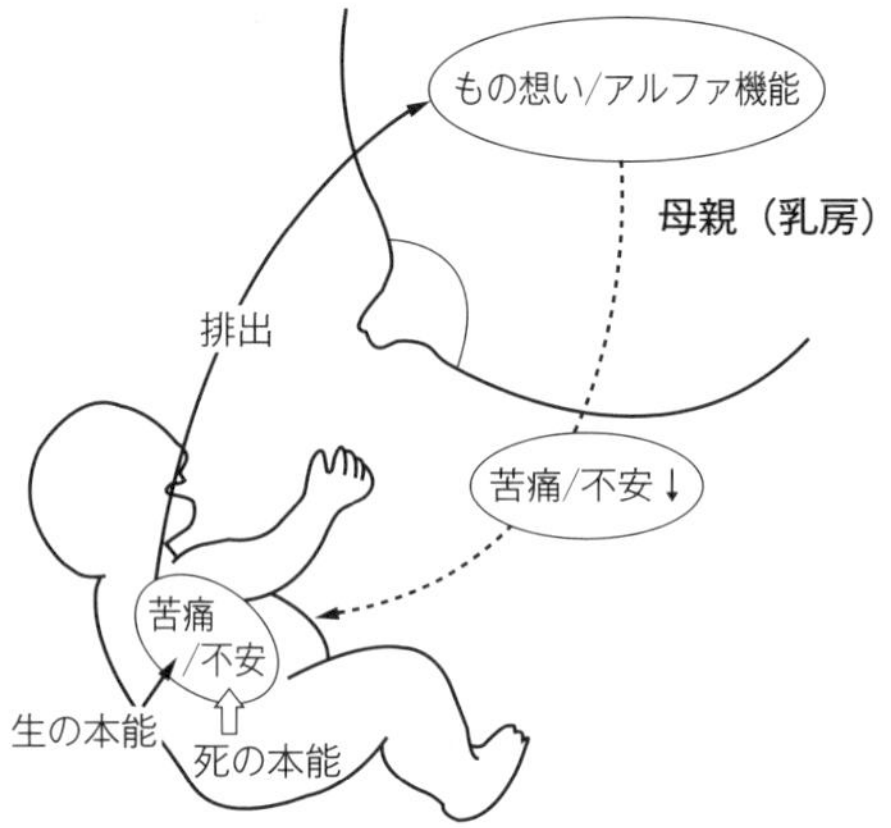

図44　赤ん坊と母親についてのビオンのモデル（松木邦裕，1996）
（『対象関係論を学ぶ』岩崎学術出版社，23頁）

ことがあり、彼の集団理論――基底的想定グループ――の考えから学ぶことが多かったものだが、[16]新しく登場してきたビオンは、クラインの理論を独自な方法で展開していたのには驚いた。とくに「コンテナー（受け皿・容器）」と「コンテインド（内容・包容）」というコンテイニングの概念――分析者が相手から投げ出された部分対象をバランスよく、一貫して抱えつづけ、変形し、最終的には相手に与え返すコンテナーになるという治療的態度は、なるほどと感心した。また、母親が無意識のうちに赤ん坊の経験の受け皿になる機能としての「物想い（夢想）」[17]という考えも面白いと思った（図44）。

ビオンは、投影同一化を投影の受け手である外的対象までもふくめ

16　ビオン『集団精神療法の基礎』池田数好訳、岩崎学術出版社、一九七三。

17　物想いとは、相手が排泄するものをしばらくとどめておいて、苦痛を和らげるように変容させてから戻す機能。

て、「連結する」という理論も出している。その臨床記録をみると、神経症や人格障害だけでなく、精神病にも対応できる視野の広さをもった大した人らしく思えた。人が感じている印象や情緒、物想いについて、アルファー機能が働くというあたりは興味を覚えたが、そのメタ心理学が記号化され、アルファー、ベーター、K、マイナスK、Oなどと呼ばれると――「グリッド」については――いささかつき合いかねた。[18]

さらにその後、相手の羨望が破壊的に働くことに対して、多彩な、組織的な、強固な防衛が行われるというローゼンフェルドの「病理自己愛組織」とか、不安や葛藤から退避して安定した防衛的パーソナリティ構造を注目したシュタイナーの「病理的組織化」の概念なども出てきている。[19] これらは人格障害、嗜癖や同性愛、その他の重症レベルの障害、とくに精神病レベルの治療で重要なポイントらしく思えたが、その領域の治療に手を染めていない私には、その理論の有り難みがわかりにくい。

いずれにしても、現代なお発展しつつある対象関係論の立場は、その細かな理論について十分に理解できてはいないが、分析治療において、分析者と相手の関係性を転移をとおして解明しつつ、投影同一化をふくめた広い意味での逆転移をとおして理解していこうという立場は、有意義な理論といえよう。

一方で、クラインとは関係なく自説を立てていたフェアバーンは、今日では独立学派とみられているが、当初は対象関係論として導入されてきた。人は欲動によって動くのではなく、対象を求める存在（対象希求）として考えられ、フロイトの欲動論は

18　グリッドは思考の発達段階とコミュニケーションの局面が示された図表。ビオンはその後、『ビオンとの対話』『臨床セミナー』など松木邦裕や祖父江典人訳（金剛出版）が出ている。

19　シュタイナー『こころの退避』衣笠隆幸監訳、岩崎学術出版社、一九九七。

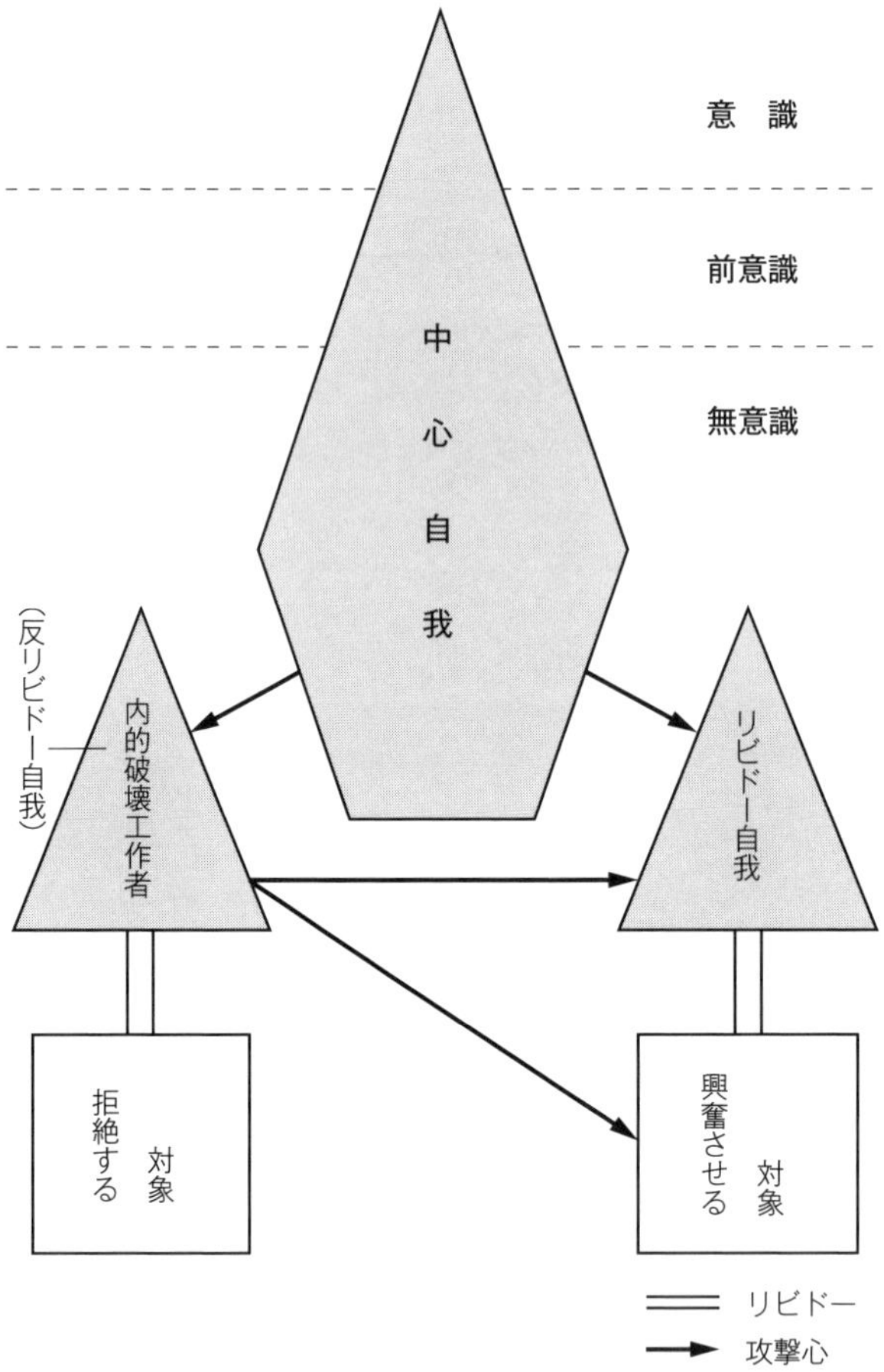

図45　フェアバーンの内的精神構造（1952）

◆原図は色分けされていないが，北山修が引用するさいに色分けしたのを借用した。（『人格の精神分析学』山口泰司訳，講談社学術文庫，201頁，1995，および北山修「対象関係論」『臨床精神医学講座15巻』中山書店，42頁，1999）

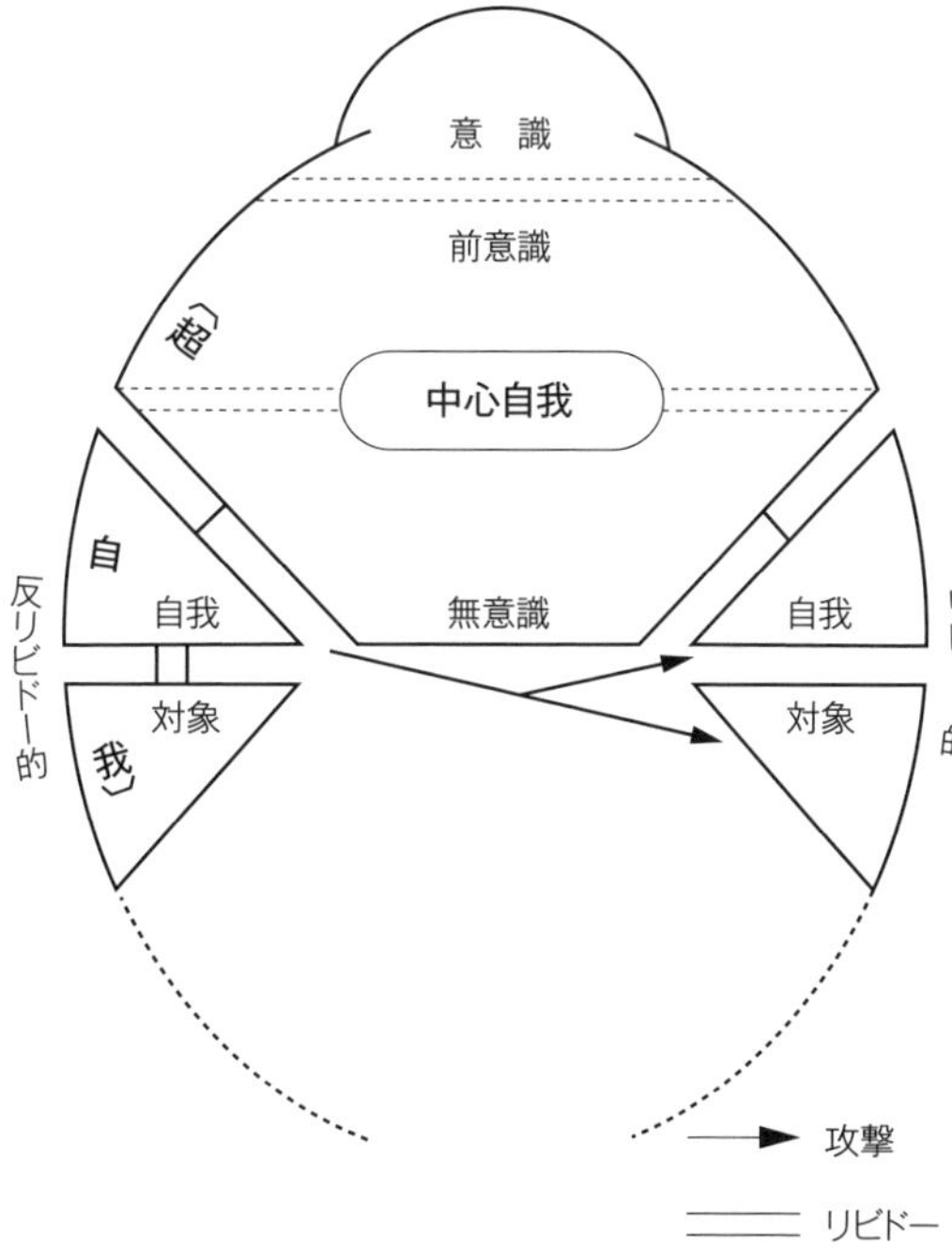

図46　パデルによる修正図

◆フロイトの構造論の図式になぞって記されているために，図45が理解しやすいと思われるので引用。（松木邦裕「対象関係論」2001年精神分析セミナー講義資料より）

否定されていた。[20] そして自我は、たえず対象との関係を持っているもので、その対象関係の性格に応じて、さらに自我の中心部分を守るために分割されるという（図45）。そこでは対象への愛が自己を破壊するなどという攻撃性の側面が強調されているようで、これは厳しすぎる超自我の問題が、対象関係論の立場から重視されているように思われた（図46）。これはシゾイドなどの人格障害や、ある種の（アレキシサイミア的な）心身症などの治療では、分析者が相手の内界に入り込んで、そこに情緒的な養育をはかる上では有用な考えなのだろうと、想像された。

そのころ、対象関係論をどのように受け止めるといいのかという戸惑いの中で、それを自我心理学と統合しようというカーンバーグを読んだこともあった。[21] 境界例で名を成した人である。「超自我先駆体」というのはわかったが、彼の情動素質とか攻撃衝動の理論は綿密すぎてややこしいし、何よりもその実際の治療での欲動防衛の解釈については、そんなに理屈どおりにはゆかないような気もした。とくに日本人の場合、分析者は理想化され、自分を感じとって保護してくれることが期待されやすい。神経症の場合ならともかく、誰にでも直面、明確化、解釈という厳しい方法で迫ると、相手は分析者に侵入されるように感じて傷ついたり、不安が生じやすいのではないかと思ったりして、いまひとつしっくりこなかった（表12、図47）。

20　フェアバーン『人格の精神分析学』山口泰司訳、講談社学術文庫、一九九五。分裂を中心とした分裂防衛機制と心の内的構造の解明。

21　カーンバーグ『対象関係論とその臨床』前田重治監訳、岩崎学術出版社、一九八三。「超自我先駆体（前駆体）」とは原始的サディズムの投影によって作られた恐ろしい母親が内在化されたもの。

表12　カーンバーグの内的対象関係の発達モデルとその病理（前田による図式化，1976）

段階	年　齢	対象関係	対　象	自　我　　　超　自　我	自我防衛	性格障害	疾　病
1	（変動あり）	正常な自閉（一次的未分化）	自他未分化	（一次的自我装置–知覚、記憶）	（投影 取り入れ）		
2	2カ月	正常な共生 （未分化な自己–対象） （融合した自己）	（よい部分対象表象） （外的対象）	（よい部分対象表象）＝＝よい自己–対象表象↔悪い自己–対象表象 （融合）　（分裂） （外的対象）＝＝よい内的対象　〔（加虐的な）超自我先駆体〕 （自我の核）　投影　（超自我の核） ↓万能感　↓	（分裂） 原始的防衛機制 ↓ 〔取り入れ 同一化〕	低次 精神病的人格 境界パーソナリティ構造	共生幼児精神病 分裂病 抑うつ精神病 パラノイア 境界例
3	6～8カ月	自己表象〉分化 対象表象 （自己と対象の境界形成）	部分対象表象 ↓ 全体対象表象	よい対象表象–よい自己表象↔悪い対象表象–悪い自己表象 （分化）　（アンビバレンス）　（分化） 理想自己＝＝理想対象＝＝禁止的な親 （自我理想の核）	分裂 （否認、投影） 抑圧	同一性拡散症候群 中間 自己愛パーソナリティ障害	
4	2～3歳 （エディプス期）	自己表象〉統合 対象表象 （自我–超自我–イドの構造の確立）	↓ 対　象	（病的誇大自己）　（厳しい）超自我 自我理想 対象—よい自己表象　悪い自己表象　リビドー的対象表象　攻撃的対象表象 （統合）まとまりある自己概念（統合）	抑圧中心 神経症的防衛機制	高次 抑うつ–被虐的性格 強迫性格	精神神経症
5	5～6歳	自我統合 （超自我の固定化）	外　界	自　我　—　欲　動　—　超自我 〔現実検討能力 昇華能力 自我同一性の統合と固定化 自己概念と現実体験の一致〕 〔情緒的成熟〕〔脱人格化〕	↓	ヒステリー性格	現実不安（現実的危機）

（『対象関係論とその臨床』前田重治監訳，岩崎学術出版社，255頁，1983）

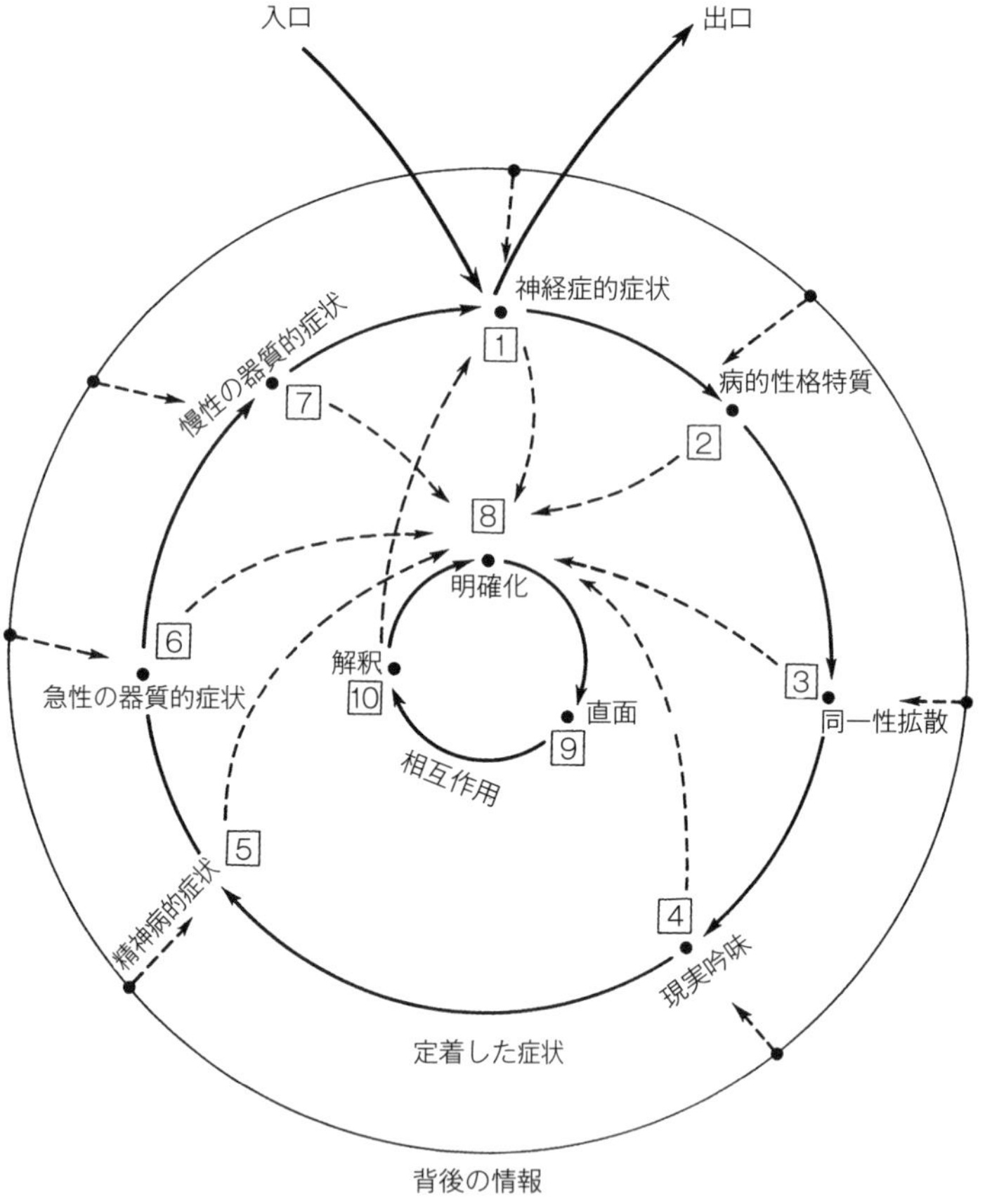

図47　カーンバーグの構造面接の統合的モデル（1981）
（Kernberg, O. F.: Structural interviewing. *Psychiatric Clinics of North America*, 4; 1, 169, 1981）

図48　ウィニコットの移行対象（1952）

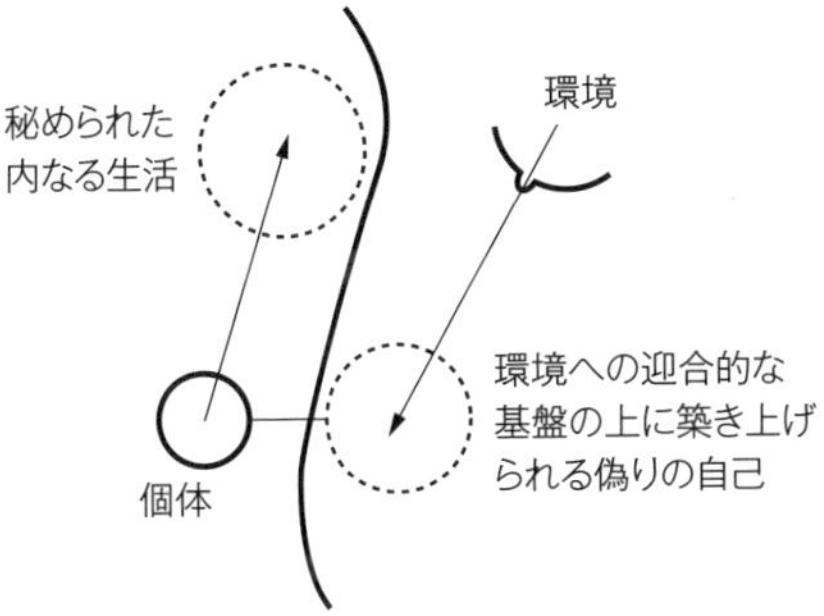

図49　ウィニコットの人格の基本的な分裂

ウィニコットらの独立学派の導入

その点、少し遅れて昭和五二年（一九七七）に、牛島定信さんや橋本雅雄さんによってはじめて紹介され、その後北山修さんらによって次々と広められたウィニコットの独立学派は親しみやすかった。[22]ウィニコットが出てきたときには、その論文のスタイルやら、「ほどよい」「抱っこ」などの言葉からして、少し軟らかすぎて、あいまいで甘い気もしていた。しかし彼のフロイトとクラインをふまえた解釈、また治療態度の自由さ、自然さ、そして軽やかさには感心した。こういう精神分析もあるのだな、と思ってホッとして、一種の福音となったことを憶えている。毎週の大学院のゼミで輪読しながら、これはそれまでの私のフロイトよりは、心理の連中に向いているな、と思ったりしたものである。

ウィニコットの立場を要約するのは難しいが、母親と共生する絶対的依存の乳児が、移行期をへ

22　ウィニコット『情緒発達の精神分析理論』牛島定信訳、岩崎学術出版社、一九七七。『遊ぶことと現実』橋本雅雄訳、岩崎学術出版社、一九七九。その後、北山修監訳による『抱えることと解釈』『小児医学から精神分析へ』など（岩崎学術出版社）多数出ている。

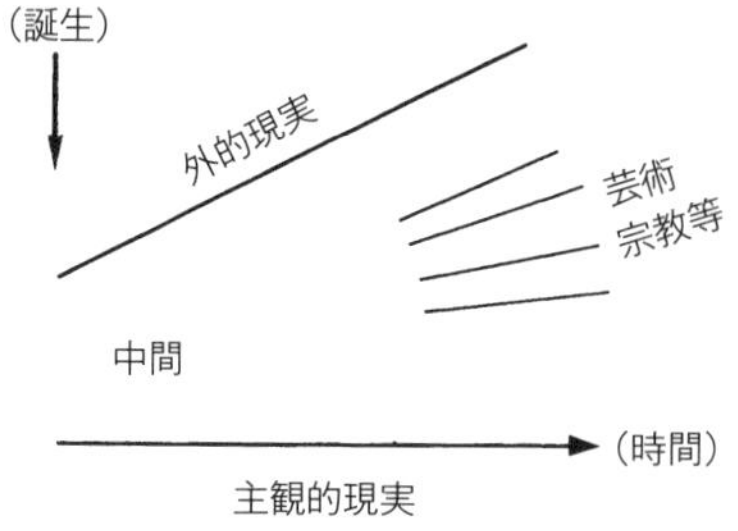

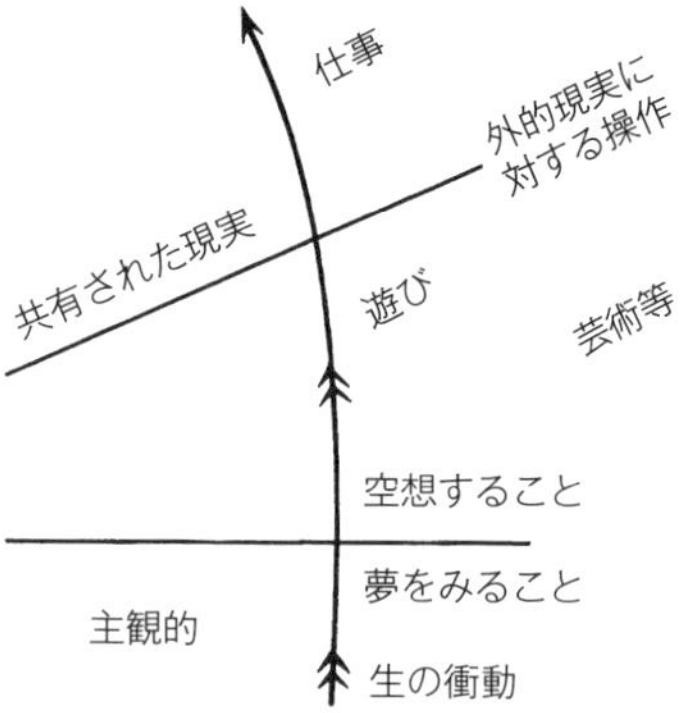

［A］中間領域　　　［B］中間領域についての推敲

（ウィニコット『小児医学から精神分析へ』北山修監訳，岩崎学術出版社，267―268頁，2005）

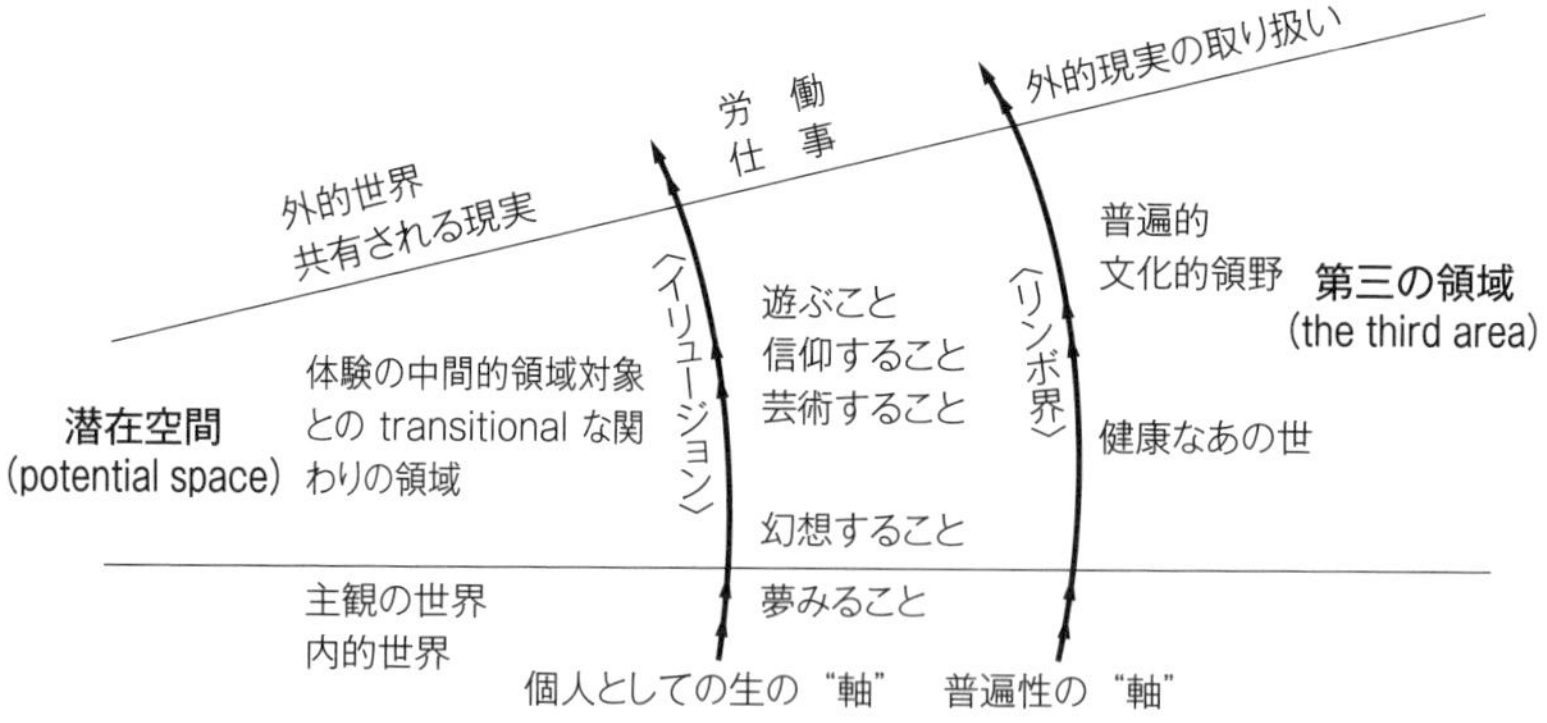

［C］川上範夫による「関係体験論」への転換

（「移行現象論」小此木啓吾・妙木浩之編「精神分析の現在」至文堂，137頁，1995）

図50　ウィニコットの中間領域

表13　バリントの良性と悪性の退行（1968，前田による図式化）

	悪性の退行	良性の退行
目的	願望充足を目的とする退行	治療者に承認されることを目的とする退行
現象	要求，期待，欲求の激しさ ――行動化がめだち，とまどわされる。満たされない欲求としがみつきが反復され，悪循環 ――際限のないねだり	要求，期待，欲求は，それほど激しくはない。 ――自分の内的な進展を理解してもらいたい。そこから**新規まき直し**（開眼）へいたる ――洞察への道
対象関係	**部分対象関係** ――不信感，恐れにもとづくまとわりつきで，心の接触がない	**全体対象関係** ――悪意のない関係 ――相互信頼的，理解と寛容あり，心の接触がみられる
障害	**基底欠損あり** ――重症ヒステリー，境界例，人格障害など	**基底欠損はない** ――一般の神経症

（『治療論からみた退行』中井久夫訳，金剛出版，159頁，183頁，1978）

て相対的依存へ、そして個としての独立へと成長する理論が中心にある。つまり自他未分化な段階から、母子二者関係、そして三者関係へとすすむのは理解しやすかった。そこでは内的対象だけでなく、内界と外界の中間領域――その移行を考えるというところが興味深く思われた（図48、図49、図50）。原初的母親的没入、ほどよい環境、抱え、独りでいること、また真の自己と偽りの自己なども、納得しやすかった。そして何といっても「移行対象[23]」という考えや、またそこでの想像や象徴が生まれる可能性のある空間での「遊ぶこと」という概念が気に入った。それまで私が愛好して

23　移行対象とは、幼い子どもが肌身離さず持ち続ける（安らぎを与えられる）布や人形、ぬいぐるみなど。これは自分が発見し創造した「自分ではない」所有物であり、自分と母親とを結ぶ物でもある。

きたクリスの「一時的・部分的退行」論にも通じる。彼の治療は遊びであるというのは、これだな、と気に入った。そして治療において、「抱え」という支持的な態度が強調されていたことも、わが意を得た思いがしたものである。

一方で、バリントの「基底欠損」の概念も導入されてきた[24]。そこでの良性の退行と悪性の退行という考えは、納得しやすかった（表13）。彼の母子間での受身的な「原初的な愛」（一次愛）という概念は、しばしば土居先生の「甘え」と対比して、その類似点が論じられたものである。

コフートの自己心理学の導入

そして八〇年代の終わりごろに、伊藤洸や丸田俊彦さんらによってコフートの自己心理学が輸入されてきた[25]。はじめはそこでの「共感」「自己」という言葉から、ロジャーズみたいだなという気もしていたが、「精神分析は、観察者が人間の内面生活の中へ根気強く共感‐内省的に身を入れることから支援されて、その資料を集めて解釈することをめざす」（三〇一頁）という。そして自己体験を取り上げながら、成熟した健康な自己愛というものに注目している点で、ユニークな精神分析だな、と感心した。

そこでは部分対象の発達において「鏡映」（ミラーリング：映し返し）が持ち出されていて、誇大性（野心）を求める一方で、他者を理想化してその一部になろうとする双極的な発達論が述べられていた[26]（図51、図52）。また、母をめぐって発達的に人格の

24 バリント『治療論からみた退行』中井久夫訳、金剛出版、一九七八。

25 丸田俊彦「自己愛パーソナリティ」精神分析研究、三〇巻二号、二頁、一九八六。オーンスタイン『コフート入門』伊藤洸監訳、岩崎学術出版社、一九八七。

26 中核自己は野心と理想という電極の（＋）（－）と考えられる双極性自己と、それらを実行するのに必要な執行機能の三つの構成要素に分けられている。

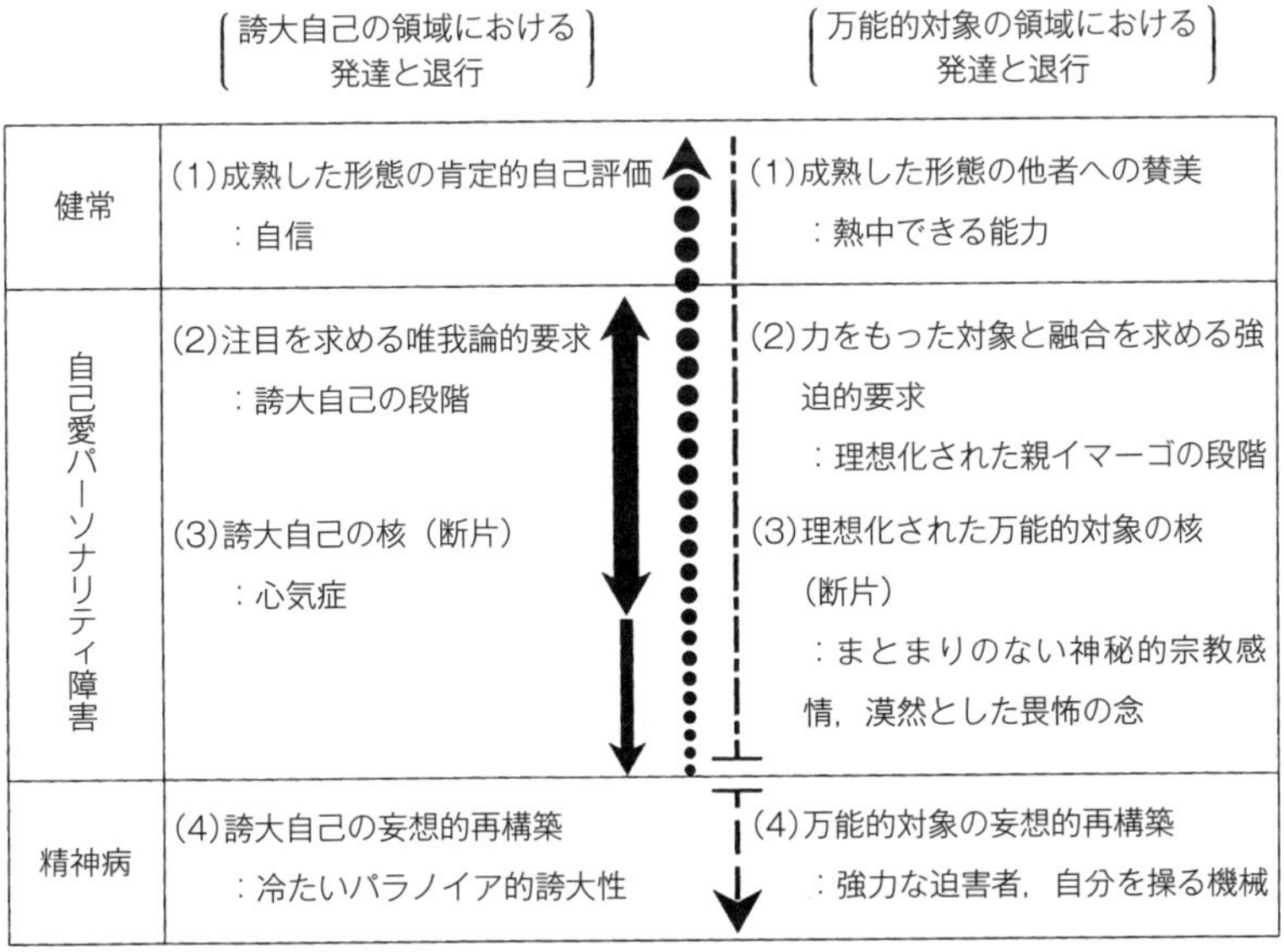

	誇大自己の領域における発達と退行	万能的対象の領域における発達と退行
健常	(1) 成熟した形態の肯定的自己評価 ：自信	(1) 成熟した形態の他者への賛美 ：熱中できる能力
自己愛パーソナリティ障害	(2) 注目を求める唯我論的要求 ：誇大自己の段階 (3) 誇大自己の核（断片） ：心気症	(2) 力をもった対象と融合を求める強迫的要求 ：理想化された親イマーゴの段階 (3) 理想化された万能的対象の核（断片） ：まとまりのない神秘的宗教感情，漠然とした畏怖の念
精神病	(4) 誇大自己の妄想的再構築 ：冷たいパラノイア的誇大性	(4) 万能的対象の妄想的再構築 ：強力な迫害者，自分を操る機械

図51　コフートの自己の発達と病理（1971）

（『自己の分析』水野信義・笠原嘉監訳，みすず書房，9頁，1994）

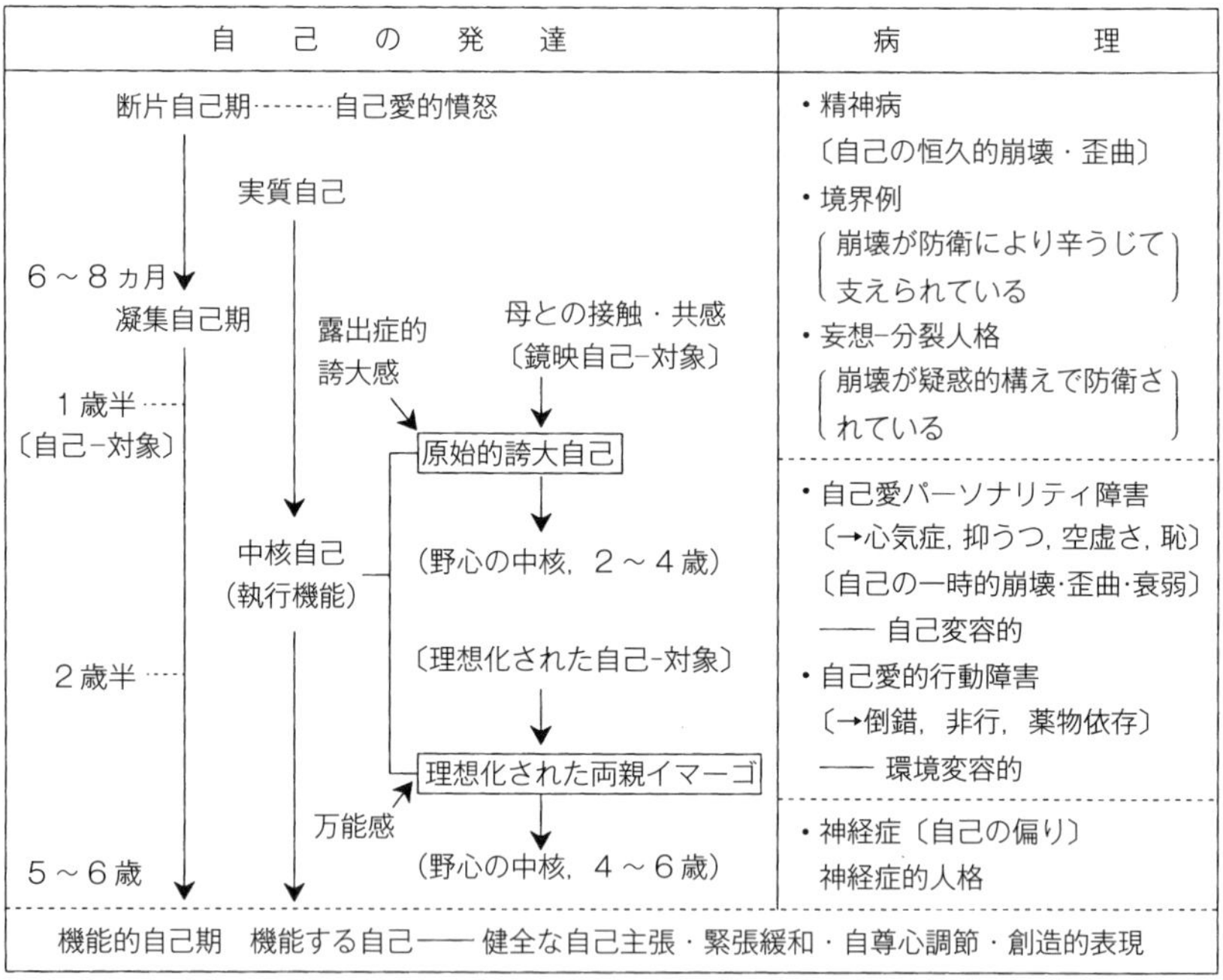

図52　コフートの双極的自己発達論（1971，前田による図式化）
（丸田俊彦「コフートの自己心理学」精神分析研究，26巻1号，21頁，1982も参照）

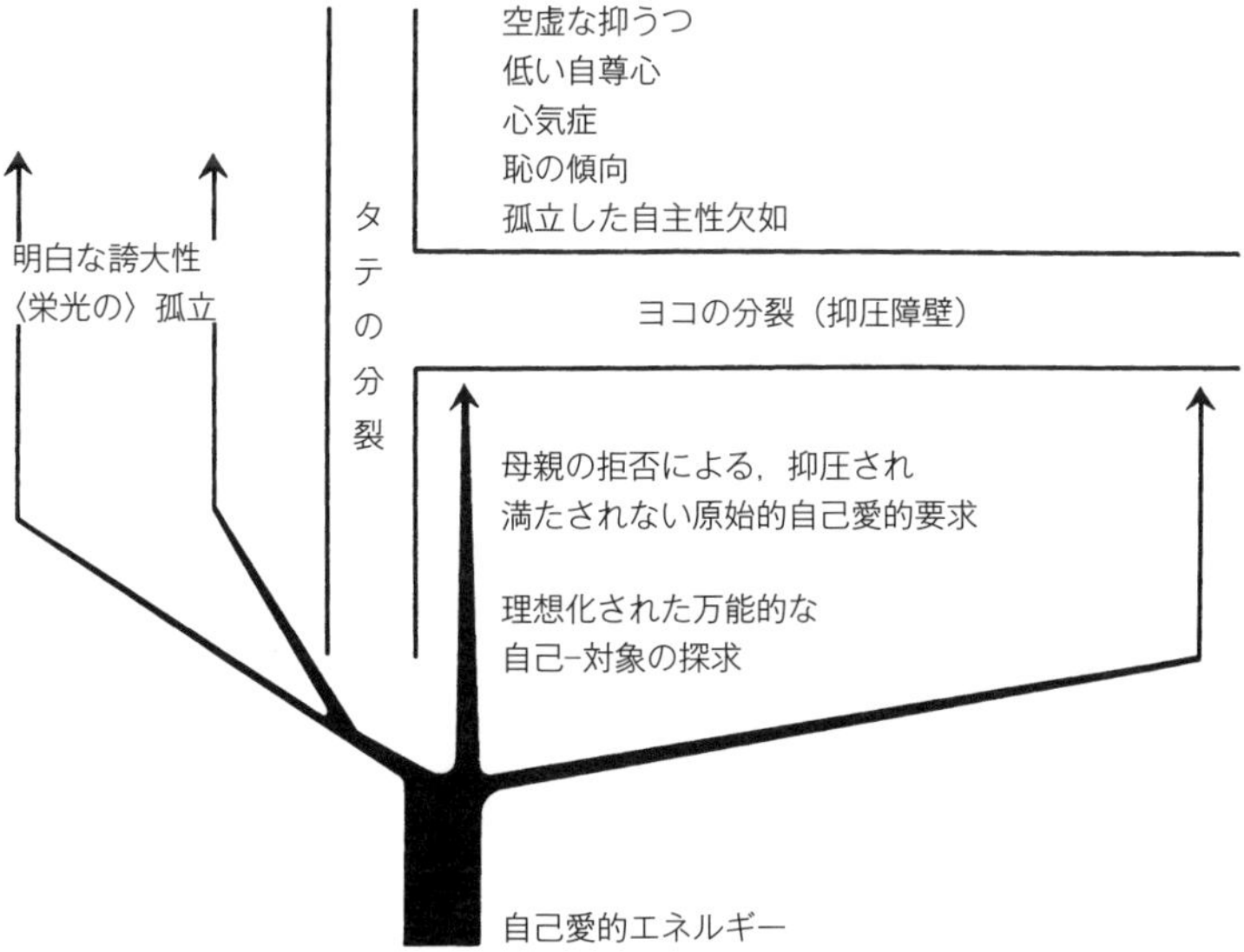

図53　コフートのタテ分裂とヨコ分裂（1971）

（前出『自己の分析』，169頁）

統合性が分裂した「タテの分割」と、抑圧的な「ヨコの分割」という概念も目新しくて、学ぶことが多かった（図53）。

私としては、それ以前にコフートの弟子筋のゼドらのテキストを読んでいたこともあって、やはり興味を持っていたが、とくにコフートが、フロイト流のメタ心理学よりも、体験により近い「自己」という概念を出して、分析者や相手の主観性を強調していたことに共感を覚えた。そしてとくに分析の方法として「共感」[27]と「代理内省」を打ち出していたのが、心強く思われた。自分の臨床感覚としては、理想化を押しつけられた役割を受容するというあたり、コフートと肌が合うようだな、と親和性を感じたものである。

二者心理学を学ぶ

ともかく私としては、その時期に分析者と相手の二人の相互交流を重視する二者心理学が導入されてきたのは、有り難いことではあった。ふり返ってみて、フロイトにも治療同盟[28]とか、とくに肛門期での母親のしつけをめぐる関係、転移と逆転移の関係、転移神経症や転移関係の解釈など、相手との相互関係をみていく視点は存在していたともいえる。ただし「対象」というのは、欲動（リビドー）の向かう他者のことであった。しかもその視点は、あくまで分析者が主体であった。

二者心理学のはしりは、アメリカの対人関係派のサリヴァンが、分析場面を二人が自発的に関わり合う「二人のグループ過程」と呼んでいたものである。[29] それらが内的

27　相手の主観的体験を道理にかなった妥当で適応的なものとして受け入れて共鳴（調律）し理解を深めてゆく。

28　治療同盟（作業同盟）についてフロイトは友好的あるいは愛情的感情の効果的な陽性転移、つまり相手を引きつけるラポールと考えていた。その後、合理的転移と呼ばれたり、現実に焦点づけられた要因、自己観察と自己批判の能力、基本的信頼なども加えて考えられている。

29　サリヴァン『精神医学的面接』、中井久夫他訳、みすず書房、二七頁、一九八六。

にさらに細かく取り上げられたものとみることもできる。「二者関係」というのは、リックマンの命名らしいが、分析者と相手（対象）との関わりが、プレエディパールなレベルでの母子関係として見直されたものといえよう。

私としては、こうして次々に導入されてきた二者心理学の洗礼を受けながら、いろいろと学ぶこととなった。母子相互関係を重視するところから生じてきた中立的な技法の柔軟性、逆転移の治療的利用、とくに共感や、抱えや、コンテイニングなど。それまでは分析者は、「共有」という言葉は用いていたが、「共感」という言葉はご法度だった。なぜなら、安易に相手と共感していては分析はできないからである。なぜ、相手がそこでそういう感情を示してくるのか、その背後にある心の動きそのものを分析するのが仕事だったからである。この「なぜ」と問う姿勢は、精神分析の基本にあるわけであろうが、やはりヒステリーの治療からはじまっただけあって、エディプス・コンプレックスという三者関係を中心にみていたフロイト的態度というのは、中立性を重んじた「厳しく冷たい」ものであったと言えるのだろう。

*

そのころに書いていた「心理療法心覚え」（一九七六）という文章がある。[30] これは若い日の小説家の辻邦生が、自分の文学の方法をまさぐっていた『パリの手記』（全五巻[31]）から示唆されて、自分なりに箴言ふうの文章を並べている。研究室の若い院生たちに読ませたいと思って大学の「紀要」に書いたものである。

30 「九州大学心理臨床研究」二号、一七七頁、一九七六。

31 辻邦生『パリの手記Ⅰ―Ⅴ』河出書房新社、一九七三―七四。

いくつかを選んでみよう。

「瞬間ごとに、〈今〉というのはプロセスを突きぬけている。〈今〉の時間の中には目的はない。あるいは瞬間ごとが、それ自体目的である。一人の人間の前に立って、そこに目的も手段も理論も入ってこない独特の空間をつくること。そこに果てしなく拡がっている大きな空間に包まれること。そこでは〈開く〉こと、〈感じる〉ことがすべてになる。それは考えられるものではなく、伝えられるものではない。内から浮かび上がるものを、より豊かにすることに専心することである。説明をすてて、〈今〉のなかに生まれるこの自らに返ること」

「心理療法の原理は、相手の外に立つのではなく、相手のなかに立つことにある。知ることでなくて相手とともに生きることである。相手のなかに立ち、そこで自由になる空間に入ることである。そのような目には、何ものにも制約されず、他に何の目的ももたず、それ自体が自らを支えるものとなる。それは治癒とか、知的関心などという次元を超えたもの、つまり相手の高い実在に接することである」

「相手と二人で、心の流れを味わい、全身でそれをもみほぐしてゆくこと。それほど深く全身的に味わうこと、そのなかに没入すること。それが治療者としての倫理性であり、生き方である。もし治療者がそのような感動をなくし、つまらぬ知識などを集めようとしはじめるとダメになる。心の流れ——情念のさまざま、あるいは生きてあることの恍惚を面白がり、それをみずみずしく味わうことによって、そこに生の生産的な、もっと安定したありかたが生まれる」

これらを今読み返してみて、やや文学熱にいかれすぎている様子が微笑ましい。しかし、そこに「今」とか「味わう」とか「二人で」などという言葉が見られるあたり、いつしか、私もだいぶ二者心理学の洗礼を受けていた気配が感じられる。そこには少なくとも、かつて精神分析で犯人を追いつめていた姿勢からの転向がうかがえる。これはある意味で、自戒を含めた自己宣言でもあったような気もするが、一方で、こうした感覚は、何もそのころになって、はじめて感じたものでもないような気がする。相手との共感、受容、支えなどの相互「関係」というのは、少なくとも臨床の場で、相手と向き合って関わっている治療者としては、いやおうなしに体験させられてきているものである。相互の関わりを無視して臨床などできないものであろう。これは精神分析として遡ってみても、すでに古澤先生との分析体験の中で大いに学んでいたものでもある。それを改めて、はっきりと「二者心理学」という言葉として意識化してきたものだったともいえる。もちろんその「二者」という発想は、クラインにしても、ウィニコットにしても、コフートにしても、それぞれ母子関係に発した——欲動論ではない——独自の発達論に由来して展開されてきたものであった。

ただ私の場合、こと精神分析療法に限っては、神経症レベルの相手と関わることが多かったせいもあって、フロイトの様式というワクが課されていた。そして、苦労していた。ここで私は改めて、安心して、それにこだわる必要はないのだ、自分の感じたとおりに自由に相手と交流してもいいのだと目覚めさせられたといえよう。それを「銅の多い応用論」として引け目を感じることなく、自分の「精神分析」として肯定できるようになってきたわけである。それは黒船来襲というよりも、ルネッサンスの到来というべきものであったろう。

ともかく新しい諸学説は、それぞれに独自の理論体系——認識論——をもって、人生最早期の部分対象関係のあり方を綿密に明らかにし、その上に立って治療論が組み立てられている。それらを知ったことで、それまでフロイトが見逃していた心の奥の細部の動きをとらえるのに有意義な視点を開いてくれたものである。そして今日では、クライン派にしても、コフート派にしても、さらにその後の多くの後継者たちによって、ポスト・クライン派、ポスト・コフート派などとして、さらに新たな展開がみられていて、まさに百花繚乱の時代となってきている。[32]

ポスト・フロイト派

話は遡るが、こうした新しい流れが導入されていた当時の一般的な臨床での治療指針としては、大雑把に、相手が神経症レベルならば精神分析、境界例レベルならば精神分析的精神療法、精神病レベルならば、薬物療法と支持的精神療法と考えられていた。

そのころ、わが国にカーンバーグを中心にメニンガークリニックのスタッフ連中が、つぎつぎに出張講義に出かけて来て、東京と福岡などで、何回か精神分析セミ

32　西園昌久監修『今日の精神分析』金剛出版（一九九三）のほか、概説として小此木啓吾・妙木浩之編「精神分析の現在」至文堂（一九九五）、「イマーゴ6・特集コフート」青土社（一九九六）、妙木浩之編「ウィニコットの世界」至文堂（二〇〇三）、松木邦裕編「メラニー・クライン」至文堂（二〇〇四）が参考になろう。
　北山修『精神分析理論と臨床』誠信書房、二〇〇一の第Ⅰ部「理論——とくに対象関係論」で簡明に総括されている。

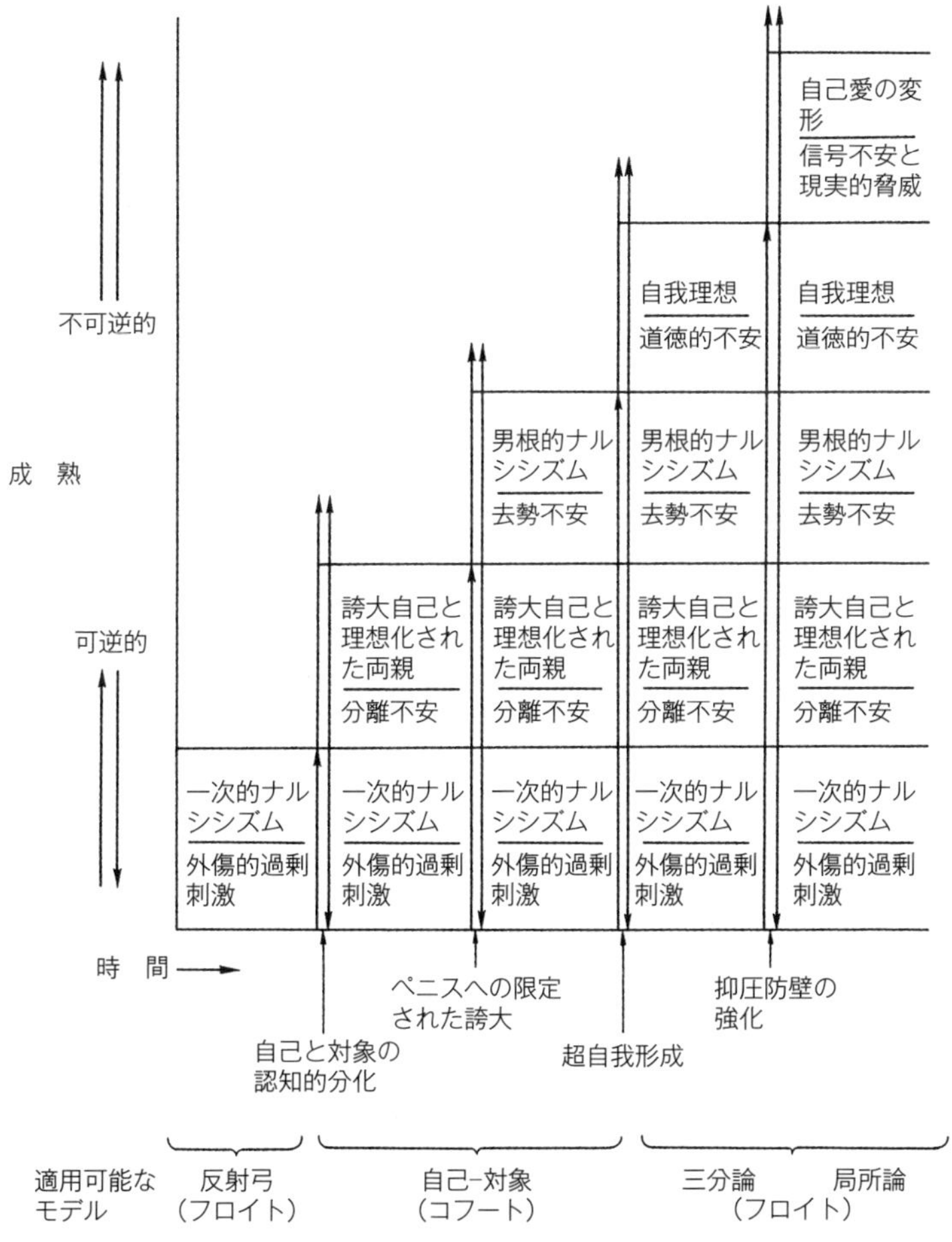

図54　ゼドとゴールドバーグによる「心の階層モデル」(1973)

◆自己愛の階層と対象関係のさまざまな時期における定型的な危機状況（『心の階層モデル』前田重治訳，誠信書房，93頁，1982）

コフート寄りの内容

自我機能			病理		カーンバーグ的治療様式
現実感	危機	防衛	パーソナリティ障害	疾病	
(絶対的) 幻覚的 万能感	破滅不安 過剰刺激 (被害感 口愛的憤怒 基本的不信)	(とり入れ 投影) (分裂) (否認、投影 とり入れ 投影同一化)	低次 精神病的人格	幼児共生 精神病 統合失調症	〔明確化〕 ↓ 〔直面〕 ↓ 〔解釈〕
魔術的 万能的幻想 (身振りと 言語)	分離不安 抑うつ感 (怒り 恐怖 罪悪感 無力感)	分裂中心 (否認、投影、 回避、隔離、 理想化、 価値切下げ、 しがみつき) (アンビバレンス) ↓	境界人格構造 中間 同一性拡散症候群	抑うつ 精神病 パラノイア 境界例	↓ 〔明確化〕 ↓ 〔直面〕 ↓ 〔解釈〕 ↓ 現実吟味
万能的幻想 (自体愛の 万能感)	去勢不安 (劣等感 恥)	とり入れ、 同一化 抑圧 (反動形成 など)	自己愛人格障害 高次 抑うつ—被虐的		⋮ 明確化 ↓ 直面 ↓
現実原則	道徳的不安 (罪悪感、恥 劣等感 失敗不安)	抑圧中心 (神経症的 防衛)	強迫性格 神経症的性格 ヒステリー性格	精神神経症	解釈
	現実不安 現実ストレス	昇華 断念		現実神経症	

表14　対象関係の発達よりみた自我形成・その病理と治療様式（1985）——多分に

年齢	段階	〔対象〕	〔自我〕	〔超自我〕	欲動
（変動あり）	自閉期 （一次的未分化）	（自体愛） （自己愛）	体＝心	心身未分化 一次的自我装置	
2月	共生期 （二人で一個体） （自己－対象）	自己－対象		よい自己-対象 （自我の核） わるい自己 -対象 （厳しい 超自我先駆体）	口唇 攻撃性　リビドー
6〜8月	分化期 （部分対象） （認知的分化）	〔理想対象〕 よい対象表象 わるい対象表象 （禁止的な親）	（分化） （分裂） （迫害的対象）	自我理想の核 〔理想自己〕 よい自己表象 （病的誇大自己） わるい自己表象 （超自我先駆体） （厳しい超自我）	肛門 攻撃性　リビドー
1歳半〜3歳	個体化期 （全体対象） （役割的分化）	よい対象 統合 わるい対象	よい自己 （抑圧） わるい自己	男根的誇大自己 自我理想	男根 攻撃性　リビドー
5歳		外界	自我	超自我	欲動
	自我確立 （自我境界確立）	対象恒常性	安定した自己 現実自我	固定化 自我理想	成熟
青年期	同一性確立	（対象愛）	自律的自我 創造的自我	脱人格化 （抽象化）	性器的

の見解を取り入れたもの

形成		病理	治療
危機	A・フロイト		
破滅不安 （迫害不安 憤り 基本的不信）	母−子生物学的一体性	●幼児共生精神病 ●ある種の統合失調症	**平静化**（保護） 「抱え」環境　共感 コンテイニング　物思い 安全感、信頼感、保護感の保証 確固とした関係づくり
分離不安 （抑うつ感 怒り 罪悪感 無気力 空虚感）	欲求充足的依存関係 対象恒常性の達成 対象へのアンビバレンス	●躁うつ病 ●（反社会的性格） ●境界例 ●病的依存傾向 ●パラノイア ●自己愛人格障害	**一体化**（融合−依存）共感 受容、是認、（移行対象） 情緒エネルギーの補給 肯定的態度のとり入れ 万能感の満足 熟達の喜び 自立を楽しむ方向へ
去勢不安 （劣等感 恥、失敗不安）	異性親の所有 同性親への競争	●神経症的性格	**脱錯覚**（現実直視） 言語による接触、受容、理解 客観化 明確化 現実吟味
超自我不安 （あるべき自己 現実の自己）	集団、リーダー 理想像へ同一化	●各種の神経症	**解釈** 直面、明確化、洞察 徹底操作
現実不安 （現実ストレス）	早期の原始的対象関係への退行 幼児期対象結合から脱皮	●同一性危機 （男（女）として、親としての責任がとれない）	**内省**

表15　自我の発達と病理・治療（1985の一部修正）——マーラーをはじめ諸学派

年齢	フロイト	エリクソン	段階		自我 発達	自我 防衛
（変動あり） 2−3月	口愛性	信頼感 ↕ 不信感	自閉期		心−身、自−他未分化	とり入れ 投射 分裂 合体
			共生期 （5月）		自己−対象	
			分化期	移行期 （7月）	移行 対象	分裂中心 否認、投射 回避 理想化 価値切下げ
6−8月				練習期 （18月）	理想部分対象　万能的誇大自己 わるい対象　超自我先駆体 （自我理想の核）	
1.5歳	肛門性	自律性 ↕ 疑惑・恥		再接近期 （24月）	よい母　（アンビバレンス） 禁止的な親	とり入れ 同一化 抑圧、反動
2−3歳	男根性	主導性 ↕ 罪悪感	個体化期		理想化　父−母　男根的誇大自己 わるい父−母　わるい自己	置きかえ
5−6歳	（潜伏期）	生産性 ↕ 劣等感	自我確立期 （超自我）		対象　三分論 エス　自　超	抑圧中心
11−12歳	性器性	同一性 ↕ 同一性 拡散	同一性 確立期		対象　同一性	昇華 諦観

ナーが開催されていた。そこでは、おもに境界例の治療が中心に取り上げられていた。そこで聞いていた話では、神経症をみていく場合にはフロイトの欲動モデルを、自己愛人格にはコフートを、境界例にはマーラーの発達モデルを用いるというものだった。そういう使い分けができるものだろうかと、いささか気になっていたものである。

そのころ、アメリカでもっとも売れていると聞いたゼドとゴールドバーグの『心の階層モデル』(一九七三)を読んでみた。[33] これはコフートの門下生たちの研究的試みであったが、一般システム論の立場から発達論的―階層別にフロイトとコフートの理論が体系化されていたものである。その背後には、心についての一つの完成した理論モデルなどというものは存在しないという考えがあった。その研究成果というのは、やはりモザイク的な感じではあったが、各階層間の要素が相互循環的に作用し合うシステムとして体系化されていた。それぞれのサブシステムは相互に関係しながら、上位システムを構成しているところが気に入った(図54)。

これに示唆されて、自分なりに二者心理学を整理し直して、自分の中に収めることにした(表14、表15)。それは一口でいえば、プレエディプス期レベルでは母性原理での支持的なアプローチで、それがエディプス期へいたると父性原理での表出的なアプローチへ移るというもので、きわめて常識的ともいえる体系である。これはそれまでの自分の経験からも、およその見当はついていたものであったが、それがゼドらによって、きっちりと図式でまとめられていたのを見て自信を得たと言ってもいい。

33　ゼドとゴールドバーグ『心の階層モデル』前田重治訳、誠信書房、一九八二(絶版)。

五十歳代の半ばのころである。

そのころから自分は、ポスト・フロイト派だな、と思うようになってきた。私としては、自分の自我心理学での葛藤理論や、自我防衛や、抵抗という基本の考えは軸足として動かないにしても、相手の自我構造を見立てた上で、相手との相互関係を読み取りながら、相対的に柔軟に対応してゆく方向へと転換していったように思う。

今日では、コフートの流れをくむストロロウらの「間主観的」視点についても興味深く思っている。[34] それは共感（同感）と内省をもとに、分析者と相手の主観的世界の相互作用に焦点を置くもので、そこに二人で物語を創り上げ、意味づけが行われる。そこでは治療プロセスが重視され、体験世界がとりあげられ、それに意味を与える「オーガナイジング・プリンシプル」[35]——情緒的確信——などが強調されている。

また一方、ウィニコットやビオンの流れをくむオグデンの「分析的第三者」（分析の第三主体）という考えも魅力的である。[36] そこでは分析体験を、解釈よりも二人の「物想い」の重なり合いとしてとらえる技法が提出されている。

これについて十分に理解しているわけでもないが、二人の間の心的空間でつくられる空想——物語——として、共通したものもありそうな感じを受けている。

34 丸田俊彦・森さち子『間主観性の軌跡』岩崎学術出版社、二〇〇六参照。

35 オーガナイジング・プリンシプルは自己体験に意味を与える原理である。その理解は部分的一面的であり、分析者にできることは相手の体験へ接近する努力であるという（右同書、九四頁）。分析者は相手の話を物語として構成しうるような能力が問われる。

36 オグデン『「あいだ」の空間』和田秀樹訳、新評論、一九九六。

5章　精神分析治療のポイント――「洞察」から「語り直し」へ

精神分析治療の二つの様式

分析者の態度について、小此木さんが父親的なフロイト的態度と、母親的なフェレンツィ的態度に分けたことは先に述べてきた（八三頁、表10）。

かつて私が古澤先生による精神分析の体験を発表し、「とろかし」について述べたのに対して、小此木さんからコメントが寄せられた。「自分が受けた分析と、著しくニュアンスが違う」という。「先生はフロイト的態度に忠実な、怖いまでの分析的中立性と禁欲規則が守られていた」「もっと厳しく、かつ厳密なフロイト的態度で、一貫してもっとエディプス的であった」らしい[1]。

また、そのあとに訓練分析を体験していた西園さんは、私の分析歴について、古澤先生は「無意識過程を自由連想法で体験させること」を重視されていたので、そこでは「転移の解釈がほとんどなされていない」点を指摘している。そしてむしろ「相手の心の中に分け入って、代理自我となり、分析者と相手の不安をともに体験し、相手の不安の軽減をはかる」ところに、いわゆる古澤流の「とろかし法」の特徴があるこ

1　小此木啓吾「書評」精神分析研究、二九巻二号、一〇五頁、一九八五。

とを述べていた。[2]

このほかに、古澤先生から分析を受けた方々から、断片的にいくつかその印象を聞いたりしたが、どうも先生の技法や態度は、時代とともに変化していたもののようである。もちろん被分析者との相互関係によって、そこでの転移反応は異なるわけで、各人の分析の印象は同じではないにしても、総合的に考えると、分析者は年とともに、だんだん優しい母親的な態度に移行してきていたようである。

これはフロイトが行っていた教育分析の報告をみても、自由連想法はきちんと実施され、時間も厳格だった点などは、やはり古澤先生の場合と同じである。そしていつも誠実に対応され、ふだんの中立性は保たれていた。しかし途中で、ときどき意外に個人的な話とか、他の研究者への批判の言葉が入ったり、ときには自分の勧める本を貸し与えたりもしている。つまり、つねに中立的というわけでもなく、ときには自ら禁欲規則を破って、自己開示されることもあるという点でも似ていたようである。そこには自分の精神分析への自信の強さもうかがえた。そしてあとで、「これは私の問題ですよね」と呟かれたりしていた。

私の受けた分析は、たしかにフロイト的な分析ではあったといえようが、フェレンツィ的な暖かさも混じっていたし、やはり古澤流といえるものだったのだろう。

古澤の「とろかし」

私は先の『覚え書』の中で、先生の「とろかし」について土居の「甘え」論と対比

2 西園昌久「書評」季刊精神療法、一二巻一号、七〇頁、一九八六。

させて述べている。[3] この「とろかし」という言葉は、先生が自分で用いられていたものではなく、先生の「阿闍世」論文のなかに出てくる言葉である――「宗教心理とは何か。あくなき子供の〈殺人傾向〉が〈親の自己犠牲〉に〈とろかされて〉始めて子供に罪悪の意識の生じたる状態であるといいたい」。そして、これは誰が言い出したのかよく覚えていないが、われわれ仲間の間で、「とろかしの技法」と呼ばれていたものである。

この「とろかす」というのは、相手を口愛期の依存的段階に退行させて、甘やかしたり、心をうっとりさせるというようなものではない。私としては、それは先生と二人でいたときのあの包み込まれるような気分、そして「自分が大事にされている」という満足感の中にあったように感じている。それは分析者の母親的態度の一面でもあるともいえるのだろう。つまり、母なるもの――分析場面で生じてくる「転移」以前に、当初より根源的に存在している陽性転移によって、相手との間に基本的な融合感を回復させるといったものである。それは、すこし大げさに言えば、攻撃性も恨みもどろどろに融解させて――中和させて――そこから新しい自我が芽生えてくるような深い対象関係であったように思う。

私はこの先生のとろかしは、技法というよりは、むしろ先生の精神分析の治療理念でもあったのだろう、と考えている。それはたぶんに分析者自身から滲み出してくる非言語的な雰囲気みたいなもの――包み込むような陽性感情的なものである。それで「真のとろかしは、深い原初的な自我融合のレベルのもので、そこでの分析者との間

3 前出、『自由連想法覚え書』、二一九頁。

の共感的理解に立った愛と憎しみの共有体験」ではなかろうか、と書いていた。今日的にいうなら、「抱え」、さらにもっと深い「コンテイニング」といったものに近いのかもしれない。そこで攻撃性も、罪悪感も、空しさも、受け皿の中のエロス（情愛）で中和されるような場である。

土居の「甘え」論

一方で、土居の「甘え」論がある。土居は、日本人の精神分析での治療関係で、「甘えたくても甘えられないことを自覚させること」に大きな意義があることを主張していた。つまり、甘えの克服であり、「甘えを自らの内に包み隠すこと」が自分を回復させる上で必要であると述べられていた。[4]

これは古澤の「安心して甘えられるようにすること」と、一見矛盾するようにみえる。もちろん分析の相手や情況によってさまざまであろうが、この問題をどのように解くといいのかが、私の課題だった。それで両者の特徴を浮き彫りにするために、その対比表を作ってみた（表16）。そして、これは本質的には対立するものではなくて、むしろ同じ線の上での自我の発達段階上の違いによるのではないかと考えた。つまり、古澤の「母なるとろかし」の延長線上に、土居の「甘えの克服」の問題があると考えるといいのではないかと思ったものである。つまり、母性的なものから、父性的なものへ、そして最後には断念へと連続して展開してゆくものと考えた。

4　土居健郎「精神分析療法と西欧的人間」精神分析研究、一〇巻五号、六頁、一九六四。土居健郎『「甘え」雑稿』弘文堂、二七頁、一九七五。

表16　分析的治療の二つの様式（1984）

<table>
<tr><th></th><th>とろかし（古澤）</th><th>甘えたくとも甘えられぬことの自覚(土居)</th></tr>
<tr><td>定　義</td><td>①(慈悲によって) 罪悪感がとかされる
②うっとりさせる</td><td>治療者との関係に直面させることで,
「甘え」(神経症的依存) を克服させる</td></tr>
<tr><td rowspan="2">技　法</td><td>・治療者の根源的陽性逆転移
（患者の根源的陽性転移）
・退行の促進――自我融合へ</td><td>転移への直面・解釈による自己洞察</td></tr>
<tr><td>・信頼－安心－共感を軸として，治療者のエネルギーをとり入れる
（暖かく見守られている私）
（人は自分のことを思っていてくれる）
・罪悪感の中和（厳しい超自我先駆体がうすまる）
・安心して自己をなげ出せる
（治療者に万能感を依託）</td><td>観察自我と同盟をもち，幼児的依存欲求（自己愛的とらわれ）を明確化し，解釈していく</td></tr>
<tr><td>目　的</td><td>・自我の核の育成(自己，自尊心の強化)
・超自我先駆体，厳しい超自我の解消
（恨み－罪悪感の解消）
・不必要な防衛のゆるみ</td><td>甘えに対する適切な「脱錯覚」により，
自己愛の克服 → 自分
（理想化された両親像 → 現実吟味）</td></tr>
<tr><td>対　象</td><td>自我崩壊の不安－被害不安
自我の核の弱い人（自我障害）</td><td>神経症的分離不安や自己愛
（基本的信頼，観察自我あり）</td></tr>
<tr><td rowspan="2">比　喩</td><td>母なる温かさで包んで孵化
（自我を育てる）</td><td>一歩ずつ現実直視，明確化</td></tr>
<tr><td>・東洋的－仏教的思想</td><td>・西欧的－分析的操作</td></tr>
<tr><td>実際的</td><td colspan="2">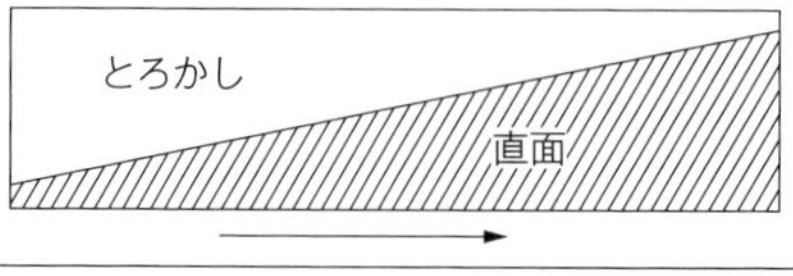</td></tr>
</table>

（前田重治『自由連想法覚え書』岩崎学術出版社，222頁，1984）

今日の精神分析治療

今日では臨床的に精神分析を行うさいには、大まかに二つのやり方がある。一つは従来のように自由連想法を中心に、分析者は原則として中立性を保ちつつ、そこに生じてくる転移（神経症）をとおして、「今、ここ」での関係を解釈することで中核の葛藤を処理し、「洞察」を深めさせていくやり方である。もう一方は、従来は「簡易型」とか、パラメーターとして考えられていたように、分析者はかなり柔軟で支持的、共感的、受容的な態度で接することによってパートナーシップをつくり、二人の間の新しい関係を体験させることを重視する。もちろん精神分析なので、抵抗に対しては解釈を加えて相手にその意味を気づかせていくやり方には変わりはない。

これらは相手の病態——とくに自我の強さによって、治療構造の設定はさまざまであるので一概にはいえないが、実際には、その両者の中間あたりの線が多いのではなかろうか（七九頁、図40参照）。自我が健康な相手への、例えば訓練分析などにおいては、より標準型に近い方法が用いられようが、自我が脆弱になるにつれて簡易型に近い、さらに支持的要因の多い、柔らかな方向になるものであろう。

今日の二者心理学的な立場では、学派によって解釈の仕方——そのタイミング、そこで明確化させる内容、その言い回し——はそれぞれ異なるものであろう[5]。しかしそのねらいとして、各種の解釈が行われ、転移をとおして過去の体験を味合わせたり、幼児期記憶を想起させるという点は共通している。そしてそこでの気づきによって、

5　これは同じ学派であっても、分析者によってそれぞれ違っていると考えられる。

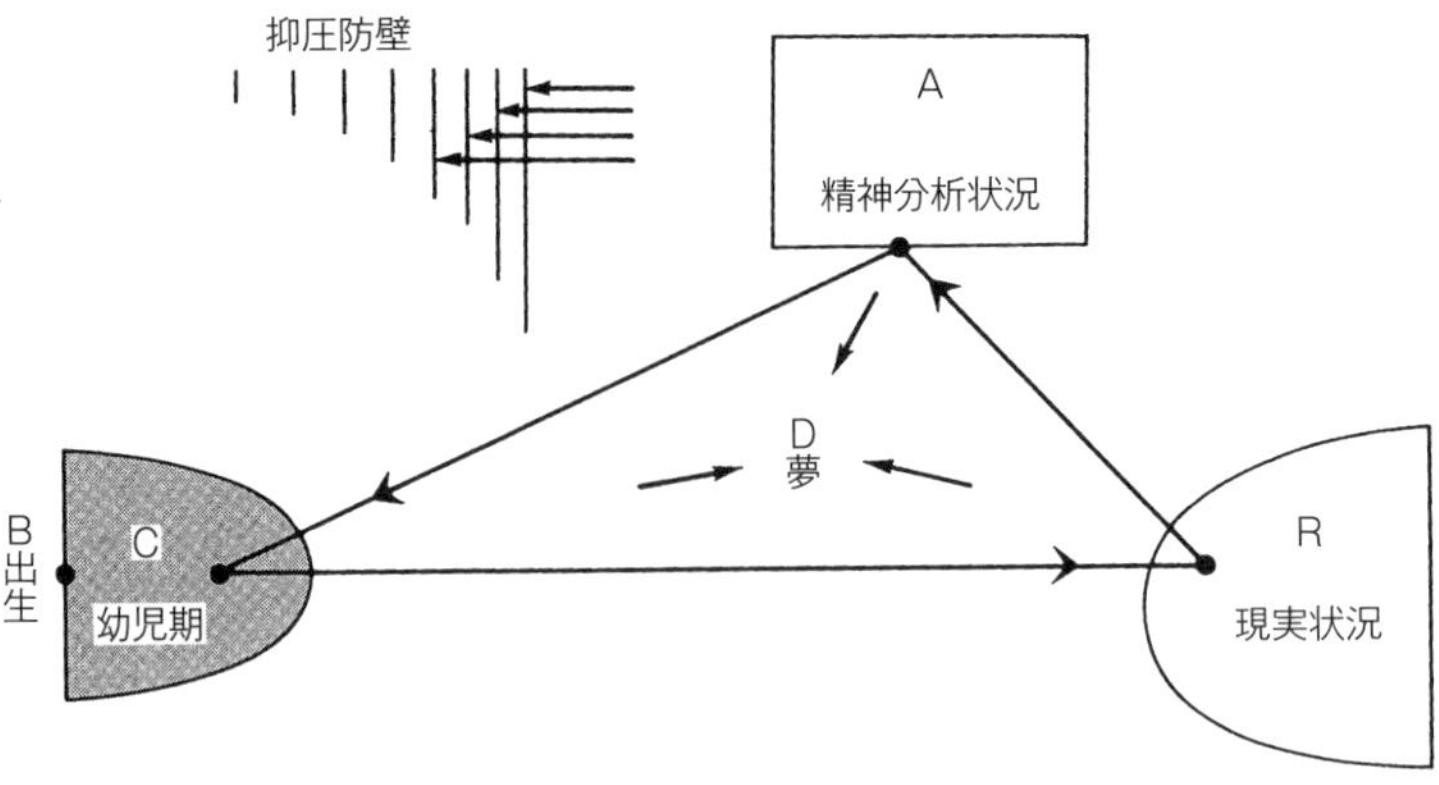

図55　メニンジャーの三角形（1959）
（『精神分析技法論』小此木啓吾・岩崎徹也訳，岩崎学術出版社，195頁，1965の図を簡略化）

人格の再構成——物語の語り直しが行われているようである。むかしは分析者の側は、逆転移をおさえた中立性に立つというのが前提で、転移というのは過去の体験についての連想が深まって、過去が想起されることへの抵抗——その妥協——として現在に置き換えられて生じているものと考えられていた。したがって「メニンジャーの三角形」（図55）にそって、連想の流れを時計と逆まわりの——左まわりの——方向に回しながら、ひたすら洞察を深めさせるように努めたものだった。[6]

今日では転移は、現在の分析者との関係——投影同一化——も反映して生じているものであり、過去と現在によって合成された新しい体験として「そこにあるもの」としてみる。そこから、分析場面の「今、ここで」おき

6　前出、メニンジャー『精神分析技法論』、一九四頁。

ている二人の間の転移関係についての解釈が重視されるようになってきている。したがって、二人で協力して、たんに記憶を想起させるだけでなく、関係そのものを現実的な体験として、あれこれと自由に話し合ってゆく。そういう分析の場での相互の精神の運動そのものに重点がおかれている。

そのために分析者は、柔軟な構えで接しながら、分析場面で転移（や転移反応）を起こしている相手から投げ込まれてくる投影同一化によって生じてくるものを、広い意味での分析者の逆転移としてとらえる。あるいは「物想い」として受け止める。そしてそれらの断片を結びつけたり、そこでの感情を二人で味わったり、解釈したりして、相手を変化させてゆくという傾向が強いようである。その原則としては、先の表15（一一二―一一三頁）にもみられたように、境界例でも神経症でも、前もって基本的に共感や受容――抱えや包容――が行われ、相手が分析者によって受け入れられている、理解されていると感じられる関係が成立していることが前提となる。そして相手の情況によっては、表出的な方向へとすすむことになる。その過程で、新しい気づきや人生物語が紡ぎ出されてくる。

私としては、すべての学派の治療の詳細については、文献的に垣間見ている程度で、その実際についての体験はないので、これ以上は触れられない。それぞれの学派によって、「転移」の考え方も異なっているし、その「今、ここ」という解釈のねらいも違っているものと思われる。さらにそれを実践している分析者の個性やスタイルによって、その態度や表現の仕方、そこでの雰囲気もさまざまなのであろう。

今日では、ナラティヴセラピーの流れともいえるが、治療の場を二人の「間」に、「物語」が生まれてくる場として、心理的空間の意義が重視されている。シェーファーは、精神分析で語るという行為そのものの意味を吟味したり、スペンスは「過去を言葉にすることで絶えず新しいものに変化する――パターンを創り出す」という。つまり、二人の間の心的空間に、「物語が紡ぎ出され」、過去の記憶が修正され、古い物語が書き替えられていくと考えられている。そこには、分析者からの「取り入れ」も大いに働いていることが考えられるし、一方で自然治癒力というのも無視できない。そこで症状が治る人は治るし、治らないまでも、よりよい適応生活の方向へと向かうことができるようになる。これは、以前に土居さんが述べていた相手の「ストーリを読む」[7]ことの意義から、さらに「物語を紡ぎ出す」というふうに積極的に考えられている。[8]もっとも、「ストーリを読む」ということは、読めない部分を明らかにしていく必要があるわけで、相手の気づきを深めさせることにもつながり、それが「紡ぎ出す」へとつながっているものであろう。

そして北山修らは、精神分析のねらいとして、相手が自分の過去の物語を「語り直す」という言葉もよく用いている。[9]これは、精神分析の「解釈は記憶の再カテゴリー化を促進する」、つまりこれは、「過去の記憶が書き替えられる」というモデルの考えとも重なっている。[10]

とにかく今日の精神分析では、かつての考古学モデルのように、抵抗分析を中心にして洞察をねらうというよりも、二人の間に新しい体験を生むこと、それを通してし

7　土居健郎『方法としての面接』医学書院、四二頁、一九七七。

8　シェーファーによれば、「精神分析は被分析者の行為を精神分析的に語りなおすことである」（妙木浩之「物語モデル」『精神分析事典』岩崎学術出版社、四六四頁、二〇〇二）。シェーファーについては妙木浩之『精神分析における言葉の活用』金剛出版、二〇〇五に詳しい。

9　前出、北山修『精神分析の理論と臨床』、一六八頁参照。

10　モデル「記憶と治療過程」、前出、西園昌久監修『今日の精神分析』一四二頁。

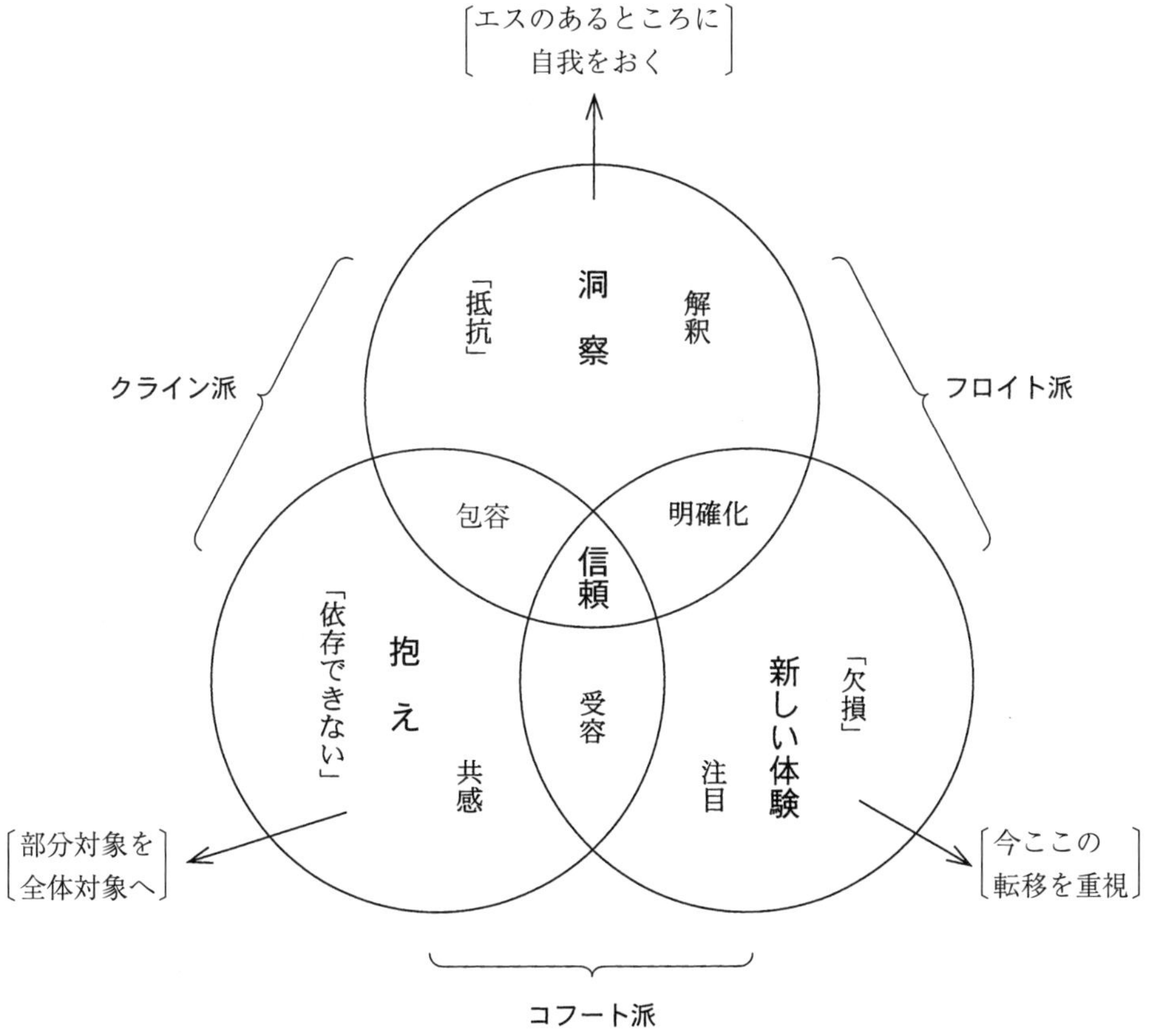

図56　今日の治療モデル（1999）

（前田重治『「芸」に学ぶ心理面接法』誠信書房，221頁，1999を一部修正）

だいに気づきへと導いてゆくというアプローチが流行しているといえよう。あまり正確なものとはいえまいが、今日の精神分析の関係をごく大まかにまとめると図56となるだろうか。

このような百花撩乱の時代ともなると、精神分析の純金は、銅とか他の金属との合金ばかりのあいまいな——なかにはインスタントな分析にまで拡散されてしまいやすい。そういう問題もあって、一九九一年より国際精神分析協会（通称ＩＰＡ）の会員基準が厳しくなってきた。わが国でも精神分析家の資格として、平成六年（一九九四）以降は、訓練分析やスーパーヴィジョンは、週に四回以上（通称、毎日分析）という分析が求められるようになっている。それ以外は「精神分析的精神療法」として位置づけられている。

私としては、ちょうど大学を定年で辞める時期でもあったし、老後の生活の中で、多くの時間が厳しくしばられる正式の精神分析をつづけていくのはムリなように思われた。第一に、相手の転移の受け皿となりつづけ得るだけの体力と気力の衰えも感じていたので、現役の訓練分析者という役割からは引退することにした。そして現在ではパートタイムで、もっぱら容易な相手だけに限って——いつ中断が起こっても相手に深い外傷を与えない程度の——「精神分析的な方向づけをもった支持的な心理療法」を中心に行っている。

改めて語るほどのことはやっていないが、なるべく陽性転移を利用して、対面法で相手との間に情緒的な関わりを深めながら、明確化を中心に話をすすめる。丁寧に細かく明確化を行い、それを受容してゆくと、共感が深まってくる。ときにはそこに解釈を与えて気づきを促進させることもあるが、あとは相手が自分で納得できる形で、自分やこれまでの人生について再構成が深まるのを気長く待つというやり方である。[11]

11　これを先に図39（七八頁）に示した分析的治療でいえば、ほぼA型のレベルあたりである。

6章　精神分析の治療的機能——芸論に学ぶ[1]（1）

芸論と精神分析の関係

かなり以前に（昭和五八年）、クリスの芸術論に刺激されて、精神分析治療を芸術論の立場から考察したことがある。[2]それは二者心理学的な方向へと目が移りつつあったころである。しかしまだ作品と観賞者の相互関係についての論述は、クリスや、キュビーの自我心理学の域を超えてはいなかった。精神分析の領域に、本質的にはまったく次元の違った芸論などという学術とは縁遠い領域を持ち込むのはいささか気が引けていた。しかし最近では、ナラティヴセラピーでの「語り」とか「物語」が注目されたり、精神分析でも間主観性とか、「物想い」などという言葉もみられているので、あえてこの両者を正面切って考察するのも意味があるだろうと思う。ここでこれまでに書いてきた私の二冊の「芸論」[3]を要約し総括したい。

芸論として取り上げている芸能や芸術というのは、そこにさまざまな表現方法を用いて、美、優美、崇高、幽玄、わび、悲壮、滑稽、調和（構成や表現の妙）などを表現することによって、相手（観客）の感興や感動を生むことをめざしている。これは、

1　本章と次章は、「芸能と精神療法」精神療法、三〇巻一号、二四頁、金剛出版、二〇〇四に大幅に補筆。

2　前田重治「精神分析治療に関する芸術論的考察」精神分析研究、二六巻五号、二八九頁、一九八三。

3　前田重治『「芸」に学ぶ心理面接法』誠信書房、一九九九、および『芸論からみた心理面接』誠信書房、二〇〇三（以下の引用ではそれぞれ『芸に学ぶ』『芸論からみた』と略す）。

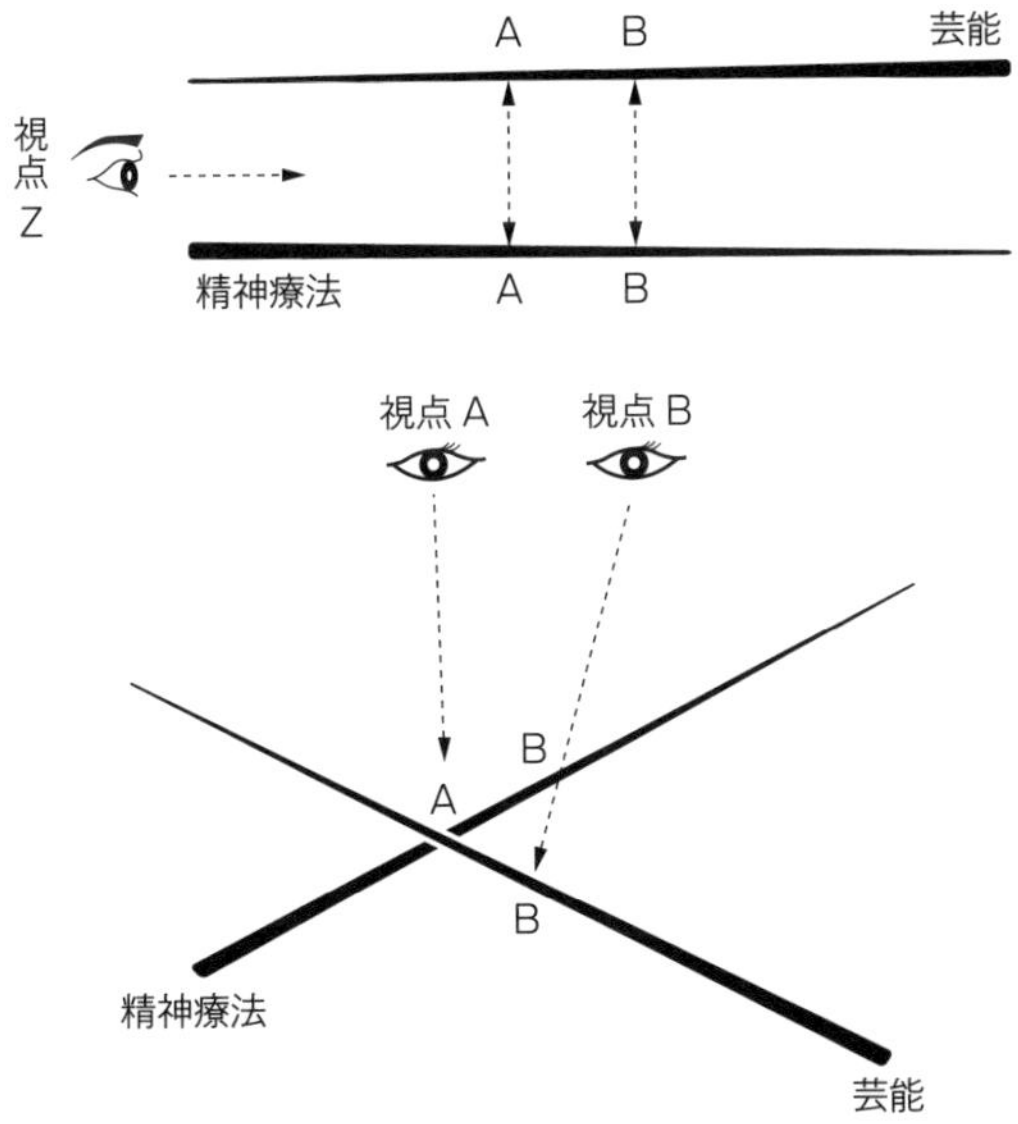

図57　芸能と精神分析の関係（2004）

（前田重治「芸能と精神療法」精神療法，30巻1号，24頁，2004）

その結果として、人の心をくつろがせたり、晴れさせたり、慰めたり、癒したりするという効果をもたらすものであるが、それはあくまで娯楽的な「あそび」の要素が中心にある。自分の芸によって、相手に大きな感動を与えることができれば成功であり、そうでなくても、ある程度の満足感を与えれば、それで事はすむ。

これを両手に持った箸にたとえてみよう（図57）。それを目の前で少し離して交差して持ってみる。それを横から見る限り（視点Z）、なんら接触点はない別物である。しかし、これを交差させて持って上方から見るならば（視点A）、両者はA点で重なって見える。また視点をBへとずらすと、こんどはB点で重なって見えてくる。このように、次々に見る視点（角度）を移動させていくと、本来は離れていて別の方向をむいている二本の箸も、多くの点で重なり合って見えてくる。

つまり、芸能と精神分析という、演じる人と観客、また分析者と相手という関係の中で生じている現象の精神《こころ》、そこでの作用機序《メカニズム》、その技芸《わざ》のあり方には、たぶんに類似したり、共通したりしているものがあると考えられる。

この章では、精神分析における治療的機能について、両者の類似点を一〇項目ほど挙げて考察してみよう。

一回性——一期一会・出会い・今を生きる心

能の舞台は、同じ場所では一回限りしか上演されない。茶の湯でも「一期一会」の精神が説かれている。[4] 芸術家は、ある一瞬の場面、ある一言の台詞を表現したいため

4　『山上宗二記』久松真一『茶道の哲学』講談社学術文庫、一九七頁、一九八七。

に作品を創ることもある。これは「今」という瞬間や現在に、自己の最善をつくそうという心の緊張を大切にする心である。舞台で連日上演されるような他の芸能の場合においても、そのセリフや演技は決まったものではなく、微妙に違ったりしている。それは同じ映像が反復して上映される映画についても、言えるように思う。つまりフィルムの映像は同じであっても、それを見るときの自分の想いというのは、その都度変わっている。そこでもたらされる心の動きは、微妙に、あるいは大きく違っている。

分析場面でのやりとりというのも、同じ場所で、同じようなテーマについて話し合っているようにみえて、実はその都度違っているもので、二人の内面の動きは異なっている。分析者に喚起される連想や、そこでの物想いというのは流動的である。そのどこをつかむかという意識は同じではない。面接中のある一瞬に、相手と心が触れたという〈ひらめき〉の体験があれば、そこから深い信頼や安心感が生まれるということもある。たかが一瞬、されど一瞬である。

異化された空間と時間——日常性からの離脱[5]

「異化」というのは、ふだん見慣れたものによそよそしさを与えることによって、異様なものとして際立させ、その内容をいっそうよく感じ取れるようにさせる芸術表現の方法である。これは演劇において、ブレヒトによって提唱され、現代演劇の大きな流れとなっている。そこでは各場面が細かく断片化されたり、それらを（芸術的

5　異化については、『芸に学ぶ』一八〇頁と『芸論からみた』一二三頁に詳しい。

に）つなぐことによって、そこに新しい意味をもたせようとする。また観客の関心をひくように意外性や異様感を与えたり、言葉や場面を反復したり、長引かせたりするなどの工夫もなされている。

これは文芸の領域においても、ロシアのフォルマリズムのシクロフスキーらによって、言葉やイメージをあらためて意識に深く刻み込ませるように文体が工夫された小説の方法として知られている。それは自明のこととされている固定化された古い記憶や先入観、さらに自分についての偏った――硬化した――認識から自由に解放させることをねらったものである。

分析室というのは、そのものが日常から切り離された空間である。分析者の言葉遣いも、日常とは少し違った口調になったりしていることもある。そこで一定の時間、あらためて自分の内面に直面させられることになる。そこにおいては自由連想という特異な発話をすること、それに分析者の介入も加わって、ふだんは当然のこととして気がつかないで見過ごしていた自分の認識の仕方や、考え方、感情、態度、また性格などが細かく取り上げられる。すると自分としてはふつうに馴染んでいたものが異物として感じられるようになる。自らの一部が、疎遠なものに転身させられると言ってもいい。精神分析での「直面」や「明確化」という技法は、自分の内面をいろいろな――意外な――角度から細かく見つめ直すように仕向けられるわけで、そこに異化効果が生じてくるといえよう。

これは精神分析の自由連想法に限らず、ふつうの面接や、他の認知行動療法、イメージ療法、ゲシュタルト療法、心理劇などでも、大なり小なり自己を異化させる機能が組み込まれているもので、心理面接の特質ともいえるものである。

関係の成立――相互参加による展開

寺山修司は述べている[6]――「私たちはどんな場合でも、劇を半分しか作ることができない。あとの半分は観客がつくるのだ」。芸能では、観客の気分が乗ってくる熱気を感じることによって、役者の側の調子も高まってきて、いい芝居や演奏ができる。観客や監督の存在（目）があればこそ、表現する側にも熱がこもってくる。いい舞台というのは、観客の熱気や拍手や掛け声がつくってくれる[7]。

精神分析は、相手と分析者との間の治療同盟の上に成り立つものである。そこにある程度の信頼関係ができてくると、ラポールが生じてくる。するとしだいに自分から積極的に心を開いて、自分の心情が吐露されてくる。これは相手が、面接へ「参加」してきたしるしである。そのためには、分析者は、相手に安心感がもてるような雰囲気をつくり、相手の話を傾聴し、受容し、自分の心を開いておく必要がある。分析の場は、このような二人の参加――協力――があってこそ、その後の展開が期待できる。

やがて、さらに「転移」がつのってくると、相手の無意識的空想が分析者に投影されてくる。そこに退行的な転移神経症が形成されるようになると、それを通して、治療関係が深まってくる。

6　『寺山修司演劇論集』国文社、三三頁、一九九二。

7　「観客は役者のセリフに深い影響を及ぼす」「演劇とは観客すなわち、そのドラマを見る側が表現するためにある」。森岡正芳「観客論」『心理療法とドラマツルギー』吉田圭吾他、星和書店、一三〇頁、一九九三。

今日では、はじめから面接に参加しにくい、通じ合えない相手も増えてきている。境界性やシゾイドなどの人格障害、精神病的状態、青年期の行為障害、またある種の心身症などである。参加できないのは、そこに何らかの不安や葛藤が抵抗として働いているからであろう。そのさいには、そこにある不安を取り上げて解釈することもあるが、相手の自我状態によっては、時間をかけて、さらに暖かく見守り、包み込むような態度で待つこともある。孵化させるといった感じである。そこでは非言語的な要因が大きく作用してくるものなので、分析者の安定したまなざしによる、安心できる雰囲気で支えることが必要となる。

一時的・部分的退行――二次過程より一次過程へ

芸能や芸術においては、その創作や演技に没頭していると、ある独特な無心ともいえるような心境にふみ入ることになる。それはクリスが、自我の「一時的・部分的退行」と名づけたもので、そこでは意識レベルでの現実的、合理的な知的思考（二次過程）がうすらいで、意識下の前意識－無意識過程（一次過程）が優位となってくる。[8]それは創造的退行とも呼ばれているもので、そこでは過去の記憶や感情もよみがえりやすくなる。また理屈を超えた、日頃は気がつかないようなひらめきや、連想も生じやすい。直感が冴えてくることもある（五五頁の図28、また一四七頁の図65参照）。

分析場面においては、相手とともに分析者の側も、軽い程度ながら一時的な退行がみられる。そうした相互の心が交錯して面接の流れができてくると――呼吸《いき》が合って

8　クリスの部分的退行については『芸論よりみた』二四―三二頁参照。

くると――お互いにさまざまなイメージが湧きやすく、直観的に新しい思いつきが浮かんできやすくなる。これは面接が終わってその場を離れたあと――ときにはかなり後――になって余韻みたいな形で尾を引いて生じてくることもあるが、そうした思いつきというものも大切である。

寝椅子による自由連想法の場面設定というのは、こうした治療的退行を促進させるねらいがある。これは椅子を用いた対面法の場合でも、とくにそれを意図していない他の心理面接においても、大なり小なり現実より一歩引いた退行はみられているものといえよう。そこから、ふだんは気づかないでいる思いつきや、深い感情も出現しやすくなる。退行状態というのは、ふだん見失われている人の心を活性化させる働きをもっている。

カタルシス――心の浄化・発散・気晴らし

芸能において浄化作用（カタルシス）の効果がみられることは、アリストテレス以来よく知られている。われわれが芸能によって感動が湧いてくる場合には、そこにさまざまな感情の解放が生じている。情愛的、あるいは攻撃的な感情が――直接または間接的に――発散されるというだけでなく、それがたとえ苦痛をともなうような悲劇であっても、辛さや悲しみの感情にひたることによって、心が洗われるという効果はある。カタルシスによって心の風通しがよくなることで、そこに新たな自分が生まれ、新たな境地が開けてきたりする。

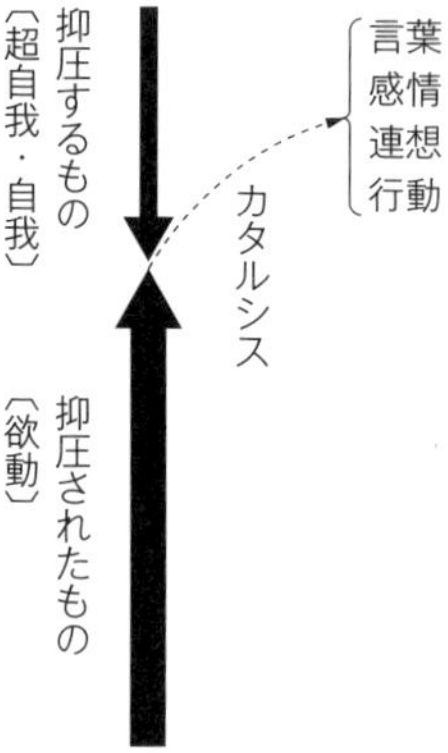

図58　カタルシス

フロイトが、かつて催眠の「浄化法」から自由連想法を発展させたことは衆知のことであるが、分析場面で、自分についてあれこれと語るという行為そのものに、大なり小なり、カタルシス的な作用が働いている。とくに、辛くて苦痛な（外傷的）体験の記憶や、罪悪感が感情とともに言葉で発散され、それが二人の間で受容されることは、治療的に大きな意義がある（図58）。

取り入れ――同一化による「あやかり」

芸能の舞台やスクリーン、文学作品という美的な幻想空間においては、観客や読者はその劇中の登場人物と同一化することが少なくない（自己愛的同一化）。そうした（理想の）人物と同一化することによって、人は自分の欲望を満たしたり、自己愛的な満足を得たりする（図59）。

精神分析において、とくに治療の後期には、相手はしばしば分析者を通して、その自我の健康部分を取り入れることが多い。これが意識的なものであれば、たんなる真似である。そこには自己防衛として生じてくる疑似同一化というものもあるので注意を要する。

分析者の健康部分を取り入れた無意識な同一化というのは、相手の自我の復元と刷新につながる。人格の再構成に大きく役立つといってもいい。土居は「甘えの感情が起きている場合に、同一化の機制が働いている」とも述べている。[9] とくに今日よくみられる人格障害などでは、解釈の言葉による気づきよりも、分析場面で、安心できる分析者とともにいることが、自分の存在が認められていることとして感じられたり、かつて得ようとして得られなかった両親の愛情を取り入れる満足の場となっていることもしばしばである。そこから相手は、甘え直しができる機会が与えられたり、生き直しの新しい道へと進む力を得ることもできる。これをコフートふうに言うと、自己と自己対象——自我理想——との関わりを通して部分的に同一化し、内在化すること

9　土居健郎「『自分と甘えの精神病理』再読」精神神経学雑誌、一〇七巻四号、三〇一頁、二〇〇五。

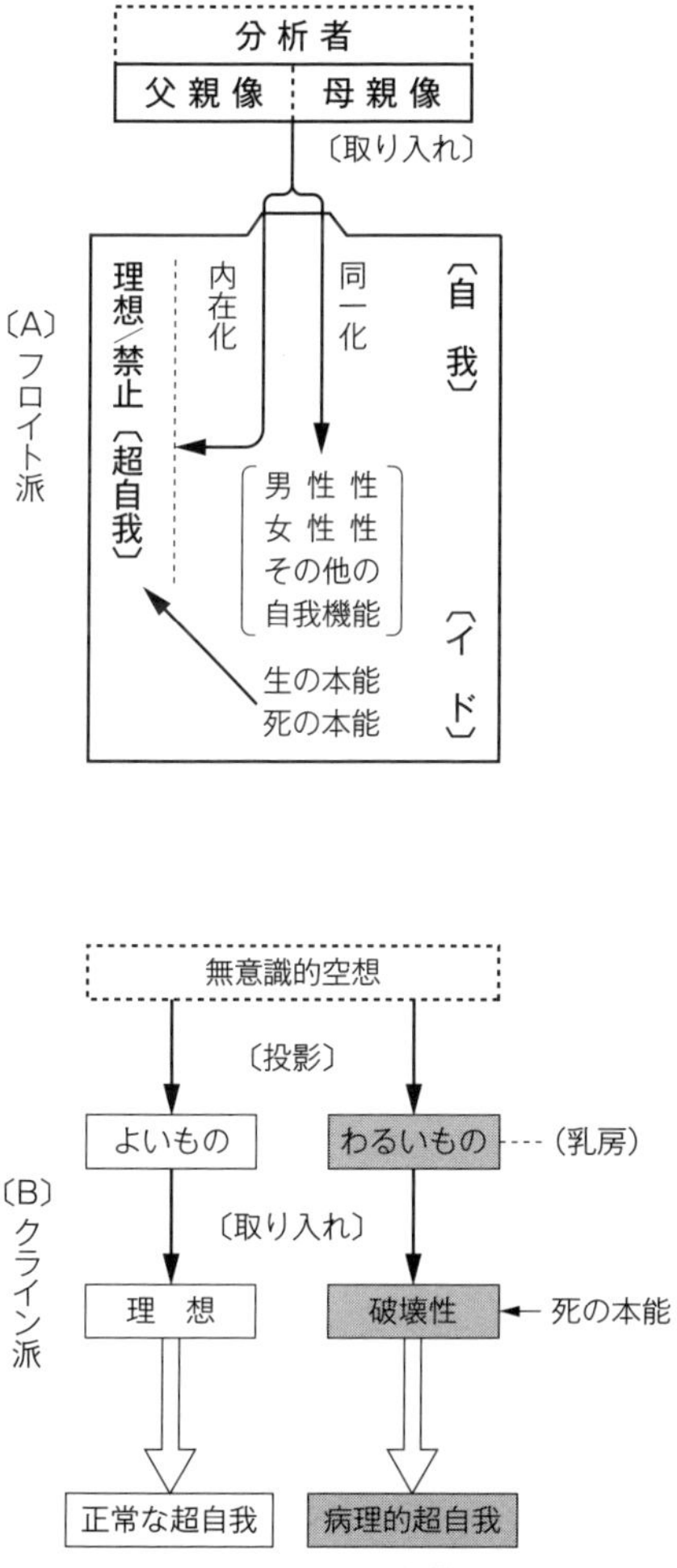

図59　取り入れと内在化

によって、新しい自己感覚が育つという「変容性内在化」が生じるといえよう。

精神分析を学ぶ者は、師匠を形の上で真似るだけではダメで、師匠の心――感覚や境地――を学ぶことが必要であろう。

投影同一化――感情移入・共感・同感

フランスの評論家メッツは述べている。[10] 映画館の館内には二本の光の束が流れている。その一本は映写機からスクリーンに投射されるもので、もう一本は、逆にスクリーンから発して観客に取り込まれる光の束である。「私が映画を見ているというとき、この二つの逆方向の光の流れの奇妙な混じり合いを頭に入れている。すなわち映画《フィルム》は、私が受けとるものであると同時に、私が始動させるものでもある」。

観客は、作品やその登場人物に感情移入することで、スクリーンに自己の一部を投射し、それに同一化する。そこで観客はさまざまな連想や、その場面から離れたさまざまな物想いが喚起され、それらを通して映画を「観ている」ことになる。したがって、「映画を作っているのは私だ」ということもできよう。これは映画だけではなく、芸能の舞台を見ている場合には、たえずこの二本の光の束は、健康な投影‐同一化による「感情移入」として行き来しているものといえよう（図60）。その相互作用の中に、芸能の逸楽がある。

今日の二者心理学では、二人の間に生じる「投影同一化」が注目されているが、その考え方は、人によって多少違っているようである。以前は、相手が自分で抱えきれ

10　メッツ『映画と精神分析』鹿島茂訳、白水社、一〇五頁、一九八一。『芸論からみた』三九頁参照。

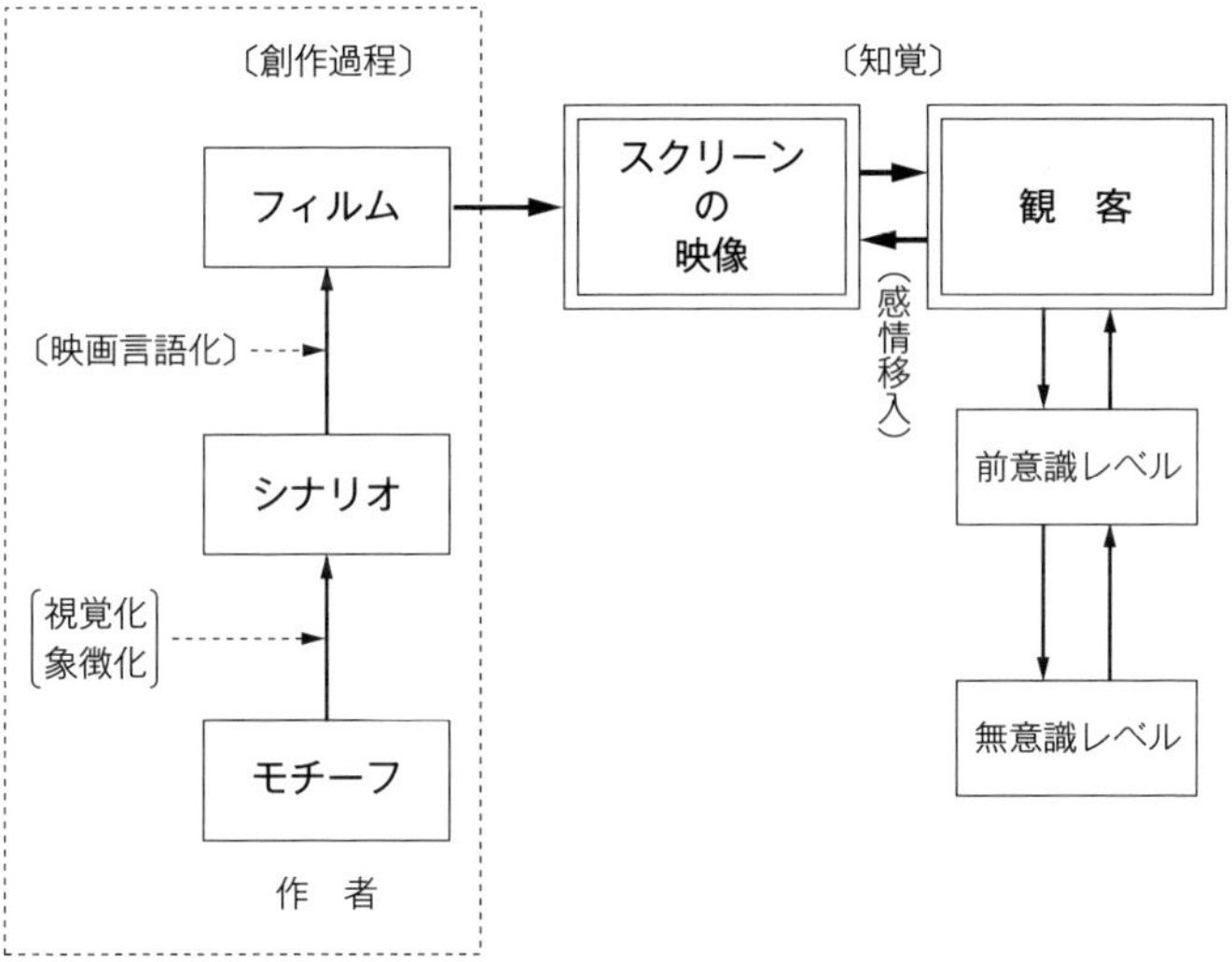

図60　映画のメカニズム

（前田重治『原光景へ』白地社，235頁，1995の修正）

◆映画言語

内容――筋書きと演技（人物の性格表現）

形式――レンズの焦点深度や露出，構図，照明，色彩

　　　　カメラの移動，ショット（場面），シークエンス（局面）

　　　　モンタージュ（編集），それに音声，音楽，音響効果など

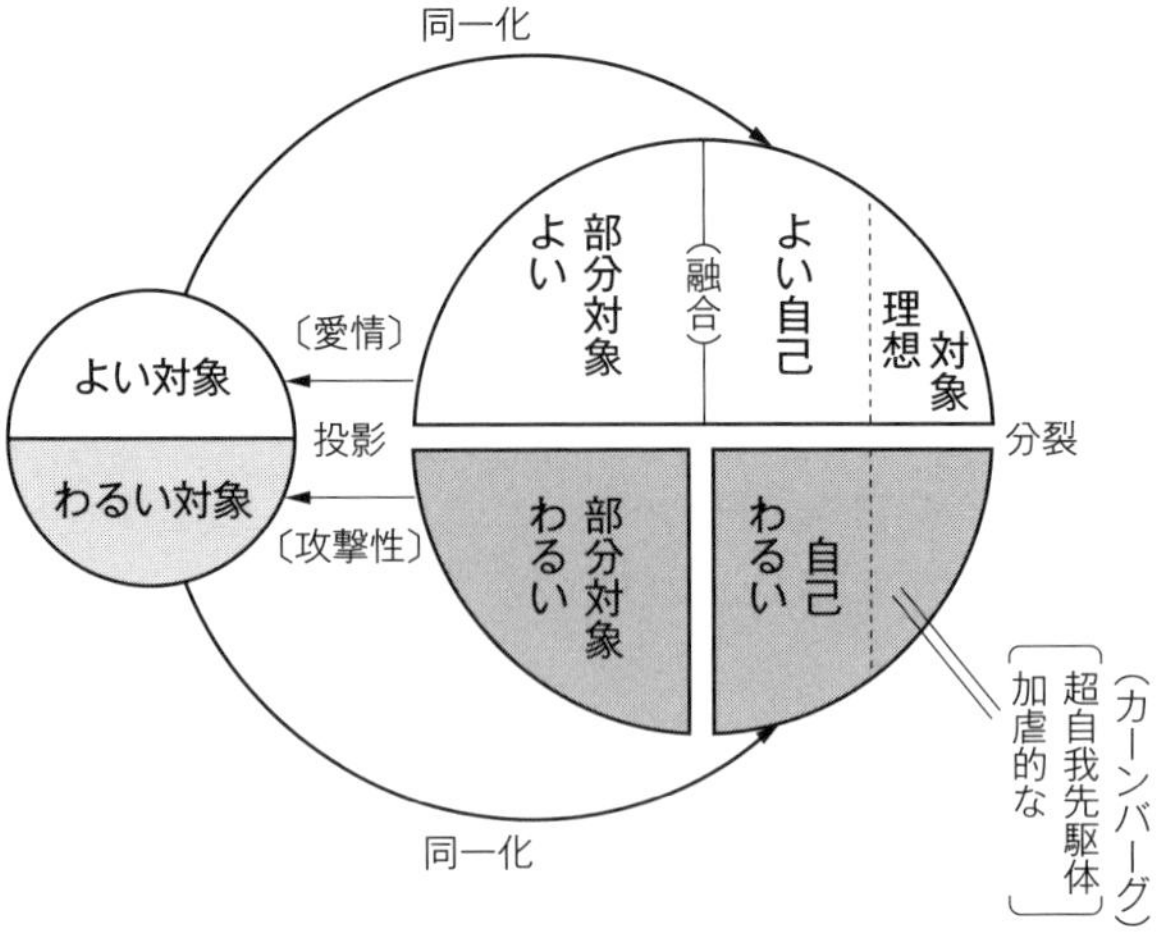

図61　投影同一化

ない無意識的な「わるい」攻撃的な側面を分析者に投げ出して、恐れ、怒り、不信などの迫害不安として感じることが多いとされていた。今日では、さらに広く「よい」愛情的側面も投げ込まれるものと考えられている。さらにビオンのいう原初的なコミュニケーションとしての正常な投影同一化というのは、対象との間の「共感」関係の特殊な形としてみることもできる。とくに精神分析においては、二人の間で交錯するこれらの感情の動きに注目し、分析者はそこで自分の中に投げ込まれてくるさまざまな感情をとおして、「物想い」を喚起させられたり、相手の無意識的空想の動きを察知してゆくことができる（図61）。

　また一方、今日では分析者の「逆

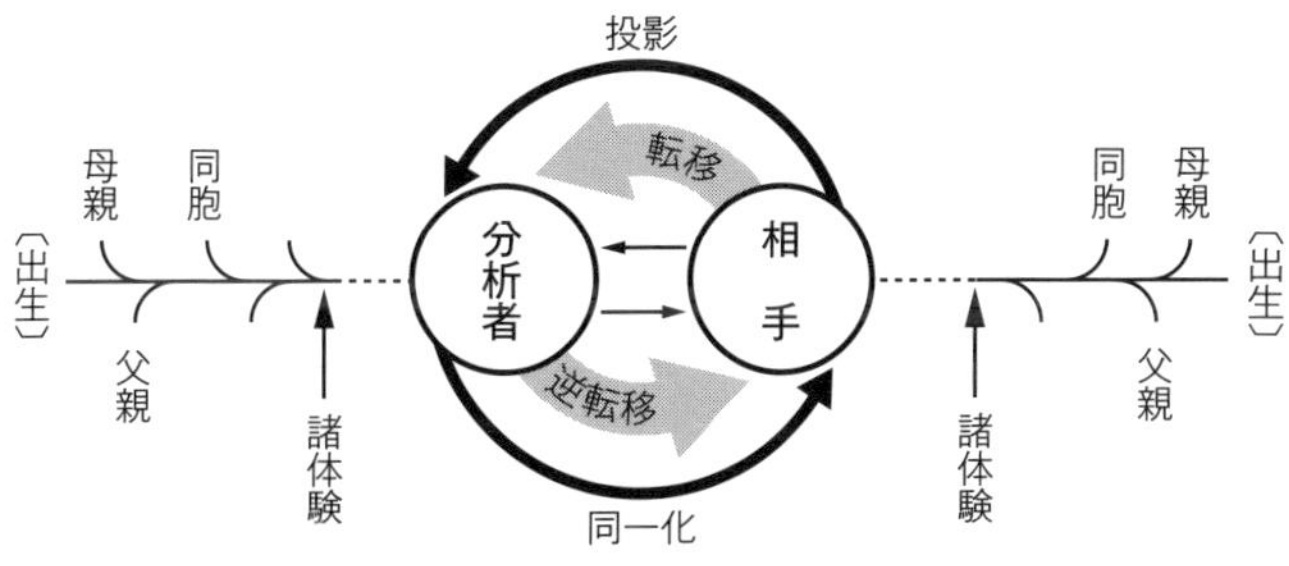

図62　転移－逆転移と投影同一化

転移」についても、相手の言葉や非言語的な反応によって分析者の中に生じてくる心の状態という広い積極的な意味で用いられることが多い（正常な逆転移）（図62）。

心的現実——虚実皮膜《ひにく》の間[11]

近松門左衛門は、「芸といふものは、実と虚との皮膜の間にある」と語っている。[12] これは事実と虚構（嘘）のすれすれの境目（境界）のところに芸能の楽しみや感動があるという。いいかえると、「虚」（嘘）によってこそ、人間や人生のさまざまな事実について、さらに真実に迫ることができるということでもある（図63）。

フロイトが、相手の語っている話が事実か嘘かは問わないで、つねに「真偽が入れ混じったもの」として考え、心的現実という概念を打ち出したことの意義は大きい。[13] 相手は、なぜ、今、そこでそういう思いつきを喋っているのか。そのとき、なぜ、面接者の側にそういうイメージや想いが浮かんできたの

11　「虚実皮膜の間」については、『芸論からみた』一四〇頁に詳しい。

12　近松門左衛門からの聞き書きを集めた穂積以貫『難波土産』。亀井勝一郎・臼井吉見編『芸術論ノート』文藝春秋、二五〇頁、一九六七。

13　フロイト『精神分析入門・下』丸井清泰訳、日本教文社、一八六頁、一九五三。

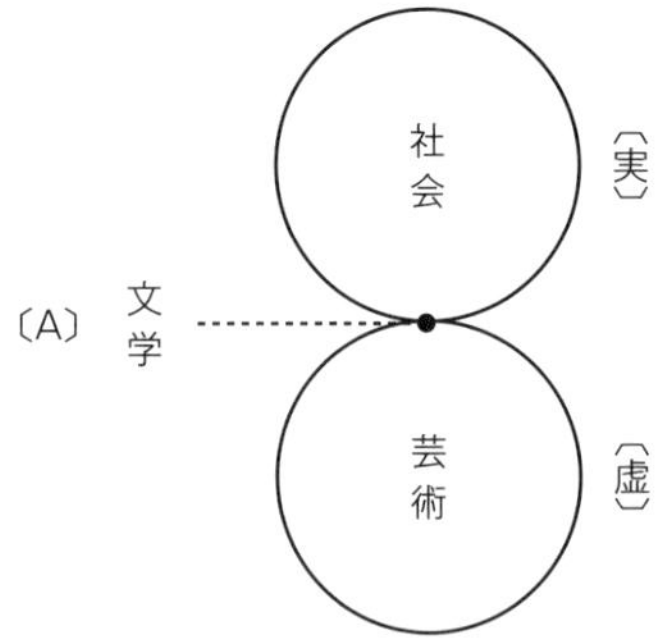

［A］「文学非芸術論」（高橋義孝，1977の図式化）

◆文学と諸芸術とは原理的に異なる。文学は芸術的であることはありえても，根本的には芸術ではない（「文学研究の諸問題」『高橋義孝著作集・上』人文書院，265頁，1977）。

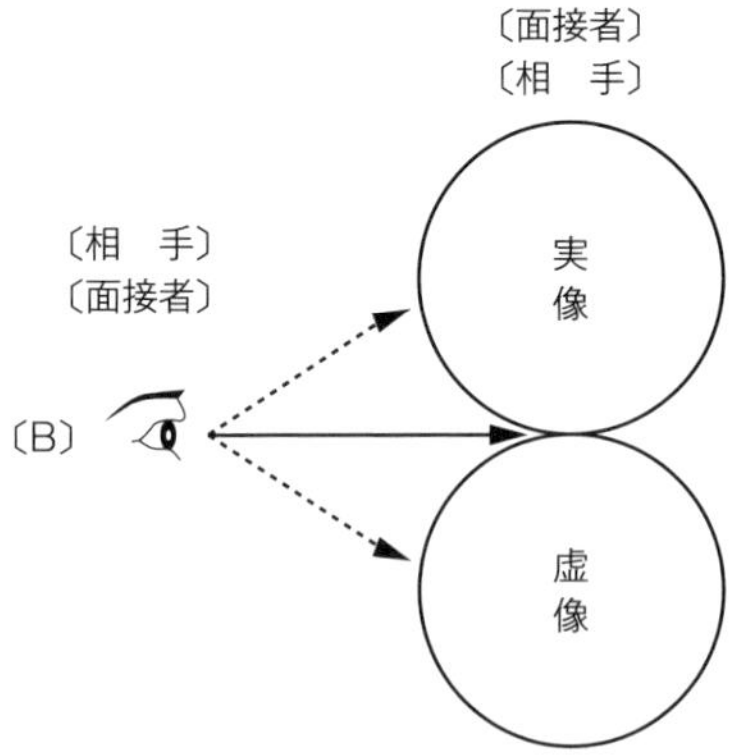

［B］臨床での虚像と実像

◆分析場面では，相互に相手の虚像と実像をみている。両者の中間に真実がある。

図63　虚実皮膜の間

か――それらに注目することで、相手の内面の動きを感じたり、知ったりする。

精神分析治療での中軸となる「転移」というのも、今日では広く投影同一化にもとづいているものとして考えられているが、これはまさに「虚実皮膜」を指しているといえよう。相手は、面接者という「実」の存在に対して、自分の無意識的空想にもとづく「虚」像を移し代えて反応してくる。しかし、そこで分析者にまったく「虚」像という幻だけを見ているわけでもなく、分析者の虚と実との両面が交錯して感じられている。したがって、分析者から母親的な暖かさや、理解されている感じをもって、安全感を実感として感じる。また過酷な超自我が、変化してゆくことにもなる（修正情動体験）。

一方、「実」である面接者から解釈が与えられることによって、自分の内なる虚像を転移していた事実について――錯覚について――気づきも生じてくる。そこには一種の退行状態が生じているわけで、そこから抑圧されていた過去の記憶や感情もいろいろと想起されてくる。そしてそれまで、気づかないままに自分を縛ってきていた過去の亡霊についての新しい気づきも深まってきて、自分の新たな物語を語り直してくるようになる。

参考までに、アイザックスの「無意識的空想論」を紹介しておこう（図64）。

心的空間――心のあそびの場

これは文芸についての現代の「受容理論」であるが、ドイツの文学研究者イーザー

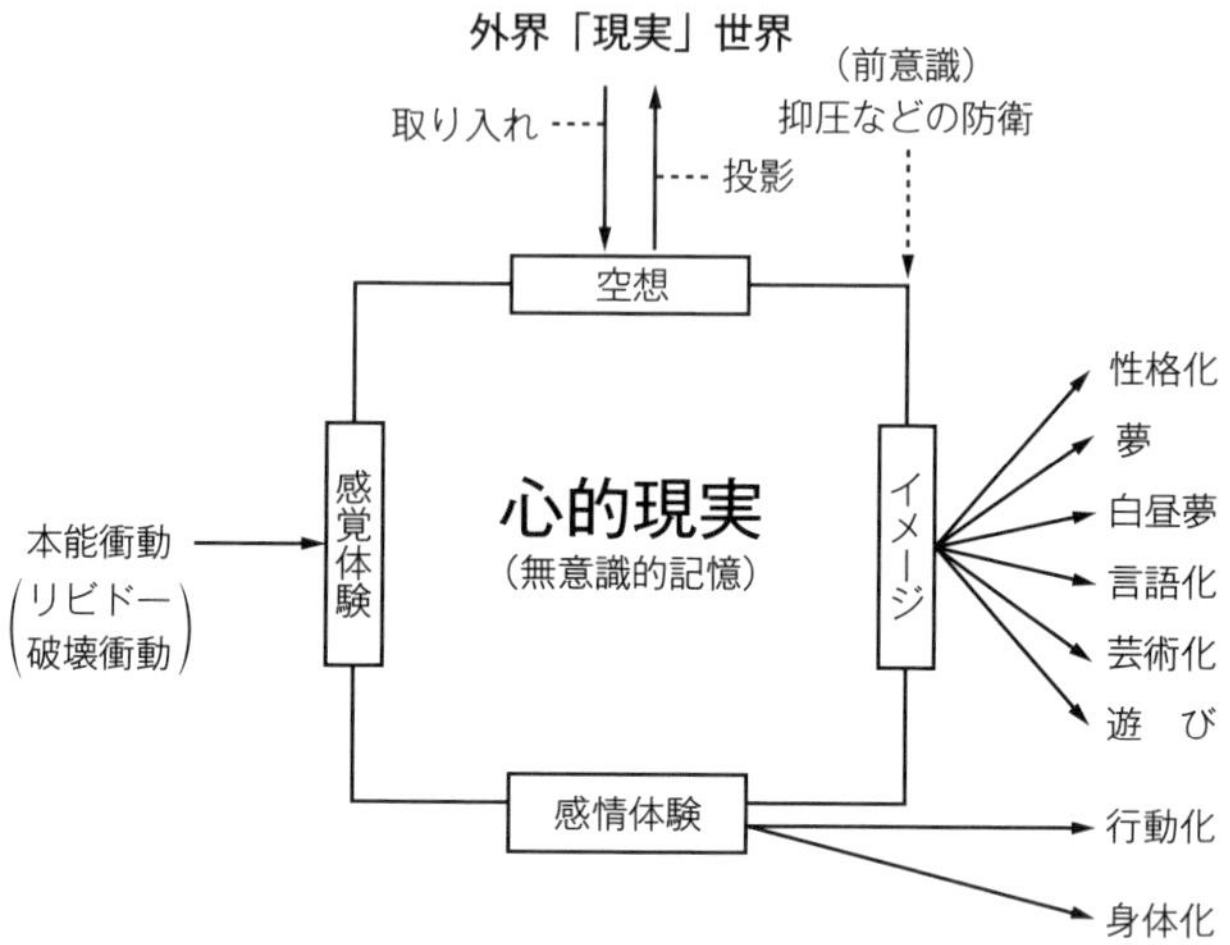

図64　アイザックスの無意識的空想（1948）の補足的図式化

◆クラインらは本能衝動（欲動）を前提としていた。「イメージ」の右側の展開は筆者がさらに追加したもの（「空想の性質と機能」『対象関係論の基礎』松木邦裕監訳，新曜社，101頁，2003）

は、文学作品には不確定な「空所」があるという。ここで筒井康隆の言葉を引用すれば、そこが「読者が想像力を働かせるべき場所」であり、「その空所こそが文学作品の、空所以外の部分のいろいろな断片を結びつける場所」であり、「わからない断片とわからない断片のつながりを見つけ出し、もしつながらなければもうちょっと先のほうまで読み進んで、いろいろ推測し、そして隠されたつながりを見つけ出して、その先を予測しながらまた読み進む。つまり全体から部分へ、部分から全体へのくり返しの運動といってもいい[14]」。

つまり、ストーリーとして筋道を立てるためには、あいまいな空所をどのように埋めるかということ、そこに作品と読者との共同作業が行われることによって、その文学作品の意味が組み立てられるというわけである。これはすでに土居先生が、面接で「ストーリを読む」ことの意義を述べてきていたことでもある。

芸術や芸能は、遊び心の上に成り立っている。「あそび」には、慰みや遊興という意味のほかに、「合い間」とか「余裕」「ゆとり」という意味もある。あそぶことは、自由に漂うということでもある。その遊びの場で、自分と重ねながら、さまざまな人生の想像物語を見たり、味わったりすることができる。ウィニコットのいう移行的な中間領域である。

エリクソンの言葉が思い出される[15]——「分析家は、患者が言語化するものを、分析家自身の生活の全般的方向についてそれまで知りえたことを光源にして眺めながら、同時に、患者の現在の状態や過去の葛藤が分析家自身の生活状況にどのようにはね返

14　筒井康隆『文学部唯野教授』岩波書店、一九三頁、一九九〇。

15　エリクソン『ライフサイクル、その完結』村瀬孝雄・近藤邦夫訳、一四〇頁、一九八九。

り、過去の段階に由来する感情やイメージをどのように呼び起こしているかにいつも気づいておれるような状態に自分を置いている」。

面接の場で、分析者と相手との二人の間に作り出されてくるそうした心的空間は、心理面接の基盤となる舞台となる[16]（図65）。これは前の「虚実」の問題にもつながるが、たとえそこで現実味の乏しい想像的、主観的な「虚」の話がとび交っているとしても、語られていること自体に意味があるわけで、この「心的事実」という「虚」（イメージ）を重視することの上に精神分析は成り立っているともいえよう。

その「心的空間」において、投影同一化によって相手と面接者の二人の記憶や感情がからみ合う。臨床の場で、そうした「内的体験」を持つことの意義は大きく、そこから二人の共同制作（合作）として、新しい物語がつむぎ出されてくることになる。いいかえると、相手は、そこにおいて自分の過去の偏った記憶が窯変し、新しく自分の物語を語り直す場が与えられることになる。自分なりに、それまでとは違った、生きていく上でもっと役に立つような方向をもった新たな人生物語をつむぎ出してくる。生きる支えを見出してくるといってもいい。これは自我の再構成とか再統合と呼んでもいいもので、そこで重要なのは、二人の関係の豊かな拡がりと深まりであろう。

最近、北山修さんは二人の関係の心的空間において、内容をもふくめた交錯について、興味深い図式を提出している[17]（図66）。

16　面接はしばしば演劇に譬えられる。「様々な劇を上演する劇場で人生を演じるわれわれの心には、演じられるべき脚本や筋書きがすでに幼児期に書きこまれていて、身についた一定の脚本や役割の反復上演などを性格として取り上げることができるのであろう」（北山修監修・妙木浩之編『日常臨床語辞典』誠信書房、一六六頁、二〇〇六）。

17　北山修『劇的な精神分析入門』みすず書房、一八一と二八七頁、二〇〇七。

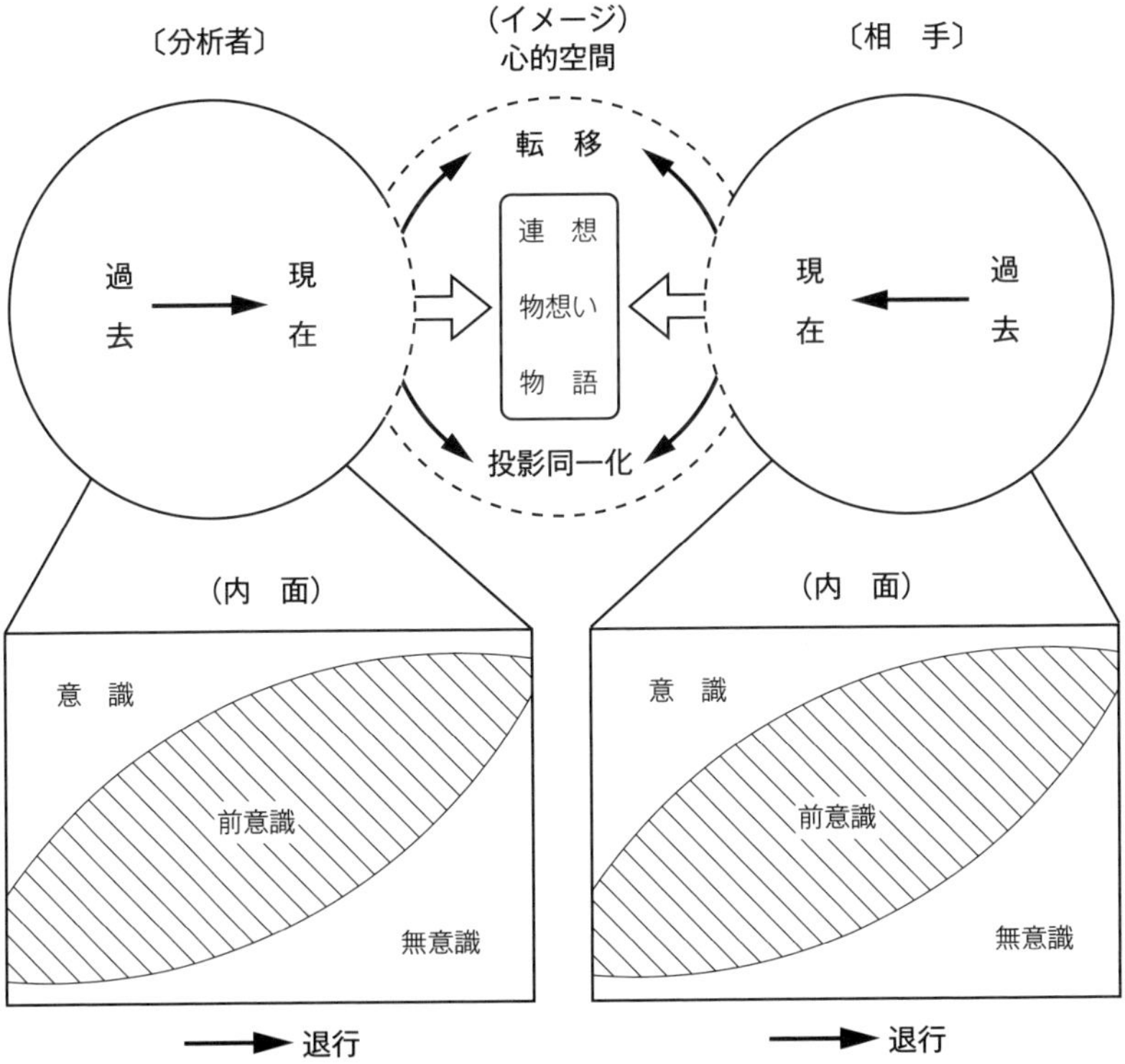

図65　心的空間――可能性空間

◆相手も分析者もともに内面には無意識を抱え込んでいる。それらが合成されて心的空間が形成される。22頁の図13と重ねてみると面白いと思われる。

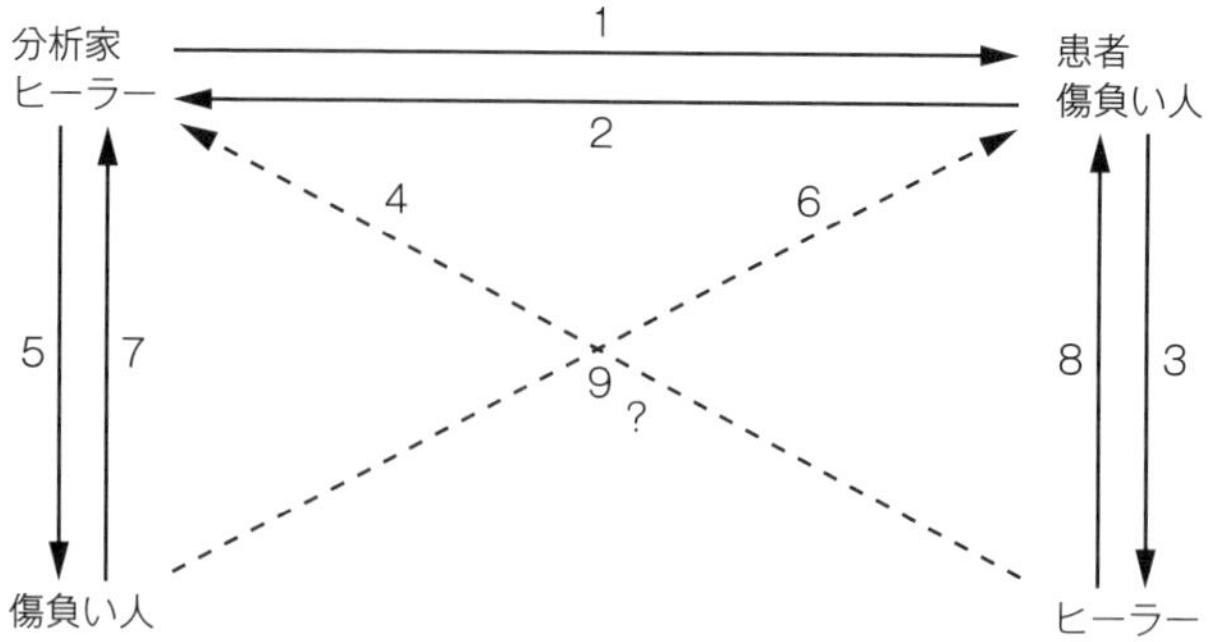

［A］傷を負った治療者と患者の相互関係

◆それぞれが投影同一化し，分析者が自らの傷を自覚するとき，患者は内なる無意識的ヒーラーと出会う。そのとき分析者の内なる傷つきが患者の中の治療者によって癒されるのか。

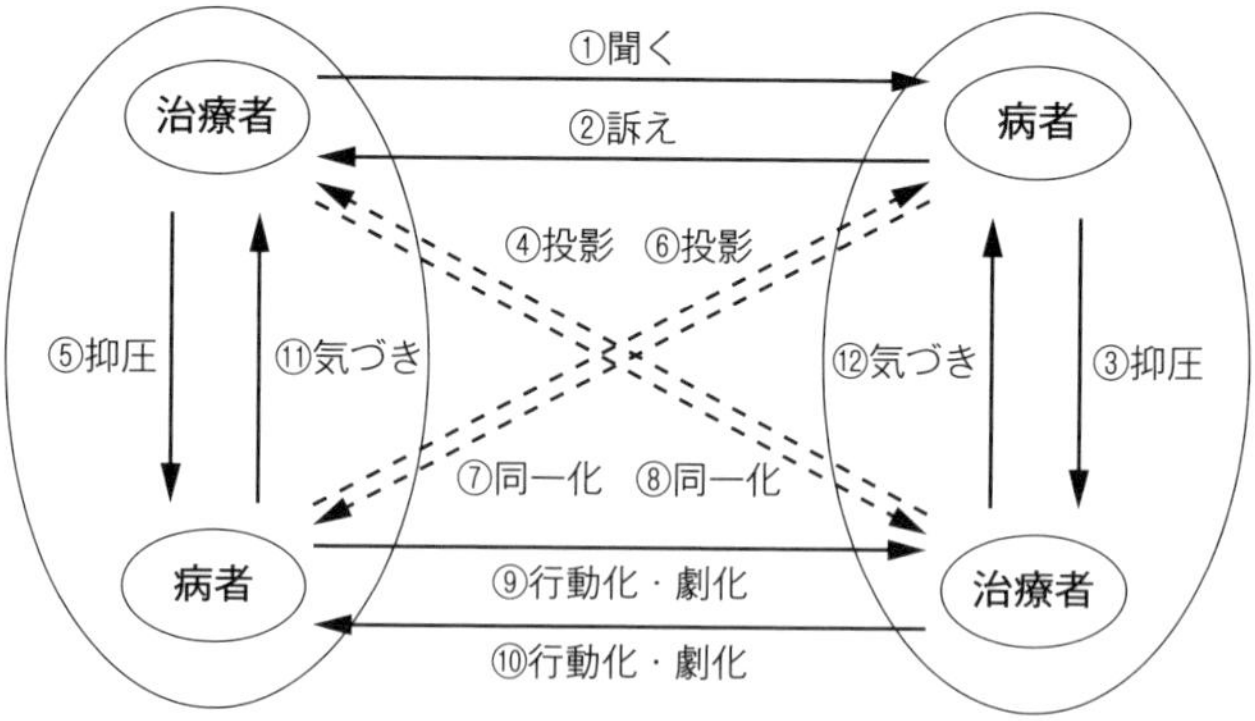

［B］上図が推敲されたもの

◆「復活するキリスト」や「夕鶴」などとからめて，精神分析での定番となっている物語の「起承転結」の分析が行われる。つまり問題が提起されたものを（起），分析者が受け止めて時には自らも病者となり（承），自己を治しながら（転），相手も治る（結）。詳細は著書へゆずる。

◆私の図13（22頁）が一者心理学的であったものが，ここで互いに交叉しているところに二者心理学の特徴がみられる。

（『劇的な精神分析入門』みすず書房，181頁および287頁，2007）

図66　北山修による治療者と患者の内的関係

自己発見――自己への気づき・自己観照

木下順二の言葉がある。[18]「発見したら、発見者自身が自分で自分を否定してしまわなければならないような発見、それがドラマにおける発見である」。エディプス物語において、「エディプスは、発見の結果、自分の肉眼を失ってしまったことで、いままでには見ることのできなかった次元、もう一つ高い次元の世界を見たに違いない」。

芸能者や芸術家は、日常的なとらわれを否定し去ることによって、純粋な目をもち、世界や自己を冷静にあるがままに見つめようとする。われわれは演劇や映画、あるいは文学などの作品に触れることによって、それまで見えていなかった古い自分から脱皮して、別の自分や世界が新たに見通せるようになる体験をもつことができる。これを「自己観照」とか「明視」と呼んでもいい。

これはかつてフロイトが、「イドのあるところに自我を置く」といっていた無意識の意識化を指していた「洞察」にも通じる。自分の無意識であった部分に気づくことを「自己洞察」というと、自己全体についての見通しができるようになったという感じがして大げさな気がする。臨床的には、それは部分的なものでもいいわけで、「ああ、そうだったのか」と、何か少しでも新しいものに気がついて、自己への新しい視野がひろがればいい。その程度や範囲は、分析の期間や、相手の分析可能性によって違っているとしても、自己への何らかの新しい気づきが生じることで、自我が変化してくる。そこから先の「物語の語り直し」という体験も起きてくるものといえよう。

18 木下順二「見るということ」『図書』三三五号、岩波書店、二〇頁、一九七七。

しかし精神分析に終わりはないわけで、自分の人格全体とか、症状や不適応の力動についての全体をすべて洞察するというのはムリなことである[19]。臨床的には、ある外傷的記憶とか、ある対人的態度、両親への偏った認識というような部分的な気づきのことが多い。ときには言葉にできるほどの明確な認識でなくて、「感じ」のレベルであることもある。できるだけそれを言葉に移すことが分析の仕事でもあるのだが、自己肯定的な気分のレベルでとどまっていることもある。自分の対人関係の障害になっていた自分の片よった色メガネについて、その一部でも感じたり、気づいたりできるようになれば、その小さな変化が、生活での他の側面へも拡がってゆくことも多い。

とはいっても、これは自我の歪みが比較的軽い相手の場合であって、精神病レベルや、重症の人格障害などの基底欠損のある場合などにおいては、ときに洞察めいた言葉が語られたり、ある程度は自己破壊的な部分が変化して、社会的に適応した生活もできるようにはなるが、それで終わりにならないことも多い。継続したコンテイニングが必要である。

分析者の訓練分析においては、古い抑圧がある程度まで解消され、その後自己分析ができるような体制になれば、一応は終了となる。しかしこれもそれで分析は終わりになるものではない。精神分析に——自己洞察に——終わりはないので、あとは臨床の場や、日々の生活の中で、それをどのように深めて拡げてゆくかは、本人次第である。その点は、芸の道に終わりはないと言われていることと同様であろう。分析者は、己が無意識を認識できる範囲でしか、相手の心も読み取ることができない。

19　分析を終える条件としてフロイトは一応症状が良くなり、症状が将来起こらない程度にまで抑圧されていたものが意識化された場合としている（「終わりある分析と終わりなき分析」『精神分析療法』小此木啓吾訳、日本教文社、二四三頁、一九六九）。

7章　精神分析の技能――芸論に学ぶ（2）

前章につづいて、本章では芸論になぞらえながら、精神分析の技能《わざ》の側面について一〇項目を考えてみよう。

技能の体得――学びの道

習練によって精神分析の技術が身につき、自分なりの「型《スタイル》」ができあがったものを技能《わざ》と呼ぶとすれば、それには年期をかけた修業が必要となる。芸能の場合は、ひたすら師匠の真似をしながら技能を取り入れて、その「型」を体で覚え込むことが基本となる。

その点、精神分析の学習においては、まずはじめに基本となる治療理論を言葉をとおして論理的に習得するという点で、芸能とは異なっている。しかし読書や講義という知的レベルの学習だけで腕が上がるわけでもなく、臨床の場で数多くのケースに当たって経験を積むことが必要である点では同じといえよう。その間に指導者から、個人的にせよ集団的にせよ、指導（スーパーヴィジョン）を受けることで、わざを習うことは欠かせない。そのさい、その技術を習うのはもちろんのこととして、指導者の人柄から薫陶を受けることも少なくない（同一化）。その点でやはり両者は似たところがある。

能の名人といわれていた喜多六平太は、厳しいことを語っている。[1]「諺に、鬼に金棒という言葉がある。芸に例えれば、鬼は即ち業《わざ》、金棒は理ということが言える。鬼即ち業だけなら、充分ではなくても、それ相当の働きはできる。しかし金棒即ち理だけでは、どうにも、ものにならない。……だいぶ最近は、金棒だけが歩いているようなのを見受けることが多くなった。あぶなくてしょうがない」。

治療理論や技法の型を、ただ知的に、言葉によって学ぶだけでは、決してものにならないことは、私のかつての体験からも明らかである。

1　一四世 喜多六平太は明治―昭和の能役者。『六平太芸談』竹頭社、一一七頁、一九九五。

師弟関係――芸は盗むもの

芸能の世界では、芸《わざ》は教わるものではなくて、盗むものだと言われている。盗むというのは、積極的に見習うことである。そして、くり返し修め行うことによって、自分の身につける。私の場合、初心のころ以来、フロイト派の技術が身についていたので、その後の新しい潮流を取り入れるのには、やや手間がかかった。しかし、長年の臨床経験から相手との関わりの基本は身についていたので、二者心理学が生まれてくる理由はよく理解できたし、それまでの自分の技術にその知識を有効に取り入れて生かす工夫ができたように思われる。それはそれまで、自分が「精神分析応用論」として用いていたものにも近かったわけで、面接での二人の関係の持ち方について積極的に配慮し、解釈の仕方を工夫することだった。

精神分析だけでなく、一般の心理療法の領域でも、今日、いろいろな技法が花盛りである。若い人は、それらの中から自分にもっともピッタリくる理論と技法の基本となる本格的な「型」を真似して（追試して）身につけるといい。そのいずれかを選ぶためには、まず一通りは各学派の技法を、知識として学ぶことが前提となる。そのさい、フロイトの主要な論文は精神分析の基礎となるものなので、ぜひ学んでほしいと思う。その上で、自分の好きな学派を選ぶといい。そして同じ流派（立場）の先輩の指導を受けながら、その技法のコツを盗むといいであろう。そこに、先輩との相性というものも無視できない。

守・破・離[2]——型より入って、型より出る

師匠（テキスト）の真似をして、先輩の教えを取り入れるにしても、ゆくゆくは自分なりの、個性に合ったやり方に落ちついてゆくのは、芸能も心理療法も似たところがある。

「守」とは、師匠から教えられたことを守るという修得の段階であり、「破」はそれを壊してさらに展開し、新しく工夫してゆく段階である。そして自由になったところで、なおその芸の基本や道筋をはずれていないのが「離」である。「離」は、「守」と形は似ていても、臨床場面でどんな相手にも臨機応変に柔軟に対応できるという点で、はじめの「守」とは違っている。

2　表千家の茶人川上不白。西山松之助『芸の世界』講談社、二一七頁、一九八〇。

表17 「破」の時代

「守」（一者心理学）	フロイト							
	生物主義的欲動論—個体主義 中立性—解釈—「エスあるところに自我あらしめる」							欲動の断念
	ハルトマン A・フロイト	ウィニコット	フェアバーン	クライン	ビオン	コフート	ストロロウ	フロム＝ライヒマン サリヴァン ホーナイ
↓	葛藤外の自我 自我防衛	存在しない 一人の赤ん坊など	対象希求	無意識的空想	前概念	自己愛と鏡映 母子共感不全	間主観性	文化的 社会的 環境
「破」の時代（二者心理学）	葛藤の解釈 抵抗分析	解釈 抱え環境	攻撃性—迫害不安	解釈	リンキング コンテイニング	代理内省 共感	主観的世界の相互作用	対人関係の分析
↓	自我の自律性 （記憶の想起）	遊ぶこと	抑うつ（全体対象）	罪悪感の償い	考えること	変容的内在化 健康な自己愛	主観的世界の変形	（対人関係の修正） 社会的適応
		関係基盤（ミッチェル）						

今日は、フロイトの精神分析の「破」の時代である（表17）。そしてそれぞれの学派について学んだあとは、自分なりに「離」の世界を創り出してゆくことが求められている。

精神分析は、原法を自分の臨床の場に合うように工夫してこそ、「わざ」となる。工夫というのは、古義によれば、いい技術をあれこれと考えるというだけでなく、その精神を磨くという深い意味もふくまれているという。形だけを盗んでも役に立たない。

無心——無注意の注意・忘我の境地

フロイトによれば、精神分析の自由連想法のコツは、「自由に漂う注意」のもとで、ぼんやりと聴いていることであるという。[3] 私はこれを「無注意の注意」と呼んでいる。それは自律訓練法の基本となる受身的注意のこころでもあり、「さりげない注意」といってもいい。これは芸能において、「無心」に演じることが重視されることにも通じる。

相手を感動させようとか、上手にカッコよく演じようとか、とらわれている間は、本当に芸に乗り切れているとはいえない。臨床の場にのぞんでは、理論など忘れることである。ビオンのいう「記憶なく、欲望なく」のこころで、無心に耳を傾けることである。理論の特定のワクにしばられて質問したり、解釈したり、相手の言葉の表面だけにとらわれているうちは、相手の話がよく聴けていない。つまり、無意識の心が

3　フロイト「分析医に対する分析治療上の注意」『フロイト著作集9』人文書院、七九頁、一九八三。

読めなくなる。若い人で、スーパーヴァイザーを意識し過ぎるために、うまく乗れないでいる人もいる。

相手の語ることを、聞いているようで聞いていないような――漂いながら「ぼんやり」とやっていてうまくゆくためには、日頃からの習練がものをいう。またフロイトも述べているように、面接のあと一人になってから、そのセッションについて、理論的に十分に、縦から横から考えてみるという努力も欠かせない。

直観[4]――カンの働き

直観とは、知的で合理的な思考過程をとおらないで、対象の全体や本質を直接につかむという理屈ぬきの感覚や着想である。芸能では、このカン（勘）が大きくものをいう。これはある程度は資質によるものもあるが、所作（動作）の要領、コツ、手加減、呼吸、間《ま》のとり方など、筋《すじ》のいい人と悪い人とがいる。そこを精進努力して克服してゆくのが芸の道である。

精神分析において、相手のプライバシー（隠す権利）を尊重することも大切であるが、相手の内面の動きを察知するのに、理屈をこえてある程度はカンを働かせることが必要である。その直観が当たっているかどうかは、尋ねてみるとわかる。それが一致した場合には、心が通い合う。その内容よりも、分析者のひらめきが相手と通じ合った――先生はわかってくれた――ということの意義は大きい。それは先に述べた分析者の「一時的部分的退行」の能力にも関わるもので、面接者の自我の柔軟性が影

4　直観については『芸論からみた』一六〇―一七七頁に詳しい。

響してくる。直観というのは、意識して注意したり、力んで努力すると、かえって低下する。これは心のあそび――ゆとり――の状態のもとで冴えてくる。先の「自由に漂う注意」というのは、いくぶん退行した前意識的な働きのもとで出現しやすい（五五頁、図28参照）。

私は自由連想法中に前意識をうまく働かせるには、しばしば目を閉じて、心を空白にして、そこに浮かんでくるイメージをみるようにしてきた。対面法ではそうもいかないので、相手を見る視線の焦点をズラして、どこともなくぼんやりと相手を見ている。相手の眼や表情ばかりを見ていては、どうもイメージが拡がりにくい。これは人によって様々なやり方が工夫されているものであろう。

離見の見[5]――見所同心・自己モニタリングの目

世阿弥に、「離見の見」という有名な言葉がある。これは能を舞う者は、自分本位の我見を離れて、観客の目で自分を見ること（「見所《けんしょ》同心」）、さらに自分と観客の全体を心眼《イメージ》でもって見るようにという教えである。つまり美しく舞うためには、観客の目になって自分を見る「第二の眼」が必要であり、さらにその場全体を見通す――スーパーヴァイズする――「第三の眼」が要るということである。

山崎正和の言葉[6]――「演技の場所には、見せる人間と見せられる人間、さらに積極的に外から見る人間の三種類がかかはりあふのであって、じつは、この最後の見る人間こそが厳密な意味での〈観客〉である」。

5　世阿弥は室町前期の能役者・能作者。「花鏡」『日本古典文学全集51』表章校注・訳、小学館、三〇七頁、一九九一（以下、世阿弥の引用はすべて本書による）。「離見の見」については『芸に学ぶ』五二―五六頁に詳しい。

6　山崎正和『演技する精神』中央公論社、二二三頁、一九八三。

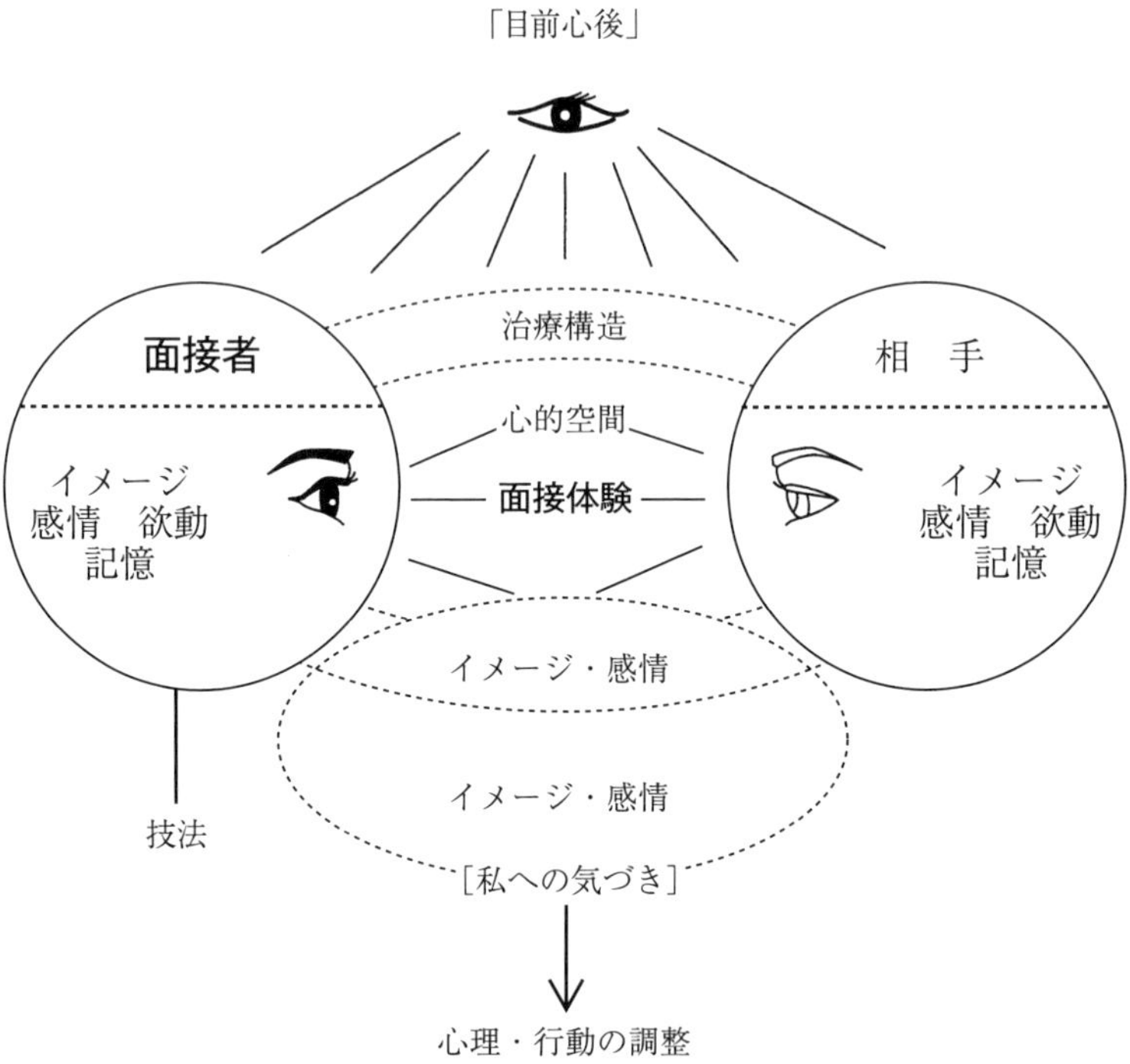

図67　世阿弥の「離見の見」と心的空間（1999）

◆こうして「私への気づき」から，二人の間に物語《ストーリー》（再構成）が作られてゆく

これはあらゆる芸能にも必要な心得であろうが、そのまま面接場面についても置き換えられる言葉であろう。相手を見、自分の内面を見、さらに上から二人の関係を見ることである（図67）。サリヴァンの有名な「関与しながらの観察」で、観察というのは、相手だけでなく、分析者自身の発言やふるまいなどのやり方を自己モニタリングすることも含まれている。そこに、相手の苦痛な体験や感情を受け入れて和らげるように変容させている分析者の「物想い」も生じてくる（一四七頁、図65参照）。

わざの矛盾――二律背反

芸能の極意を記した芸談には、しばしば二律背反の言葉が見られる。例えば、五世市川団十郎の「人の真似せず、人の真似する。乗らずに乗る」[7]、初世鶴沢道八の「浄瑠璃は語らずに語れ、三味線は弾かずに弾け」などの言葉がある。[8]これらは先の「関与しながらの観察」という言葉も同じである（図68）。

つまり、芸能のわざも面接のわざも、流動的で多彩な表現が要求されるものであり、このときにはこうするようにと、言葉で、直線的に、固定的に語れるものではない。ある時には真似し、ある時には真似しない、ある場面では調子に乗ってもいいが、いつも乗ってばかりではいけない。うまく弾こうとは思わずに、無心に弾け、相手の話に共感しつつ同時に相手についても、自分についても客観的に観察を怠るな、というような複雑で敏捷《びんしょう》な心の動きを教えるには、こうした矛盾した表現しかできないものであろう。

7　五世市川団十郎は江戸明和―寛政期の歌舞伎役者。諏訪春雄編著『芸能名言辞典』東京書籍、三八頁、一九九五。（以下の引用では『芸能名言辞典』と記す）

8　初世鶴沢道八は明治―昭和前期の三味線方。前出、『芸能名言辞典』一二八頁。

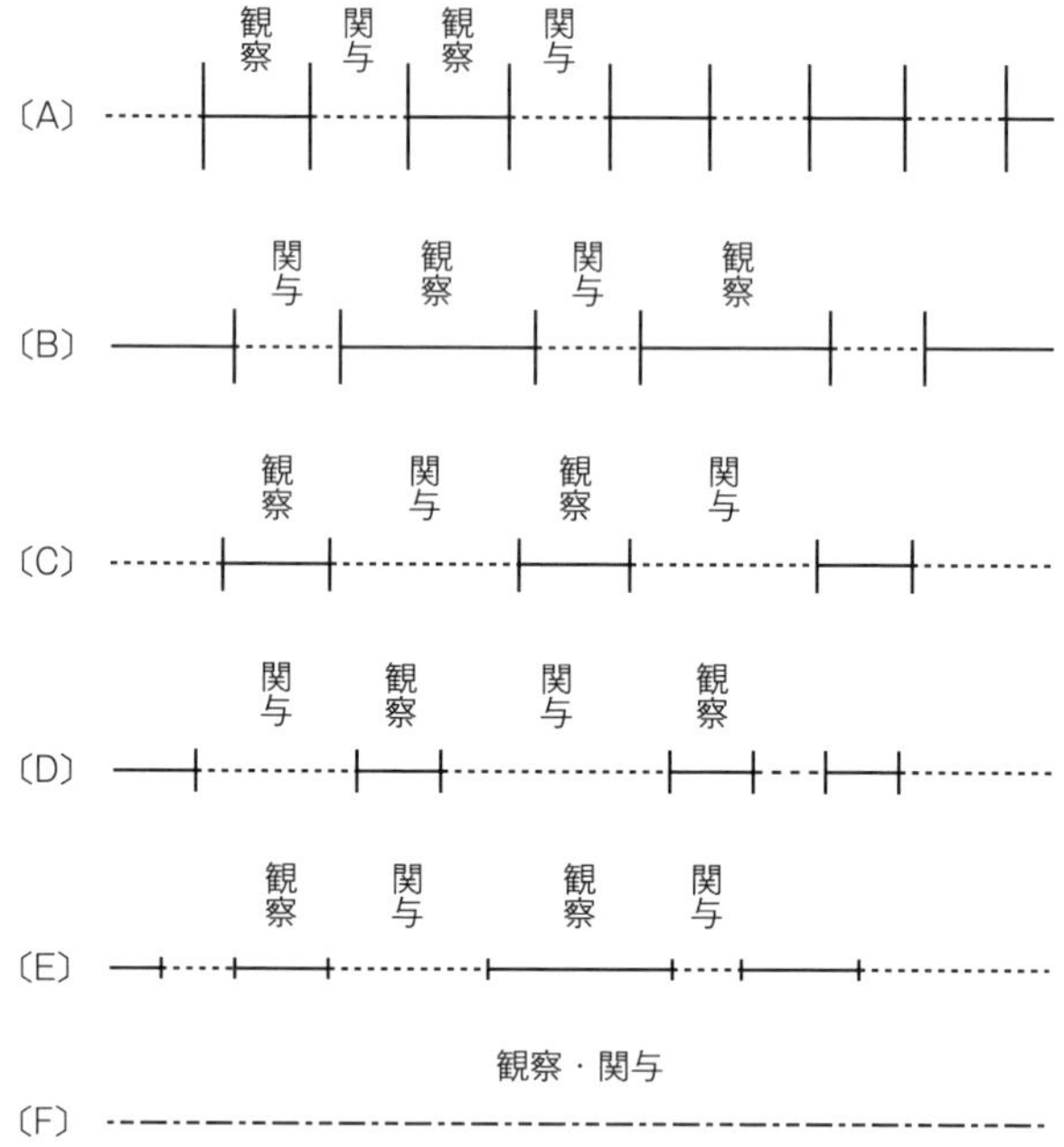

図68　サリヴァンの「関与しながらの観察」

◆最初は，関わりと観察とが継時的に行われるが，しだいに両者の区別があいまいになり，後には融合して観察即関与となる。

分析で相手の心を読むためには、相手の心の表と裏とを同時に見たり、感じたりできるようになる心の柔軟性——意識の動揺機能[9]——が必要である。本書では、あれこれの面接の要領を芸論の言葉を使って比喩的に述べているわけであるが、すべてそれは、その一つの側面を述べているにすぎないことはいうまでもない。教科書的に、直線的な言葉で何か一つのことを割り切って語ると、他の何かを見失うことになる。「ふくみ」ということは、豊かさや自由に通じる。

不易流行[10]——時代で変わるもの・変わらないもの

伝統芸能である能や歌舞伎でも、昔と現在とでは舞台の設定や台詞など、かなり修正されて変わってきているものらしい。

同じように精神分析においても、相手の病態や、分析の対象となる患者層というのは時代によって変わってきている。それにともなって、二者心理学が強調され、その対応の仕方も変わってきている。かつてのフロイトの中立性という原法のワクは、厳しかった。その点、今日のやり方は全体として柔軟に——優しく——なっている。そのさい、あまり柔軟すぎると、他の立場の技法の特徴との境目がはっきりしなくなり（臨床的には、それはそれでいいのだろうが）、面接者の立場やアイデンティティがあいまいになり、その道での技術の腕が磨きにくくなる。

このように時代の要請によって、対応や技術的な面がかなり変わることはあっても、精神分析で「無意識」の力動を考え、立場は違ってもその背後に人格の発達論が

9　意識の動揺機能（ベラック）とは、自我の注意を素早く精神内部から外界へと切り替えたり、外界から内界へと転換する能力。

10　芭蕉の言葉。弟子の向井去来は江戸中期の俳人。『去来抄』栗山理一校注・訳『日本古典文学全集51』小学館、四九〇頁、一九九一。

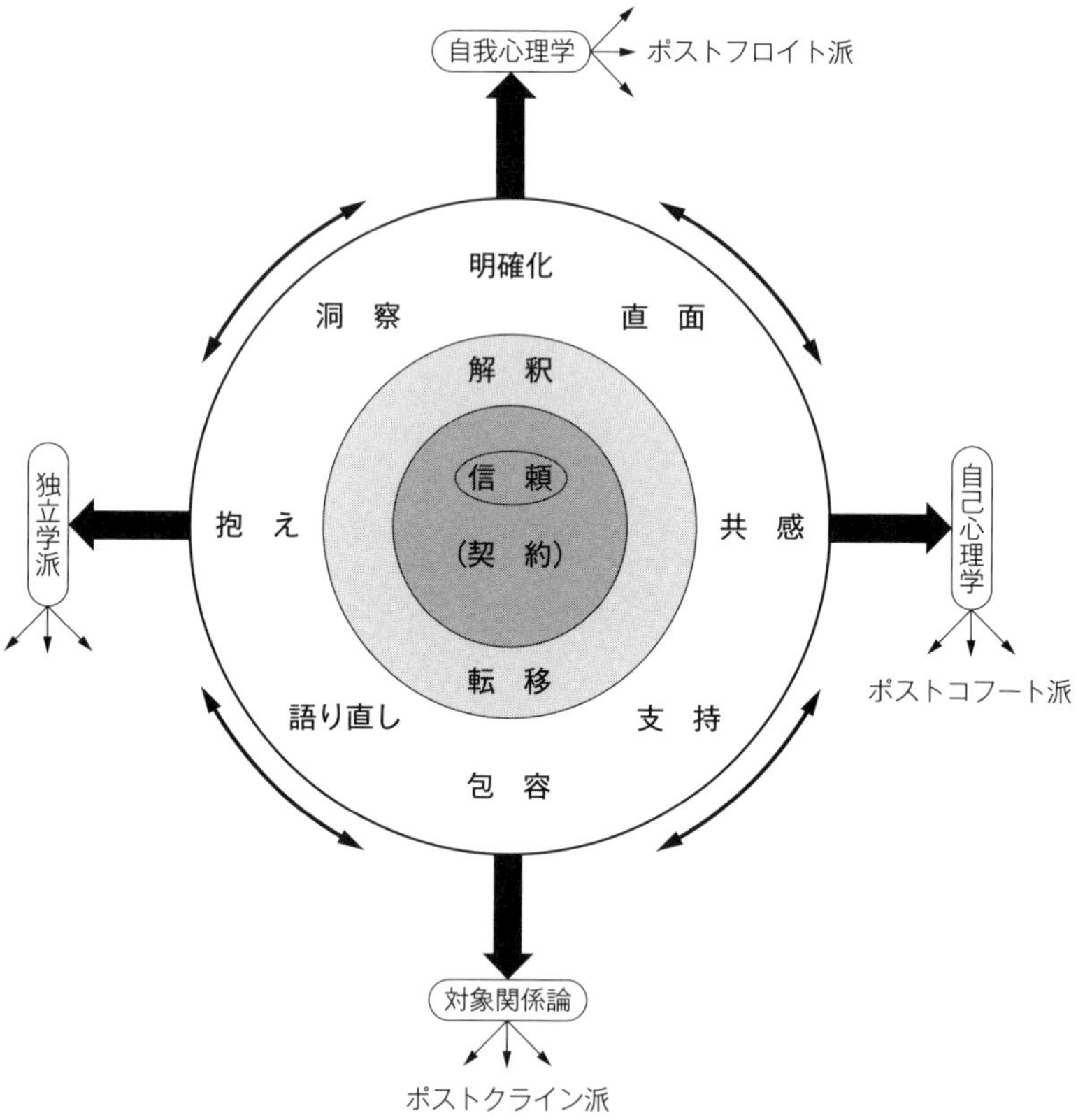

図69　精神分析技法の使い分け

◆中心［信頼］は不変，そして精神分析であるかぎり「転移」と「解釈」は動きにくい。その周辺部は学派により，また分析者の工夫によって適宜，移動し合うものであろう。

ふまえられているという点では変わることはない。また精神分析に限ったことではないが、すべての心理療法の基礎にある相手への関わりにおける信頼感と尊敬、また純粋（誠実）な態度といったものは、いつの時代においても不易なものではなかろうか（図69）。

今日では、相手との相互関係の相対化が強調されるあまり、分析者自身の在り方についての論議が手薄くなってきている気もする。治療構造をふまえて相手と関わり合いながらも、自分の主体性を保ちながら分析場面を取り仕切っている分析者自身の役割が重要であることに変わりはない。そのための自己分析と逆転移の自覚とは欠かせない。

個性の反映[11]——自分の芸風《スタイル》

芸能の領域では、自分の芸風（スタイル）、文学なら自分の文体、画家なら自分の画風が確立してくるようになると、一人前のプロとして通用する。精神分析でいえば、分析者の語り口といえようか。自分の型が確立するまでには、先達たちの真似や、追試や模写などさまざまな試行錯誤がみられる。

精神分析を学ぶのに、自分の個性にしっくり見合った学派（立場）を選ぶことの大切さを述べてきたが、先に「守破離」でも述べたように、ある時期は「型」を身につけるために、ある程度は自分の個性は捨てなくてはならないこともあろう。しかしいずれは個性がものをいうようになる。そのさい、たとえ二者心理学の立場に立つとし

11 先の『芸に学ぶ』の中では、自分の個性を大事にするという意味で「私性」という言葉を使っていた（九八頁・一三七頁）。これは私小説の「私」というのを虚と実の皮膜にある自分という意味で援用していた。しかし、オグデンの「私性」（I-ness）とまぎらわしいのでここでは用いていない。

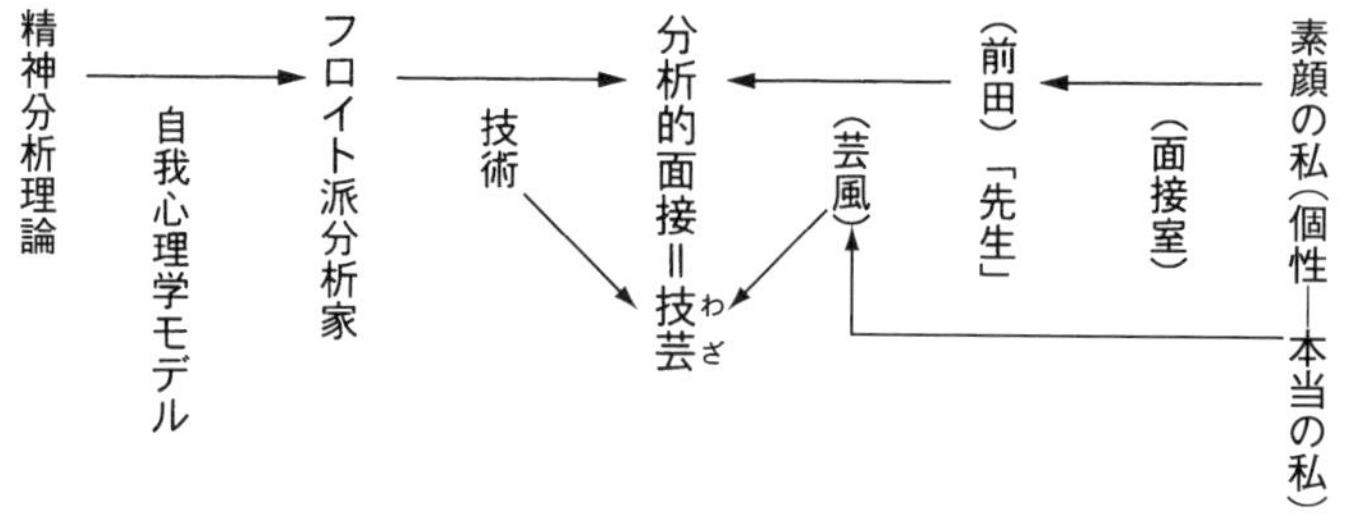

図70　面接の技芸《わざ》

ても、どうしても分析者自身のパーソナリティ（ないしは個性）というのは大きくからんでくるようである。

ビオン[12]――「あなたは自分自身のパーソナリティのユニークさを尊重しなければなりません。それこそがあなたの使用するものであり、あれこれの解釈すべてではありません」（二二頁）、さらに「重要なのはただひとつ、あなたのやり方なのだという事実を決して見失ってはなりません」（二四頁）。

自分の個性をうまく生かしながら技術を洗練してくると、ムリをしないでも技法に力が生じるし、相手を惹《ひ》きつけるような「花」もみられることになる。自分の個性に合った理論を身につけ、その技法がさりげなく実行ができるようになったとき、自分の型（スタイル）ができたといえよう。技法は、自分のスタイル（型）が身についてこそ、「わざ」として生きてくる。そこには個人差もあろうが、まあ五〇歳ぐらいをメドとして考えるといいのではなかろうか（図70）。

かつて神田橋條治さんが、二人の関わりを、四国の

12　ビオン『臨床セミナー』松木邦裕・祖父江典人訳、金剛出版、二〇〇〇。

お遍路の「同行二人」と譬えていた[13]——「弘法大師が私と一緒に歩いて下さってるんだと、笠に書いて、実は一人で、歩いていくわけだね。共に歩くというイメージ、によって支えられて、力を得て歩いているわけよ。誰かが共に居てくれているという、雰囲気がもつ治療効果があるわけだ」。

それはまた、パインが述べている子どもの発達に必要な「静かな快」にもうかがえる[14]。心地よい自己感情、お互いの触れ合い、肯定的気分のただよう雰囲気である。私はこの気分を、相手と二人でしみじみと自分の人生の通り過ぎてゆく足音を聞くような雰囲気と呼んでいる。

初心の人は、自分のすすむ道の先達がどういう人なのか、できたら身近に接して話を聞いたり、観察したり、雰囲気を味わったりすると得ることが多いかもしれない。いわゆる「謦咳《けいがい》に接する」ことである。そして自分と相性のいい先輩を選ぶことは、とても重要なことである。

これは身近な先輩にとどまらない。外国の——また古典として残っている——先達についても言えることで、その人を尊敬したら、その全集や全論文を読破するぐらいにまで傾倒するのがいい。修業のある時期に、誰かに首ったけになることは必要なことである。

ついでながら述べると、分析者の——心理面接者の——条件として、転移を感じうる感受性が豊かであることのほかに、打たれ強いこと、そして気持ちの切り替えが早いこと、そして自分の体験をていねいに観察して自分の「経験」として味わう能力と

13 神田橋條治『治療のこころ2』花クリニック神田橋研究会、一一八頁、一九九二。

14 パイン『臨床過程と発達①』斎藤久美子・水田一郎監訳、岩崎学術出版社、六頁、一九九三。

いうことも挙げられようか。そこから感情の「引き出し」が増えて、考え方の幅や厚みが増してくる。するとどんなキャラクターの相手でも許せるようになる。映画やドラマや文学も、代理体験として大いに参考になる。分析者は――一一五頁の注35にも述べているように――自分の感情を使って相手の断片的な話を紡ぎ、「物語」を構成してゆく能力が必要なことはいうまでもない。

初心忘るべからず[15]――上達を自覚する

世阿弥に、「初心忘るべからず」という有名な言葉がある。これは自分が若くて未熟だった初心のときの芸を忘れないでおくと、後になって功徳があるという意味である。自分のわざのレベルについて、過大評価も過小評価もせずに正しく認識しておくことは重要なことで、そのさい、初心のころの下手だった自分のわざを忘れないでおくと、どのように上達してきたかという過程がわかるので、さらに芸を上達させてゆく上で役に立つというわけである（図71）。

これは精神分析でも心理療法においても、まったく同じことがいえよう。若いころの面接で自分に欠けていたものは何であったのか、どんな盲点があったのか、そのためにどんな失敗をしていたのかを忘れないでおくことは、なかなか難しい。しかしそれは、現在の自分の精神分析の在り方を知るのに役に立つ。初心のころにうまくいった成功例をもつことは、自信につながりやすい。また一方、スムーズにいったケースよりも、難儀したり、失敗したケースから学ぶことも多い。

15　世阿弥「花鏡」、三三九頁。

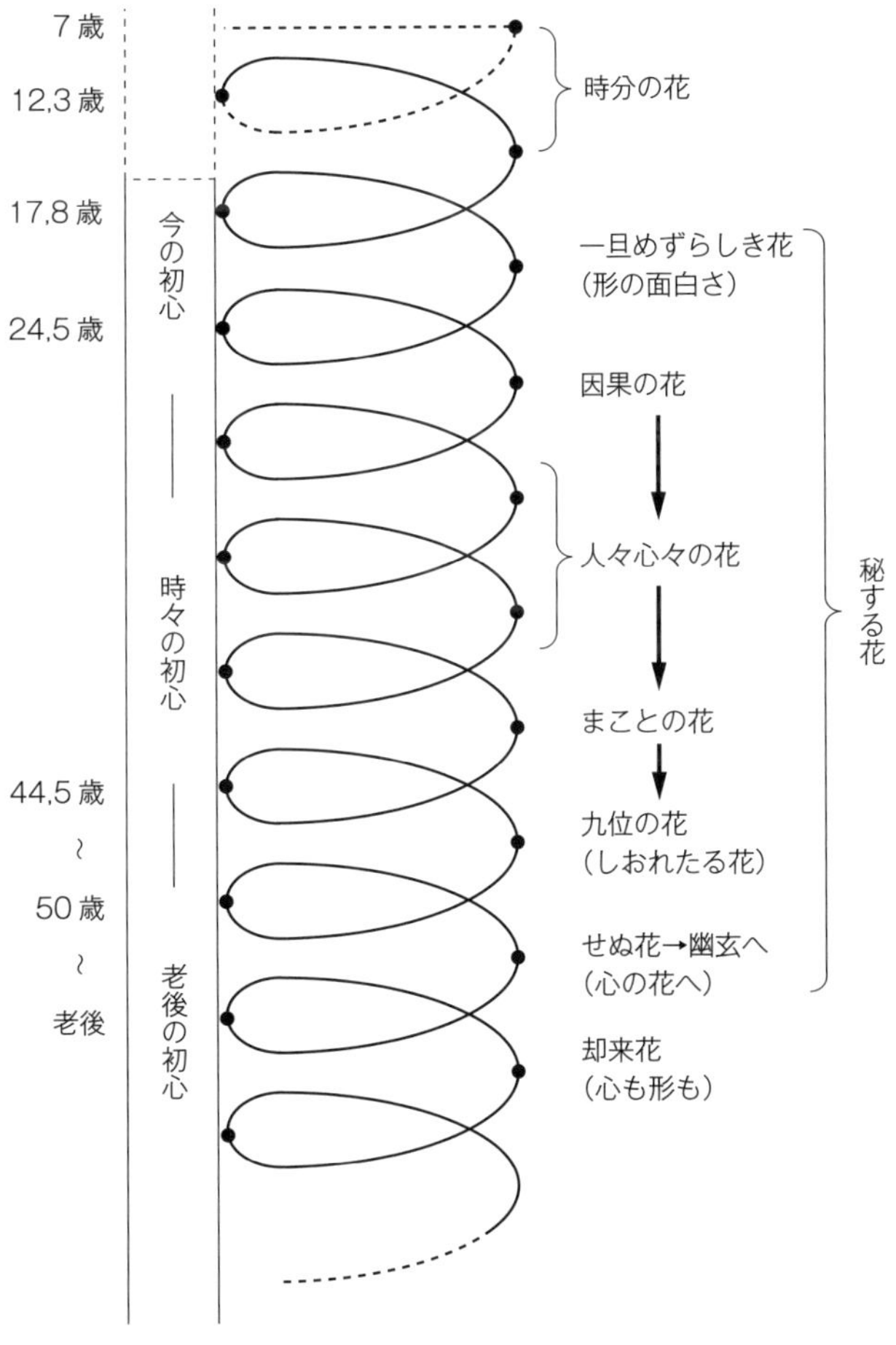

図71 世阿弥の「初心」と「花」

◆「時分の花」――若さによる一時的な魅力
「珍しさと面白さ」――新鮮さ，生命感，変化と多様性
「因果の花」――その時々の調子，雰囲気の流れをつかむ
「人々心々の花」――ただ時に用ゆるをもって花と知るべし
「九位の花」――さらに蘭位，妙所へ（しおれたる花，是も非もない境地）
「せぬ花」――形より「心の花」へ，幽玄へ
「却来花」――形も心も大切
「秘する花」――秘するをもって貴しとなす

これは、指導にあたるスーパーヴァイザーにとっても言える。初心者の指導をしていて、自分の未熟だったときのことが思い返されることで、相手の問題点がよく見えてきて役に立つ。また、スーパーヴァイザーが、くり返し強調する点というのは、自分への自戒として言っていることも多いようである。本書で強調している精神《こころ》や芸《わざ》も、自分への自戒の言葉かもしれない。

＊

以上、二章にわたって、ごく簡略ながら芸能の治療的機能と技能の要点を述べてきた。芸能や芸術について語ると切りがないので、あえて二〇項目に絞ったものである。実際の臨床では、見立てによっては、精神分析は行わないで、非分析的な——覆いをつける——面接のほうがいいこともあるし、当面は見合わせたりすることもある。そして必要があれば分析者の側から、ここに挙げてきた数々の治療的機能や技能を生かして、相手に見合うように何とか工夫して接近してゆく。その意味で、今日ではフロイトの流れをひく中立性を重んじた「標準型」精神分析よりは、「精神分析的」ともいえる心理療法を用いる機会が多いのかもしれない。

はじめにも述べたように、私はかつては相手の——同時に自分の——心の奥底の秘密を解明してゆくことに熱心だった。それは二人の相互関係をまったく無視したものでもなかったと思うが、直観をふくめて、そうした探偵的な推理的な要素が、精神分析の一側面にあることは否定できない。としても、やはり探偵が主役であったといえよう。それが今日では、二人の協力のもとで、巡礼の「同行二人」的な心の旅となってきている。さらに「演者と観客」的関係で、役割を交替しつつ互いに、感じたり、気づいたり、相手が投げ込んでくる毒気をしっかりと受け止めたり、さらに共同で物語を書き直したりするという関係に変わってきている。もちろん分析者は、それと同時に、劇の進行をうまく進めるための陰の監督やコーチ役として、相手が場外にはみ出しそうになると注意するという役割は必要である。

私は長年にわたって、精神分析的な臨床心理学の教師もしていたので、真の臨床家というよりは、教育者としての役割が大きかった。そこで初心者に手ほどきをするという必要性から、その図式化の工夫も行ってきた。教科書的な著述や図式化などに凝っている間は、治療は下手になっていたかもしれない。図式には、生きた臨床感覚が欠けている。そこでその後、二者心理学のこころを伝える方法として、芸能を引き合いに出すようになってきている。

最後に断っておくが、芸論というのは、さまざまなレトリックによって語られているものが多いので、たぶんに理想化されて受けとられやすい。そして、つい分析者が主役と思われがちで、誤解を招きやすい。また芸論や芸談として語られている言葉は、たとえ名人達人であっても、それをそのまま実践できていたかどうかはわからない。そこには自分への自戒としての言葉もあるのだろう。同様に、精神分析について説かれているそれぞれの教科書の言葉にしても、一つの「あるべき姿」が示唆されているモデルとして受けとるといいのではなかろうか。

面接の技術では、名人芸が求められているものではない。ここで述べている芸論というのも、あくまで精神分析のそれぞれの治療的要因を理解する上での比喩として参考にしてもらえればいいものであろう。

結び——わが道をふり返って

かつてウィーンのベルグ通り一九番地に「フロイトの家」を訪れたことがある。[1] フロイトが一八九一年以来、約五十年近くも住んでいたという家も、今では間取りは変わらないものの、記念館として改装され、彼の生活の匂いは失せていた。

そこで買ったカタログの中に、ビクトリア王朝末期のウィーンの風俗画や写真も載っていた。あの時代というのは、女性は花飾りやヴェールのついた大きな帽子、レース飾りのロングドレス、男たちは長い外套《マント》にシルクハットでステッキ姿という古めかしい格好である。これらはガス灯の点った明治時代の古めかしい時代劇の趣である。そんな時代にフロイトの『夢判断』や『性欲論』が生まれ、精神分析は始まったのだということを、改めて感じさせられたことを覚えている。

そうした百年も昔にはじまった精神分析が、今日までそっくり同じ形で通用するとは、とうてい考えられない。フロイトが無意識を発見し、そこに力動的な機能があると考えたこと、また自由連想法という精神の探求法を創始した偉大な業績は、今日においてもなおその意義は失われてはいない。しかし問題は、そのやり方にあった。フロイトの場合、その技法の根底には、最後まで催眠カタルシス時代の名残が残ってい

1 「フロイトの家」、前田重治『個人的分析』誠信書房、一〇〇頁、一九八八。

たように思われる。つまり分析者の権威にもとづく一者心理学的な傾向で、陽性転移のもとでの示唆（暗示）や教育を与えるといった匂いである。ともかく無意識の底に沈殿している幼児期記憶を想起させ、そこにエディプス葛藤を洞察させるというねらいが中心にあった。とはいえ、その後、そこから導き出されたさまざまな理論は、今日でもなお、汲み尽せない深さを持った著作として残されている。

本文でも述べてきたように、彼の分析理論や技法の中には、二者心理学的な視点はまったく欠けていたものではなかったと思う。ただしその芽は、そこで止まっていた。それは当時の知性主義の時代にあって、精神分析学をあくまで科学として打ち立てようとしていたフロイトにとって、二人の間の相互依存という相対主義的な立場はあえて切り捨てられていたものともいえよう。そして知的な「意識」的洞察というものが重視されてきていた。「知性の声は低くはあるが、しかも、聞きとどけられるまではやまないものである」[2]、つまり知性の声は低くても、それは不屈であると考えたのがフロイトの信念であり、思想でもあった。

私が古澤先生から教育分析を受けたのは、五十年も昔のことになる。もし古澤先生という分析家がいなかったら、わが国の精神分析はどうなっていたことだろう。また私のその後の運命も変わっていたに違いない。

そして、私にとっては叔父さん的な存在であった土居健郎先生がいられなかったら、そして「甘え理論」が提唱されなかったとしたら、日本の精神分析は国際的には

2　フロイト『幻想の未来』土井正徳・吉田正巳訳、日本教文社、八一頁、一九五四。

ずっと後まで見落とされていたかもしれない。また古澤門下で長男意識の強かった、それだけに努力家として精神分析の「生き字引」となっていた博識な小此木啓吾先生が、精力的に外国の新しい精神分析の潮流を輸入してくれなかったら、わが国の分析はこれほどまでに早く、広くは発展しなかったろう。

また、思う。もし小此木さんの相方として、またいい意味でのライバルとして、臨床家としての実力ナンバー・ワンと目される西園昌久先生がいなかったら、精神医学の臨床や精神保健の領域での精神分析の浸透や拡がりもなかったことだろう。そして彼がわが国の精神分析協会の危機にさいして[3]、現実的な立場から会長としてリーダーシップを発揮してくれなかったら、その存続も危うかったかもしれない。さらに年長の武田専先生という気骨のあるご意見番の大久保彦左衛門的な人もいて、病院臨床の分野の精神分析にがんばったり、一方で裏方として一貫して資金面の援助をしてくれてきた恩恵も忘れられない。

戦前の東北帝大の丸井清泰門下を、わが国の精神分析の第一世代とするならば、古澤先生から教えを受けたわれわれは第二世代ということになる。これらの人たちの尽力によって、五十年前に精神分析学会と協会が発足して以来、今日までの精神分析の発展の基礎ができたものと言うことができよう。その点、古澤門下の末席にいて、末っ子的な存在だった私は、みんなの陰で、何かと自由に、勝手な道を歩かせてもらってきた。

私はフロイトの欲動論をふまえた自我心理学の立場を学んだが、途中で精神医学か

3　フロイトが創立した精神分析を受け継ぎ発展させている国際精神分析学会（ＩＰＡ）に加盟している日本支部を日本精神分析協会という。精神分析学の研究とその臨床的実践にたずさわる専門家から構成され、現在三十数名の会員がいる。一九九一年にＩＰＡ会員の基準が厳しくなり、日本支部として従来の基準の抜本的な改正が求められた。

ら離れて心療内科へ移ったり、さらに臨床心理学の領域へと職場を移動した。そうした私にとっての大きな課題は、フロイトの標準型の教えをいかに応用するかということだった。ともかく若さの勢いもあって、心身医学や臨床心理学という未開地で、「精神分析応用論」という旗を掲げて、ブルドーザーで――かなり粗雑で大味なものだったが――駆け回ってきたという気がする。

時代の変遷とともに、分析者はいやおうなしに神経症以外の患者層も相手にしなくてはならなくなってきた。いわゆる自我が脆弱な、あるいは自我歪曲がひどい相手、人格や行動障害、心身症、青年期などである。フロイトにつづいて新フロイト派による対人関係論が出てきて、分析者と相手との相互関係――言語的コミュニケーション――が注目されたりしていたが、時代とともに自我心理学派も、表出的・探索的にアプローチする（覆いを除く）方法だけではやってゆけないという問題を解く必要に迫られてきた。そこから自我の健康部分に目を向けたり、自我防衛を強化する（覆いをつける）支持的な方法も要請されてきた。さらに精神分析の能率化をはかる簡易分析や短期分析などの工夫も行われてきていた。

こうして時は流れ、わが国でも学会や翻訳で、クラインや、ウィニコットや、少し遅れてコフートらの二者心理学が紹介されてきた。それらを学ぶことによって、私としては、自我心理学での葛藤理論や、自我防衛や、抵抗という基本となる考えは軸足として動かないにしても、面接では相手の自我構造を見立てた上で、そこでの相互関係を読み取りながら、相手の情緒に柔軟に対応してゆく方向へと転換していった。新しい二者心理学の知識を、自分なりに——自分の体系の中で——読み替えて利用してきたという意味では、「修正フロイト派」、あるいは折衷的フロイト派というべきかもしれない。

それにしても、これまでの百年以上にわたるフロイトとその後継者たちの、実に多彩な仕事を、その半分の五十年間で消化してきた日本の分析家たちというのも、よくも頑張ってきたものだと思う。そこには英国や米国に留学して帰ってきた第三世代の多くの方々の、熱心な努力と貢献がみのがせない。[4]

こうして今日の精神分析をみてくると、そこには同じ学派で、同じ分析的病理学を共有しているようにみえてはいても、その理論の解釈や、技法的実践の様子は、いくぶん、あるいはかなり異なっているようにみえる。これは、相手にしている対象の病像のちがいもあるのだろうし、分析者自身のパーソナリティ（個性）の違いなども影響しているものであろう。私は今日の各学派が群雄割拠しているこれらの姿を、小林秀雄の言葉を借りて、「様々なる意匠」と呼んでいる。[5] この「様々なる」という言葉の裏には、自分がこれまでに、あれこれの理論をくぐってきた体験からの、少しばかりうんざりしたアナーキーなペシミズムの匂いもする。所詮、「様々な理論」があるにしても、臨床の場で行われている面接過程というものは、大同小異のような気がしている、というと言いすぎであろうか。

そして臨床の場で、相手と関わり合うさいにものをいうのは、自分自身だけだという気構えが要るのではなかろうか。そこにはおそらく分析者のパーソナリティ（人

4　『精神分析事典』（小此木啓吾編集代表、北山修編集幹事、岩崎学術出版社、二〇〇二）や『現代フロイト読本1・2』西園昌久監修・北山修編集代表、みすず書房、二〇〇八）など、その大きな成果といえよう。

5　小林秀雄『Xへの手紙・私小説論』新潮文庫、九三頁、一九七〇。

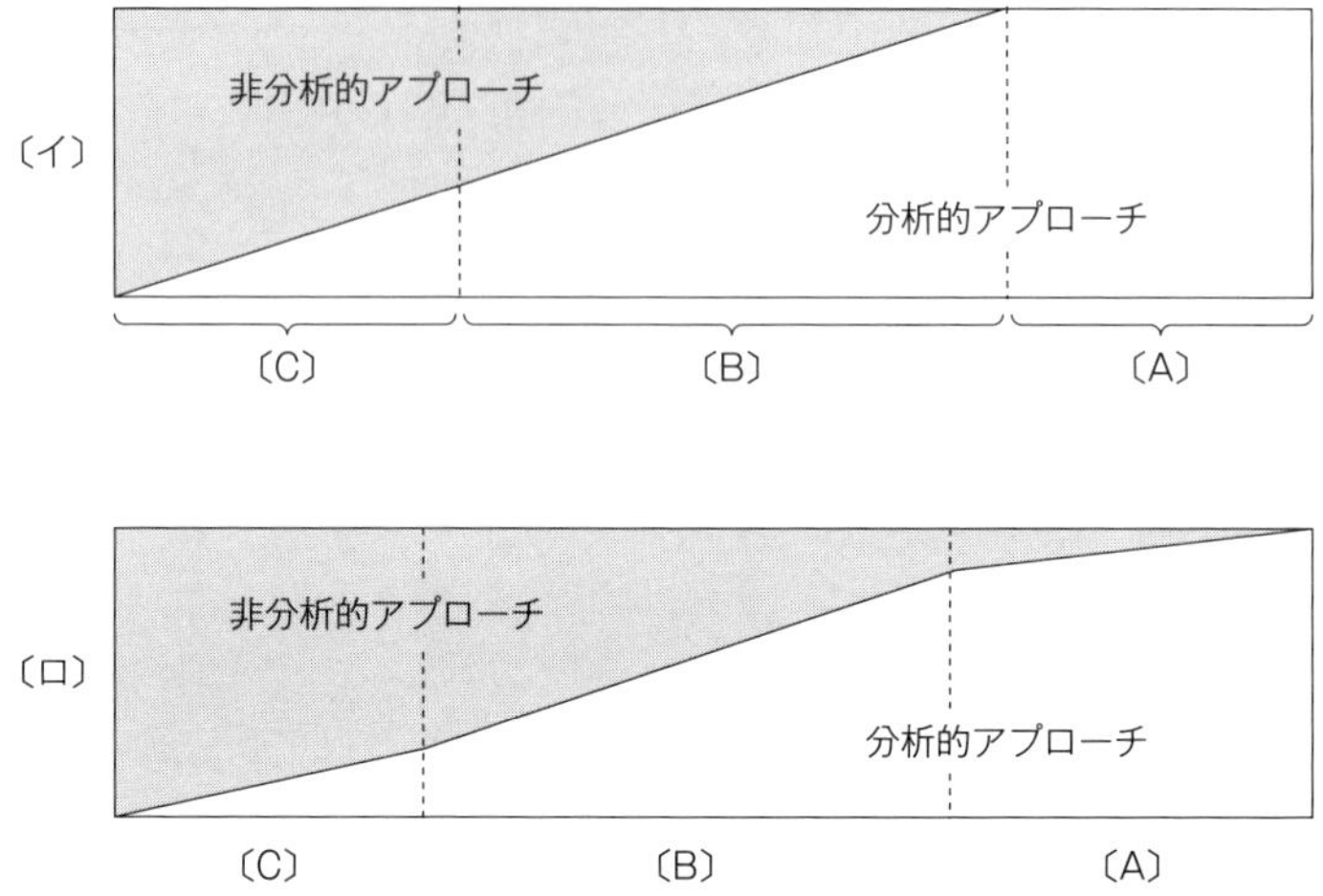

［A］精神分析治療（各学派独自の理論に立ったアプローチ）

［B］精神分析的治療（非分析的要因も加味されているが，各学派の理論が大なり小なり反映されたアプローチ）

［C］心理療法（共感，受容，教育，支持などを中心にした面接。ただし分析者が行うと分析的アプローチが加味される）

［イ］となるか［ロ］となるかは，分析者によって異なる。

図72　精神分析治療の実際

柄）という要因は動かし難いように思われる。これはもちろん、各学派での数々の理論を軽視しているのではない。小林流にいえば、「ただ一つの意匠をあまり信用しすぎない為に、むしろあらゆる意匠を信用しようと努めてきた」結果ともいえる（二一二頁）。つまり今日、精神分析の花盛りなのは、発達論における精神病理学という学問である（図72）。

さらに私論を敷衍して語弊をおそれずにいうなら、臨床での精神分析的な治療においては、二者心理学の基本にある相互関係を考慮した共感、受容、明確化、そして抱え、コンテイニングというのは、心理療法の非特異的要因ともいえるものであろう。[6] つまり、各学派の病理学にのっとった綿密な解釈など用いなくても、分析者のこれらの関わりの能力によって、かなりのことがやっていけるように思われる。そして各学派における独特な理論が典型的に有効に生かされるのは、二〇パーセントぐらいであろうか。そこでは、それぞれの専門的な、綿密で微細な理論ならではの持ち味が生かされてくるものであろうと思う（図73）。

ここで問題なのは、「共感」「抱え」「コンテイニング（包容）」、また「転移」「逆転移」や「物想い」にからむ投影同一化の概念のあいまいさである。今日では、かなり広い意味で用いられているだけに、その理解や実際の場面での治療者の受けとめ方には、かなりのズレ（差異）も生じているようである。これらは今後さらに論議され、精緻化されてゆくべき問題であろう。

6　ここでの共感、受容、明確化という言葉は従来の（非分析的な）心理面接の原則として用いられてきた一般的な意味である。その点、コフートの「共感」、ウィニコットの「抱え」、ビオンの「包容」は学派独自の概念である。その用語を初心者が日本語の語感をたよりに安易に用いるのは注意を要する。その感触は「逆転移」や「物想い」も同様である。各学派のテキストで具体的な症例を通して学ぶしかない。

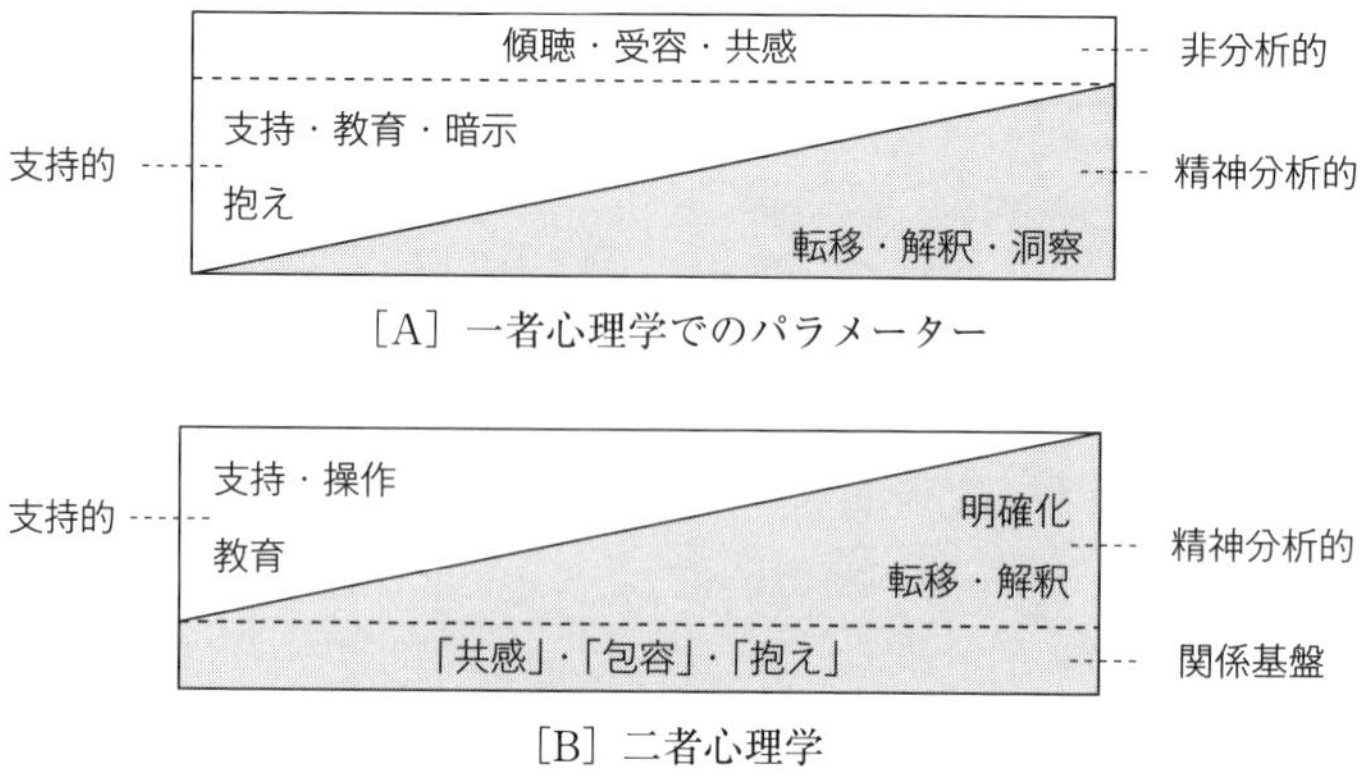

[A] 一者心理学でのパラメーター

[B] 二者心理学

図73　精神分析技法の考え方

◆カッコのついた「共感」「包容」「抱え」はそれぞれコフート，ビオン，ウィニコットの概念。

◆ここに味わうべき土居健郎の言葉がある——「私は……精神分析と分析的療法という区別のつけ方もあまりにも形式的な感じがして好きではない。私は本質は一つだと思う。その本質とは結局，治療者の身についている方法ないし心構えに他ならない」(「精神分析と文化の関連をめぐって」精神分析研究，48巻増刊号，92頁，2004)。つまり精神療法が——純金や銅や——どんな形をとろうとも，「その最も効力のある重要な構成部分」は，やはり純粋な精神分析から得られたものである。

◆ここで，かつて古澤先生から言われた言葉も重なってくる——「精神分析の技法を身につけた人なら，どんな領域でやっていてもそれは精神分析になります」(本書63頁)。

これまでの自分の体験をふり返ってみると、私にとって精神分析というのは、ある時期までは自己探求のための貴重な手段であった。そしてそれは、私にとって大いに役に立ってきた。そして精神分析から十分に恩恵を受けてきた。やや大げさな表現になるが、私はフロイトによって育てられたともいえよう。その後は、新しい二者心理学の潮流に戸惑いつつも、「分析者」というのが自分の臨床上のアイデンティティともなってきた。自分の意識としては、かなりはみ出したマージナルな領域を歩いてきたような気がしていたが、それが今日の精神分析の目でみると、さほど異端でもなかったのだ、と安心できるようになってきたのは幸いだった。

こうして過去五十年の歩みをふり返ると、はるばると歩いて来たものだ、という感慨も湧く。それとともに、この先には、どういう道がつづいて行くのだろうかという空想も浮かぶ。いずれにしても孤独で空虚な人間がふえている現代、人は自分の心の支えとして、誰か相手との関係を求めている。その限りにおいて、二者心理学的な立場は大いに有意義なものとして精神分析は存続してゆくものであろう。そして各学派は、ゆくゆくは互いに融合し合ってくるのかもしれないと思う。

そのさい精神分析では、二者関係を支える分析者自身のパーソナリティのあり方、とくに精神分析になじめる人かどうかという「分析親和性」といった資質の豊かさが重要となる。それとともに、訓練分析の意義や限界、教育訓練の問題など、今日以上に厳しく問われることになるのかもしれない。

この道を志す若い方々の精進を祈ってやまない。

【付録】　精神分析の歩み

［小川捷之の年表を底本としているが、前田により大幅に増補改訂］
前田重治・小川捷之編著『精神分析を学ぶ』有斐閣、三二四頁、一九八一（絶版）

●はフロイトに関する事項

年	精神分析の動向・著作・論文	備　考
一八五六	●五月六日モラビア地方（現、チェコ共和国）のフライベルグに生まれる	
一八五九	●ライプツィヒへ移住	
一八六〇	●ウィーンへ移住	ヴント、世界初の心理学実験室を創設
一八六六	●ウィーンのギムナジウムに入学	
一八七三	●ウィーン大学医学部に入学	
一八七六	●ブリッケ教授の生理学教室に入る。ブロイエルと知り合う	
一八七八	シャルコー、サルペトリエールでヒステリーの研究	
一八八〇	ブロイエル、アンナ・Oの治療開始	反ユダヤ主義の雰囲気が強まる
一八八一	●ウィーン大学を卒業	
一八八二	●マルタ・ベルナイスと婚約。「ザリガニの神経繊維と神経細胞について」「神経系の諸要素の構造」によってニューロン理論の先駆者となる。ブリッケ研究室を去りウィーン総合病院で臨床医の道へ	

一八八三	●マイネルトの精神医学教室で学ぶ	クレペリン『精神医学概論』
一八八四	●神経科の医長となる。コカインの臨床的研究に熱中する	
一八八五	●ウィーン大学医学部神経病理学の私講師に任命される 秋にパリ留学し、シャルコーに学ぶ	
一八八六	●ウィーンで開業、結婚、軍隊勤務。シャルコーを翻訳	
一八八七	●ブロイエルを介してフリースと交際を始める。催眠暗示を用いる	
一八八八	●ベルネームの『暗示とその治療への応用』を独訳	
一八八九	●ナンシーでベルネームの催眠療法に感銘。エミー・フォン・N夫人の治療に催眠カタルシスを用いる	ベルグソン『時間と自由』
一八九〇	●ブロイエルとのヒステリーの共同研究始まる。フリースと不定期に会合	ジェームズ『心理学原論』
一八九一	●『失語症の理解のために』	
一八九二	●ベルネーム『暗示の研究』を独訳。エリザベート・フォン・R嬢に前額法を用いる	
一八九三	●三女アンナ誕生、「ヒステリー現象の心的機制について」 シャルコーの死去に対して「シャルコー」を草す	
一八九四	●ブロイエルとの共同研究終わる。「防衛 - 神経精神病」	ディルタイ『記述的分析的心理学の構想』
一八九五	●「イルマの注射の夢」で自己分析、夢は願望充足という認識を得る。『ヒステリー研究』（共著）	
一八九六	●「科学的心理学草稿」「ヒステリーの病因について」 「精神分析」という言葉を初めて用いる。父ヤコブの死去	ベルグソン『物質と記憶』
一八九七	●フリースと密接な関係となり自己分析を深める	エリス『性心理の研究』
一八九八	●「神経症の原因としての性」。「自由連想」を始める	

一八九九	●「隠蔽記憶について」	ユング、ブロイラーの助手に パヴロフ、条件反射の実験
一九〇〇	●『夢判断』。フリースとの友情にヒビが入る	
一九〇一	●『日常生活の精神病理学』。ローマへ旅行、ミケランジェロのモーゼ像を見る	
一九〇二	●フリースとの交際が終わる。シュテーケル、アドラーらと心理学水曜会を作る	スタンレー・ホール『青年期』
一九〇三		シュレーバー『回想録』
一九〇四	●「フロイトの精神分析の方法」	
一九〇五	●『性に関する三つの論文』、『機知、その無意識との関係』「あるヒステリー患者の分析の断片」（症例ドラ）	アインシュタイン『特殊相対性理論』 ビネーとシモン、知能テストの考案
一九〇六	●ユングとの定期的な文通始まる。ランクと会う	ユング『連想の診断学的研究』 ソシュール『一般言語学講義』
一九〇七	●ユングと会う。アブラハムとの交際始まる。「ねずみ男」の治療開始。「グラディーヴァにみられる妄想と夢」	
一九〇八	●ブロイラー、ユングらの参加をえて、ザツルブルグで「国際精神分析学会」を開く。ジョーンズ、フェレンツィ、タウスクらと会う。「性格と肛門愛」「詩人と空想すること」	
一九〇九	●スタンレー・ホールに招かれ、ユング、フェレンツィと共に渡米、クラーク大学で講演。W・ジェームズと会う。「五歳男児の恐怖症分析」（ハンス坊や）、「強迫神経症の一症例に関する考察」（症例ねずみ男）	ジャネ『神経症』 パヴロフ『自然科学と脳』

	フェレンツィ「投射と転移」	
一九一〇	国際精神分析学協会が正式に組織され、ユングが初代会長 機関誌編集担当アドラー、シュテーケル ●狼男の治療開始。「精神分析について」（精神分析五講）。「レオナルド・ダ・ヴィンチの幼年期の思い出」	
一九一一	国際精神分析大会をワイマールで開催。ザロメらが参加 アドラー、協会を脱退 ●「自伝的に記述されたパラノイアの一症例」（症例シュレーバー）。「精神現象の二原則に関する定式」	アドラー、リビドー概念に反論 「個人心理学」へ
一九一二	●「分析医に対する分析治療上の注意」 医学以外の分野への精神分析の応用を主とする雑誌『イマゴ』創刊 ユングとの関係悪化、シュテーケル協会を脱退	ユング『リビドーの象徴的変遷』
一九一三	国際大会をミュンヘンで開催。フェレンツィ、ランク、アブラハム、ジョーンズらフロイトを囲む委員会を結成 ●「トーテムとタブー」「小箱選びのモティーフ」「分析治療の開始について」	ヤスパース『精神病理学総論』
一九一四	ユング、国際精神分析協会を脱退 ●ウルフマンの治療終結。「精神分析運動史」「ナルシシズム入門」「ミケランジェロのモーゼ像」「想起、反復、徹底操作」	
一九一五	●「精神分析入門」の講義をウィーン大学で行う。「抑圧」「無意識」「転移性恋愛について」「本能とその運命」	
一九一六	●『精神分析入門』	ブロイラー『精神医学概論』 ソシュール『言語学原論』

一九一七	●「悲哀とメランコリー」「〈詩と真実〉の中の幼年時代の一記憶」「欲動転換」	
一九一八	ブダペストで第五回国際精神分析大会を開催、フェレンツィが会長 ●「ある幼児期神経症の病歴より」（症例ウルフマン：狼男）	
一九一九	国際精神分析出版所をウィーンに設立。タウスク自殺 ●ウルフマンの再治療（四カ月間）。「不気味なもの」	ワトソン『行動主義の心理学』
一九二〇	第一次大戦後初の大会をハーグで開催、戦争神経症の発生によって精神分析への関心たかまる。ベルリン精神分析研究所がアブラハム、アンティゴンらにより設立。ホーナイ、フロム、フェニヘルら集まる ●「快感原則の彼岸」「女性同性愛のケース」	森田正馬「森田療法」を創始
一九二一	●「集団心理学と自我の分析」 クライン、アブラハムに認められてベルリンに移る	ユング『心理学的類型』（人間のタイプ） ロールシャッハ『精神診断学』
一九二二	●上顎口蓋の癌の第一回手術（以後その死まで三三回の手術） ベルリンで大会 アンナ・フロイトが協会会員に推される ●「嫉妬、パラノイア、同性愛に関する二、三の神経症的機制」	ビンスワンガー『一般心理学の諸問題への序論』
一九二三	●『自我とエス』 クライン『幼児分析』	
一九二四	ザルツブルグで大会。フェレンツィとランクの『精神分析の発展』をめぐって、アブラハム、ジョーンズたちと対立 ●「神経症と精神病」「マゾヒズムの経済的問題」 ランク『出産外傷』	

一九二五	クライン、アブラハムに教育分析を受ける（四カ月間） ハンブルグで大会。アブラハム死去 ●『自己を語る』	日本でフロイトの『精神分析入門』が安田徳太郎により翻訳 ブロイエル死去
一九二六	クライン、ジョーンズに招かれてロンドンへ、以後、英国精神分析学会の中でクライン学派を形成する サリヴァン、精神分裂病への精神療法的接近を試み始める ●七〇歳の誕生日にアインシュタイン、ロマン・ロランから祝電 ●「制止、症状、不安」「素人による精神分析の問題」	
一九二七	ランク『期限設定法』、A・フロイト『児童分析入門』 インスブルックで大会。フェレンツィとの関係が疎遠になる 非医師の分析の問題ひろがる ●『ある幻想の未来』「ユーモア」「呪物崇拝」	ビンスワンガー『精神分裂病』
一九二八	●「ドストエフスキーと父親殺し」 ジョーンズ『精神分析学』 クライン「エディプス葛藤の早期段階」	森田正馬『神経質の本態と療法』
一九二九	オックスフォードで大会。フェレンツィ、協会から退く ●マリー・ボナパルトの世話で、内科医シュールより以後十年間治療を受ける	日本でアルス社より「フロイド精神分析大系」、春陽堂より「フロイド精神分析学全集」刊行
一九三〇	●ゲーテ文学賞を受賞。母死去 アレキサンダー『全人格の精神分析』 ●『文化への不満』	ビンスワンガー『夢と実存』
一九三一	●癌が不治であることがわかる。フェレンツィと見解がわかれる ●「女性の性愛について」「リビドー的類型について」	ザロメ『フロイトへの感謝』

一九三二	このころ、エリクソンがA・フロイトから教育分析を受ける フェレンツィ『臨床日記』 クライン『子どもの精神分析』、ライヒ『性格分析』 ホーナイ、アレキサンダーに招かれてアメリカへ	シュルツ『自律訓練法』
一九三三	●『続精神分析入門』「戦争はなぜ」 ヒットラー政権の成立とともに精神分析関係の出版物は禁書となる ベルリン精神分析研究所閉鎖 フェレンツィ死去。エリクソン、アメリカへ 古澤平作「罪悪意識の二種」(阿闍世コンプレックス)	ユング、国際精神療法学会会長となり、ナチスからユダヤ人医師を守ろうと努力 古澤平作、ウィーンに留学
一九三四	ルツェルンで大会。ドイツの精神分析関係者の亡命あいつぐ ライヒ、協会を除名	古澤平作、帰国後、日本で最初の精神分析家となる
一九三六	ゲシュタポ、国際精神分析出版所の全財産を押収 ●八〇歳の誕生日にアインシュタインとの往復書簡 マリエンバードで大会。ハルトマン、ニューヨークへ A・フロイト『自我と防衛』 ラカン『鏡像段階』	ピアジェ『知能の誕生』
一九三七	●「終わりある分析と終わりなき分析」「分析技法における構成の仕事」	アドラー死去
一九三八	ナチス、オーストリアに侵入。国際精神分析出版所を没収 ●一家はパリ経由でロンドンに亡命、メアスフィールト・ガーデンの住宅に居住 パリで大会	サルトル『嘔吐』
一九三九	●二月癌再発、手術不可能。九月二一日安楽死を願う。以後、昏睡状態、九月二三日ロンドンで死去	ブロイラー死去

	ランク死去 ●「人間モーセと一神教」 ハルトマン『自我心理学と適応の問題』 ホーナイ『精神分析の新しい道』、アレキサンダー『精神身体医学』	
一九四〇	●『精神分析概論』（絶筆） シュビング『精神病者の魂への道』	
一九四一	ホーナイ、サリヴァン、フロムら独立して「精神分析の進歩のための学会」設立（新フロイト派） フロム『自由からの逃走』	
一九四二	ホーナイ『自己分析』	
一九四三	A・フロイト、ロンドン北部ハムステッドに子どもの情緒障害の治療研究施設を開設	ハル『行動の原理』 カナー『早期幼児自閉症』
一九四四	A・フロイト『家族なき乳幼児』	
一九四六	クライン「分裂機制についての覚書」	モレノ『サイコドラマ』
一九四七	サリヴァン『現代精神医学の概念』 フロム『人間における自由』	
一九四八		チューリッヒのユング研究所の初代所長にマイヤーが就任
一九四九	サリヴァン、パリで死去	
一九五〇	ランク『意志療法』、フェダーン死去 トンプソン『精神分析の発達』、エリクソン『幼年期と社会』 フロム＝ライヒマン『積極的心理療法』	リースマン『孤独な群衆』
一九五一	フェアバーンが「対象関係論」を提唱	

一九五二	ボウルビィ『乳幼児の精神衛生』（母性的養育の剥奪） ホーナイ死去 クリス『芸術の精神分析的研究』 バリント『一次愛と精神分析技法』 フェアバーン『人格の精神分析学』	「DSM－I」はじまる
一九五三	パリ精神分析協会、ナシュトの精神分析研究所とラカンの処遇をめぐり分裂し、ドルトらフランス精神分析協会設立	サリヴァン『現代精神医学の概念』 『フロイド選集』日本教文社17巻刊行はじまる
一九五四	わが国で『精神分析研究』創刊	
一九五五	十月に日本精神分析学会発足、初代会長に古澤平作	
一九五六	エリクソン『自我同一性の問題』 ドイツのハイデルベルグ大学とフランクフルト大学の共催で開かれたフロイト生誕百年祭で、エリクソンが「最初の精神分析家フロイト」の演題で講演 土居健郎『精神分析』	ビンスワンガー『フロイトへの道』 マルクーゼ『エロスと文明』
一九五七	クライン『羨望と感謝』 クリス、フロム＝ライヒマン、ライヒ死去	
一九五八	ジョーンズ死去 メニンガー『精神分析技法論』 古澤平作『精神分析学理解のために』	
一九六〇	クライン死去	アイゼンク『行動療法と神経症』 レイン『引き裂かれた自己』
一九六一	ガントリップ『人格構造と対人相互関係』	ユング死去

	土居健郎『精神療法と精神分析』	
一九六二	スピッツ『母子関係の成り立ち』 エンジェル『心身の力動的発達』	テレンバッハ『メランコリー』
一九六三	ミッチャーリヒ『父なき社会』	
一九六四	フランス精神分析協会が解散し、フランス精神分析連盟とパリフロイト学派とが成立 エリクソン『洞察と責任』 アレキサンダー、フェアバーン死去	フーコー『臨床医学の誕生』 メルロ＝ポンティ『眼と精神』
一九六五	ウィニコット『情緒発達の精神分析理論』	
一九六六	ビンスワンガー死去	ラカン『エクリ』 カルフ『箱庭療法』
一九六七	バリント『治療論からみた退行』 ラプランシュとポンタリス『精神分析用語辞典』 ストレイチー死去	
一九六八	エリクソン『アイデンティティ』 古澤平作死去	『フロイト著作集』人文書院11巻刊行はじまる
一九六九	ボウルビィ『母子関係の理論』（アタッチメント）	ウォルピ『行動療法の実際』
一九七〇	フロム『精神分析の危機』 バリント、ハルトマン死去	シュルツ死去
一九七一	ウィニコット『遊ぶことと現実』、ウィニコット死去 コフート『自己の分析』 土居健郎『甘えの構造』 第二七回国際精神分析大会ウィーンで開催、三四年ぶりにウィーンに戻っ	ボーエン『家族療法』

	たA・フロイトが講演	
一九七二	マスターソン『青年期境界例の治療』 ウィニコット『抱えることと解釈』	
一九七三	メルツァー『心の性的状態』 ビオン『集団精神療法の基礎』 スィーガル『メラニー・クライン入門』	
一九七四	スピッツ死去	このころわが国にクライン学派 （対象関係論）導入
一九七五	ガントリップ死去 マーラーら『乳幼児の心理的誕生』 カーンバーグ『境界状態と病的自己愛』	
一九七六		ベック『認知療法』
一九七七	コフート『自己の修復』 ビオン『精神分析の方法』	このころわが国にウィニコット （独立学派）導入 「国際疾病分類ＩＣＤ－９」
一九七八	オーンスタイン編『コフート入門』	
一九七九	ビオン死去	
一九八〇	日本精神分析協会規約の施行 オグデン『こころのマトリックス』	「ＤＳＭ－Ⅲ」
一九八一	マスターソン『自己愛と境界例』 コフート死去	ラカン死去
一九八二	アンナ・フロイト、Ｈ・ドイチュ、ミッチャーリヒ死去 マホーニィ『フロイトの書き方』	

一九八四	コフート『自己の治癒』 オグデン『あいだの空間』 フロム死去	
一九八五	スターン『乳児の対人世界』 マーラー死去	
一九八七	ストロロウら『間主観的アプローチ』	「DSM－Ⅲ－R」 このころわが国にコフート（自己心理学）導入
一九八八	ミッチェル『精神分析と関係概念』	ヤンツァーリク『精神医学の構造力動的基礎』
一九八九		パトナム『多重人格障害』
一九九〇	ボウルビィ、メニンガー死去	「国際疾病分類ＩＣＤ－10」
一九九一	国際精神分析協会会員としての基準の施行（週四回の分析）	
一九九二		ハーマン『心的外傷と回復』
一九九三	シュタイナー『こころの退避』	
一九九四	エリクソン死去 ビオン『臨床セミナー』	
一九九六	日本精神分析協会『新規約』施行（週四回の分析） 東京・福岡に精神分析インスティテュート設立	
一九九九	パデル死去	
二〇〇〇		「ＤＳＭ－Ⅳ－ＴＲ」
二〇〇二	わが国初の『精神分析事典』刊行	
二〇〇四	日本精神分析学会および協会の五〇周年記念大会	

二〇〇五		ストレイチー『フロイト全著作解説』の邦訳
二〇〇六	フロイト生誕一五〇周年記念大会	『フロイト全集』岩波書店22巻刊行はじまる

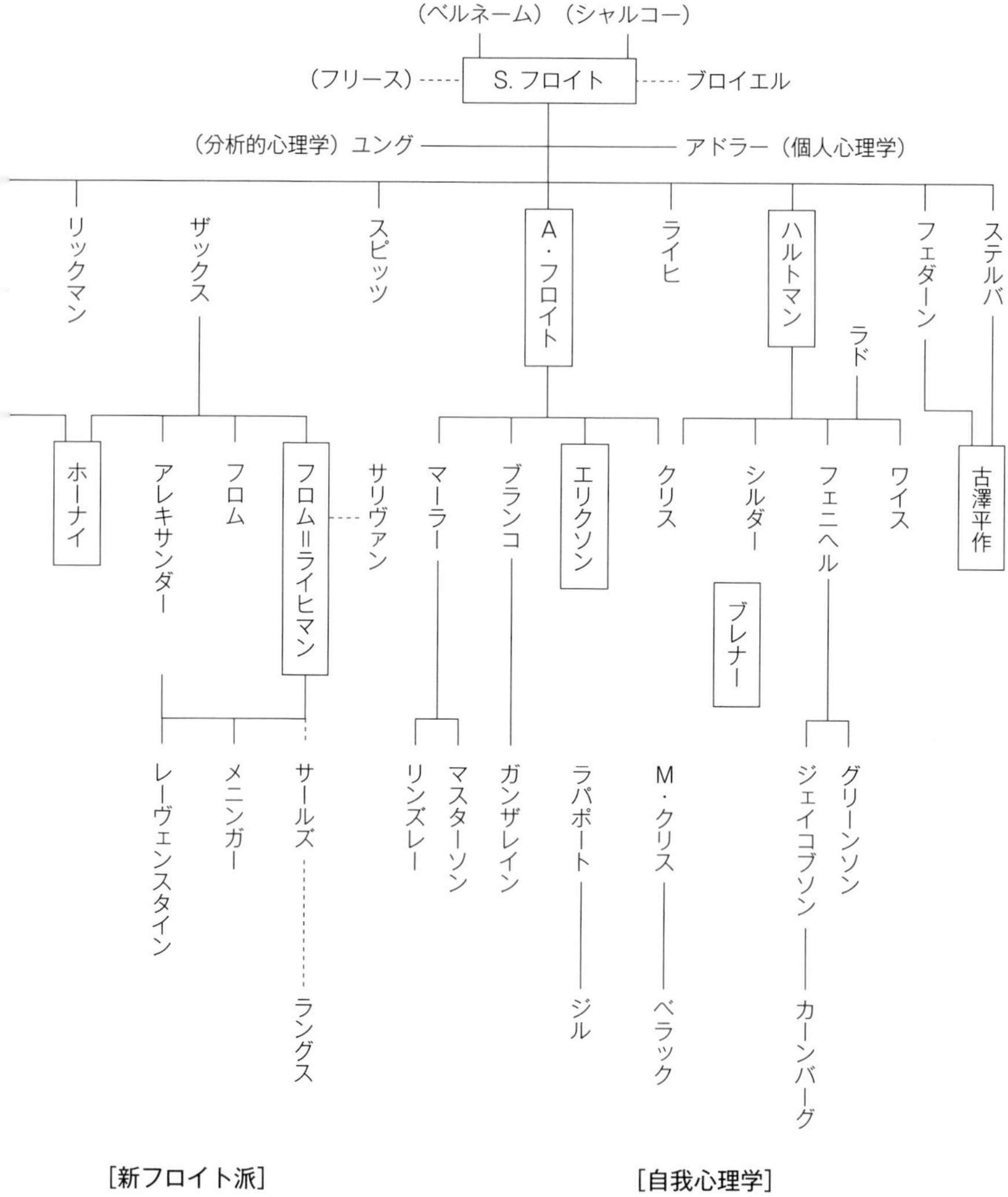

これと併せて，小此木啓吾の「精神分析の歴史と現況」の年代別，国別の図表（『精神分析事典』岩崎学術出版社，278頁，2002）も参照されるといい。

2　フランス学派，ラカン派，現存在分析派は省略している。

3　下の欄にそれぞれの学派名を記してはいるが，それらの上の段にある人名は，必ずしもその学派であるとは限らない。弟子たちによって新しく学派が開拓されて発展してきているためである。

精神分析の主な系譜

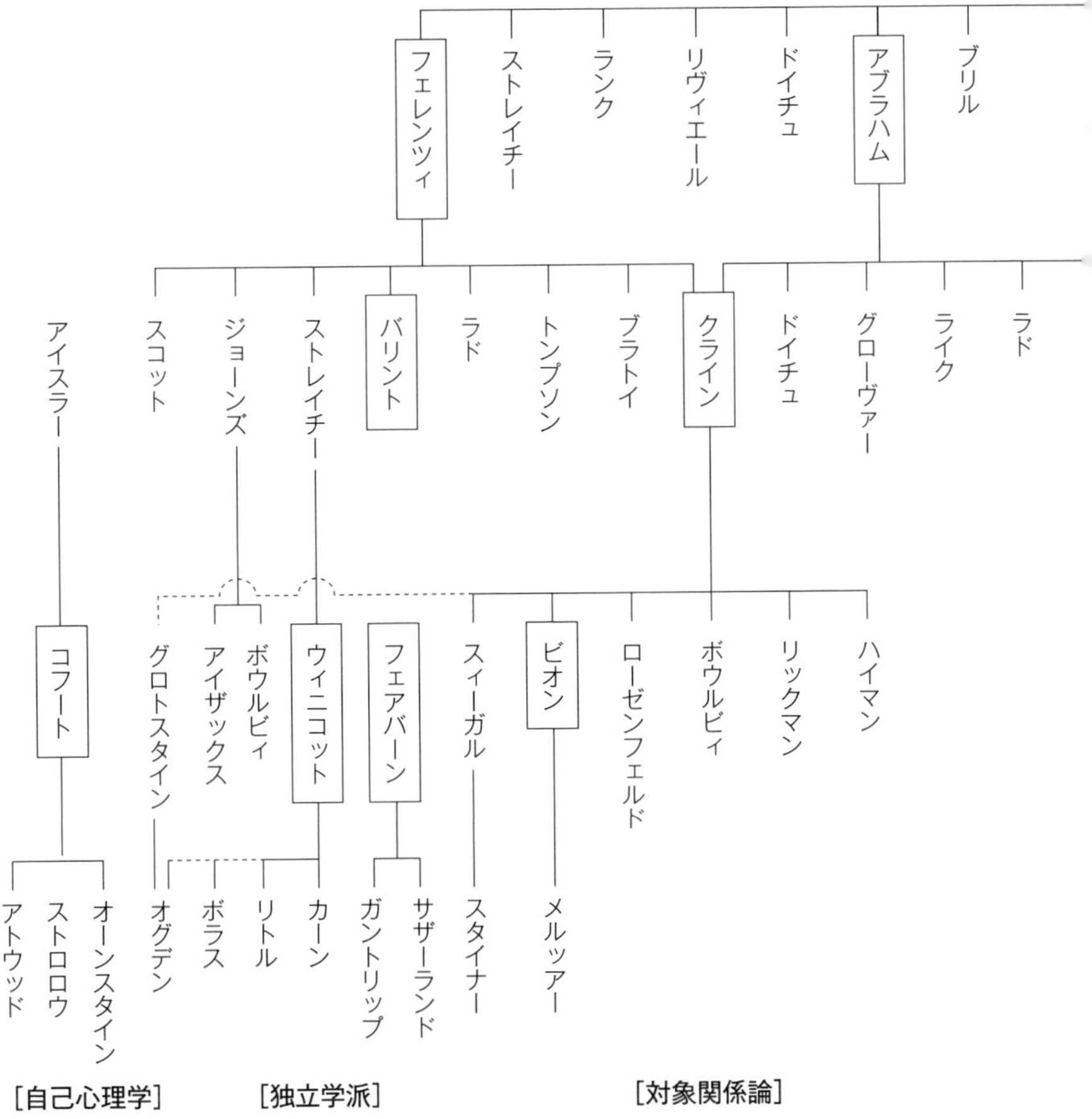

［注］

1　精神分析のこの種の系統図は，文献によってかなり異なっている。ここでは，訓練分析やスーパーヴィジョンを受けたという直接的な関係を中心にしているが，それ以外にも大きく影響を受けたという関係もいくぶん加味している。あくまで一つの資料として，ごく大まかにその流れを見ていただきたい。
（参考文献：Bateman, Anthony, & J. Holmes. *Introduction to Psychoanalysis: Contemporary Theory and Practice.* GBR: Routledge, 1995）

著者略歴

前田重治（まえだ・しげはる）

1928年　長崎市に生まれる
1952年　九州大学医学部卒業。精神科，心療内科を経て
1972年　九州大学教育学部教授
現　在　九州大学名誉教授　医学博士
専　攻　精神分析学・カウンセリング
主　著　『芸論からみた心理面接』『「芸」に学ぶ心理面接法』
『図説 臨床精神分析学』『続 図説 臨床精神分析学』
『精神分析応用論』『精神分析の視点』誠信書房
『自由連想法覚え書』岩崎学術出版社
『心理面接の技術』慶應義塾大学出版会
『心理療法の進め方』創元社
『原光景へ』白地社　その他

図説 精神分析を学ぶ

2008年10月25日　第１刷発行
2009年２月25日　第２刷発行

著　者　前　田　重　治
発行者　柴　田　敏　樹
印刷者　田　中　雅　博

発行所　株式会社　誠　信　書　房
〒112-0012 東京都文京区大塚３-20-６
電話 03 (3946) 5666
http://www.seishinshobo.co.jp/

創栄図書印刷　清水製本
検印省略

Printed in Japan
ISBN978-4-414-40048-9 C3011

図説 臨床精神分析学

ISBN978-4-414-40144-8

前田重治著

精神分析の理論やフロイトの系譜およびフロイト以後に発展した理論などを 141 の図や表でわかりやすく説明した、いわば「目で見る臨床精神分析学」。心理臨床家をはじめ精神分析を学ぼうとする人の概論書であり、また教えようとする人にとっての格好のテキストである。

目　次

A5判上製　定価（本体3000円＋税）

続図説 臨床精神分析学

ISBN978-4-414-40170-7

前田重治著

図表というのは、精神分析や心理臨床の複雑な概念や体系が一目で理解できるので便利である。本書は厳選された図表 166 点をもとに、精神分析や心理診断、カウンセリングや心理療法、心身医学などのポイントが、いろいろな角度から図解されている。

目　次

A5判上製　定価（本体3500円＋税）